D1986433

AMV

/M/

Jan Read

Spanische Weine

Der praktische Taschenführer

Albert Müller Verlag
Rüschlikon-Zürich · Stuttgart · Wien

Zeichen und Abkürzungen

r.	rot
rs.	rosé
w.	weiß
br.	bernsteinfarben
cl.	*clarete*
g.	*generoso*
res.	*reserva*
tr.	trocken
hs.	halbsüß
s.	süß
sch.	schäumend
p.	perlend

In (Klammern) gesetzte Angaben bedeuten: relativ wenig vorkommend

Weitere Informationen siehe Glossar S. 14

*	Wein für alle Tage
**	überdurchschnittlich
***	besonders gut
****	vorzüglich, erstklassig
[**]	besonders empfehlens- und preiswert in der jeweiligen Klasse

HARO	In Versalien geschriebene Wörter verweisen auf entsprechend betitelte Abschnitte
D.O.	Denominación de Origen – Name und Ursprung kontrolliert
3° año	Im dritten Jahr nach der Ernte in Flaschen abgefüllt
74, 75	Empfehlenswerte Jahrgänge
*→***	Empfehlenswerte Restaurants mit gutem Essen

Höhenmarkierung in den Karten
▭ 1000 m
Karten: Illustra Design Ltd., Reading

Aus dem Englischen übersetzt von Clemens Wilhelm. – Titel des englischen Originals: «Pocket Guide to SPANISH WINES», erschienen bei Mitchell Beazley International Ltd., London. – Copyright © by Mitchell Beazley International 1983, Text © Jan Read 1983. – Deutsche Ausgabe: © Albert Müller Verlag AG, Rüschlikon-Zürich, 1984. – Nachdruck, auch einzelner Teile, verboten. Alle Nebenrechte vom Verlag vorbehalten, insbesondere die Filmrechte, das Abdrucksrecht für Zeitungen und Zeitschriften, das Recht zur Gestaltung und Verbreitung von gekürzten Ausgaben und Lizenzausgaben, Hörspielen, Funk- und Fernsehsendungen sowie das Recht zur foto- und klangmechanischen Wiedergabe durch jedes bekannte, aber auch durch heute noch unbekannte Verfahren. – ISBN 3-275-00845-5. – 1/15-84. – Printed in Hongkong.

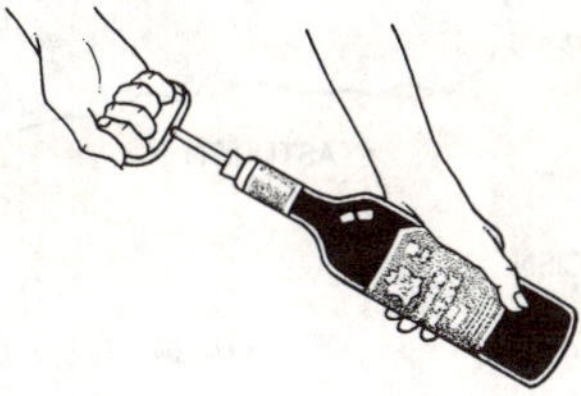

Inhalt

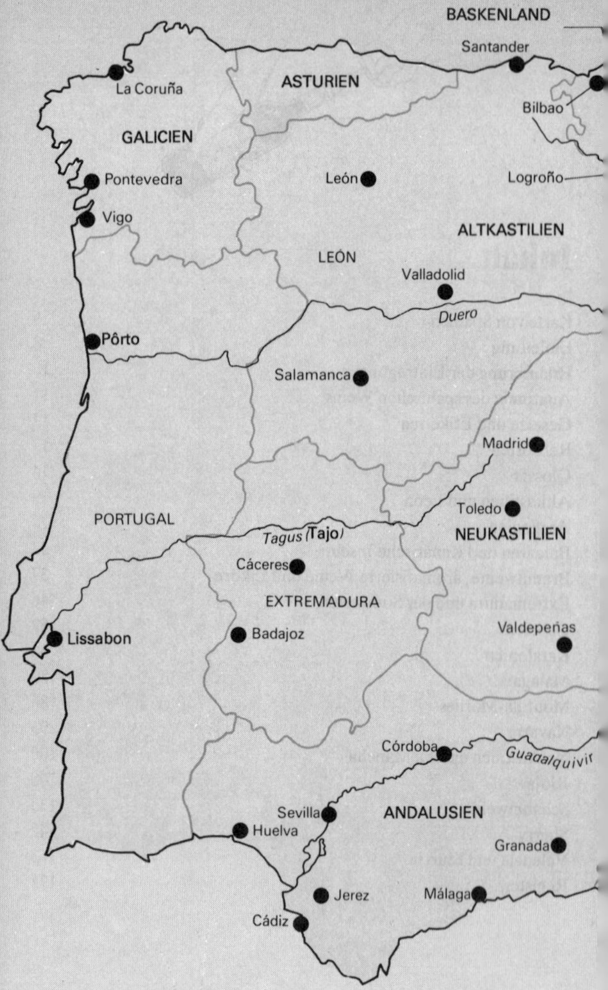

Spanien

Auf dieser Karte sind die Gebiete angegeben, wie sie den Kapiteln in diesem Buch zugrunde liegen. Die genauen Grenzen der einzelnen Provinzen sind in den Gebietskarten zu Beginn der einzelnen Abschnitte angegeben.

FRANKREICH
San Sebastián
NAVARRA
Pamplona
RIOJA
Huesca
Ebro
Saragossa
(Zaragoza)
ARAGONIEN
KATALONIEN
Barcelona
Tarragona
BALEAREN
MENORCA
MALLORCA
IBIZA
Valencia
VALENCIA
AREA
MURCIA
Alicante
Murcia

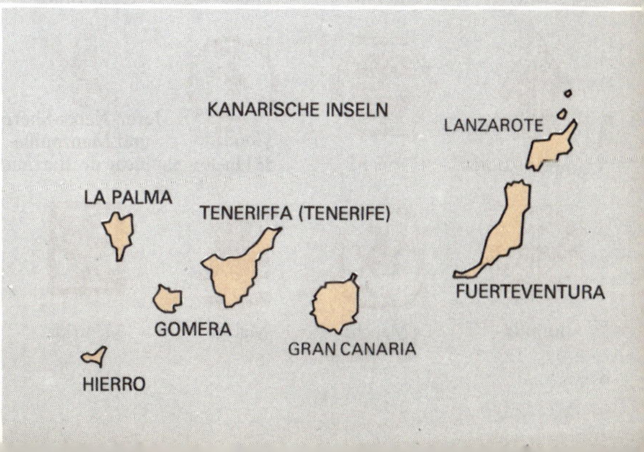
KANARISCHE INSELN
LANZAROTE
LA PALMA
TENERIFFA (TENERIFE)
FUERTEVENTURA
GOMERA
GRAN CANARIA
HIERRO

Einleitung

Seit der Zeit, als Sir Francis Drake in Cádiz die Fässer raubte (siehe Seite 142), war Spanien vor allem für einen Wein bekannt: Sherry. Die süßen Dessertweine aus Málaga erlangten in England während der Viktorianischen Zeit eine gewisse Beliebtheit; die besseren Tischweine konnten sich jedoch nur sehr langsam auf ausländischen Märkten durchsetzen und hatten bis vor kurzem das Image grober (wenn auch oft trinkbarer) Zechweine.
Die Gründe hierfür sind in den Trinkgewohnheiten der Spanier selbst zu suchen. Was Richard Ford 1846 in seinen «Gatherings from Spain» schrieb, war lange Zeit gültig: «Der Spanier selbst ist weder an Portwein interessiert, noch hält er etwas von Madeira; Quantität stellt er über Qualität, und er liebt den Geschmack nicht so sehr, wie er die Sorgen haßt ...»
Als ich vor etwa dreißig Jahren damit begann, spanischen Wein zu trinken, war es üblich, mit einer leeren Flasche zum Weinhändler zu gehen und diese dort aus einem großen Faß zu füllen, an dem der Alkoholgrad angegeben war sowie eine lapidare Beschriftung wie *tinto* (körperreicher Rotwein), *clarete* (leichter Rotwein), *blanco* (Weißwein), *moscatel* (Muskateller) usw. Natürlich gab es auch bessere Weine, die teilweise von ausgezeichneter Qualität waren, wie z. B. die aus der Rioja, wo man schon seit dem Ende des 19. Jahrhunderts vorzügliche Weine in Flaschen abfüllte. Diese wurden jedoch kaum getrunken, höchstens zu besonderen Anlässen und in den teureren Restaurants.
Es gibt verschiedene Gründe dafür, daß sich die Qualität während der letzten Jahrzehnte erheblich gebessert hat. Zu diesen Umständen gehören seit den siebziger Jahren die deutliche Verbesserung des Lebensstandards sowie die Entstehung eines Mittelstands, der mit einem verfeinerten Geschmack und dem nötigen Geld ausgestattet war, um diesem frönen zu können; gleichzeitig begannen die Touristen, die zu Millionen über die Pyrenäen strömten, bessere Weine zu verlangen, und was sie fanden, befriedigte sie sehr.

Amtliche Siegel für die Denominación de Origen

Alella

Alicante

Almansa

Ampurdán-Costa Brava

Campo de Borja

Cariñena

Condado de Huelva

Jerez-Xeres-Sherry und Manzanilla-Sanlúcar de Barrameda

Jumilla

La Mancha

Málaga

Méntrida

Die Einführung kontrollierter Herkunftsbezeichnungen für die verschiedenen Weinbaugebiete hatte man schon 1926 in der Rioja begonnen. Es wurden strenge Vorschriften für die Erzeugung von Weinen besserer Qualität festgelegt, die unter der Bezeichnung *Denominación de Origen* verkauft wurden, sowie eine Modernisierung der Genossenschaften durchgeführt.
Während der letzten zehn Jahre setzte sich unter den jüngeren und aufgeklärteren *bodegueros* immer mehr die Erkenntnis durch, daß Spaniens Zukunft als weinerzeugendes Land eher in der Qualität als in der Quantität liegt. Während die Masse der Weine aus dem riesigen zentralen Hochland von Genossenschaften hergestellt wird und für den täglichen Genuß ganz akzeptabel ist, stellen heute Dutzende anderer Gebiete charaktervolle und individuelle Gewächse her. Vielleicht gibt es in ganz Europa kein zweites Land mit einer solchen Vielfalt von Weintypen. Es gibt die perlenden jungen Weine aus dem Norden und Nordwesten; eine ganze Skala von Rot-, Weiß- und Roséweinen; ausgezeichnete Schaumweine, die in größeren Mengen hergestellt werden als in der Champagne; Aperitif- und Dessertweine, z.B. Sherry, Montilla und Málaga, und schließlich ein reiches Sortiment an Weinbränden, Wermutweinen und Likören.
Der Export der besseren Tischweine hat in den letzten Jahren enorm zugenommen. Der Versand von Rioja nach Großbritannien beispielsweise stieg von 20000 Kisten im Jahre 1970 auf etwa 350000 Kisten zehn Jahre später und nimmt noch weiter zu; das gleiche gilt in etwa für die Vereinigten Staaten und Nordeuropa. Hier kommt die zunehmende Wertschätzung für guten Gegenwert zum Ausdruck, vor allem in den mittleren Preislagen.
Die alphabetische Anordnung in diesem Band trägt der Tatsache Rechnung, daß in Spanien einzelne Etiketten und Marken bestimmter Häuser im allgemeinen größere Bedeutung haben als kleinere geographische Gebiete. Zudem füllen die kleineren Erzeuger in der Regel ihren Wein nicht selbst ab, sondern verkaufen ihn an größere Konzerne oder direkt an örtliche Restaurants.
Unterstützung zu diesem Buch erhielt ich von *bodegueros* und offiziellen Stellen überall in Spanien – zuvielen, als daß ich sie alle einzeln aufführen könnte. Mein besonderer Dank gilt jedoch dem brillanten Önologen und führenden Vertreter spanischer Weine, Don Miguel Torres Riera. Mr. John Hawes von Laymont & Shaw Ltd. hat mir freundlicherweise seine Notizen über galicische Weine überlassen. Meine Frau, Maite Manjón, hat wesentlich zu den Abschnitten über Essen und Trinken beigesteuert, die, wie ich hoffe, den Besuchern Spaniens den Weg zu kulinarischen Freuden ebnen werden.

Montilla-Moriles · Navarra · Penedès · Priorato · Ribeiro

Rioja · Rueda · Tarragona · Utiel-Requena

Valdeorras · Valdepeñas · Valencia · Yecla

Erläuterung der Eintragungen

Es gibt grundsätzlich zwei Arten von Eintragungen: solche, die ein Gebiet beschreiben, und solche, die sich auf einzelne Erzeuger (*bodegas*) und ihre Weine beziehen. Der Titel eines jeden Stichworts, das sich auf Weine bezieht, enthält die folgenden Angaben in abgekürzter Form:

1. Den Namen des Erzeugers
2. Ob der Wein mit einer *Denominación de Origen* (D.O.) abgefüllt wird. Siehe *Gesetze und Etiketten*, Seite 12
3. Die verschiedenen Weintypen – Rotwein, Rosé, Weißwein, Schaumwein, Reserva usw. –, die der Erzeuger herstellt.
4. Ihre allgemeine Qualitätseinstufung, eine notwendigerweise kurze und grobe Einteilung gemäß der folgenden aufsteigenden Skala:
   - * Wein für alle Tage
   - ** Überdurchschnittlich
   - *** Besonders gut, renommiert
   - **** Vorzüglich, erstklassig

   Dies sind die mehr oder weniger objektiven Einstufungen. Zusätzlich habe ich eine subjektive Beurteilung in Form eines Kästchens um die Sterne eines Weins gegeben, wenn dieser nach meiner Erfahrung in seiner Preisklasse besonders günstig ist, ob es sich nun um Luxus- oder Alltagswein handelt.

   Keine Sterne wurden vergeben in den Abschnitten über BRANNTWEINE, AROMATISIERTE WEINE UND LIKÖRE, MÁLAGA, MONTILLA-MORILES, SCHAUMWEINE und SHERRY. Hier stellen die Produzenten häufig eine so breite Palette von Weinen bzw. Branntweinen her, daß allgemeine Beurteilungen mehr oder weniger bedeutungslos wären: einer der *finos* einer Sherryfirma kann drei Sterne verdienen, während der *oloroso* nur Zwei-Sterne-Qualität besitzt, und umgekehrt.

   Hinweise bezüglich der Qualität dieser Weine finden sich in den Beschreibungen.
5. Jahrgangsinformationen: Welches waren die erfolgreichen letzten Jahrgänge, die eventuell noch im Handel sind, und welche der jüngeren sind trinkfertig und werden sich vielleicht durch Lagerung noch verbessern. Wegen des beständigeren Klimas und der spanischen Abfüllverfahren spielen Jahrgänge eine weitaus geringere Rolle als bei französischen Weinen. Für die vielen Weine, die für den laufenden Konsum hergestellt werden, werden keine Jahrgänge angegeben.

Die zweite Zeile der einzelnen Eintragungen beginnt jeweils mit:

1. Der Stadt oder dem Dorf, in der sich die *bodega* befindet.
2. Der Provinz (in Klammern).
3. Wenn eine *bodega* Weine kontrollierter Herkunftsbezeichnung herstellt, wird D.O. angegeben, z. B. D.O. Penedès. Dies gilt nicht für die vielen Weine der Rioja und des Sherry-Gebiets, die sämtlich ihre jeweilige D.O.-Bezeichnung tragen.

Die unter *Essen und Trinken* angegebenen Hinweise am Ende eines jeden Abschnitts sind vor allem für Besucher gedacht; die hier kurz beschriebenen Gerichte sind typisch für das Gebiet. Die sogenannte internationale Küche hält in den Touristengebieten und großen Städten Spaniens ebenso Einzug wie anderswo. Wenn zu den Weinen bestimmte Gerichte angegeben sind, gibt dies nur meine persönliche Erfahrungen wieder; ich bin jedoch kein Freund starrer Regeln, welcher Wein zu welchem Gericht gehört, und möchte daher vorschlagen, daß jeder Leser seiner persönlichen Vorliebe folgt.

Die Sterne bei den Restaurants bezeichnen eine Qualitätseinstufung, die in etwa der bei den Weinen angewandten entspricht. Die Namen empfohlener Hotels erscheinen bei den Städten in der alphabetischen Auflistung; Ausflüge in und um das Gebiet sind in den einleitenden Abschnitten vorgeschlagen.

Anatomie des spanischen Weins

Spanien hat mehr Rebfläche als jedes andere Land der Erde, liegt jedoch hinsichtlich der Erzeugung, die 1983 bei 32,5 Millionen Hektoliter (hl) lag, hinter Italien und Frankreich an dritter Stelle. Es gibt mehrere Gründe für diesen geringen Ertrag. Ein großer Teil des Bodens ist unfruchtbar, viele der Rebstöcke sind alt und müßten erneuert werden, und die Weinberge sind oft zwischen vielen Kleinbesitzern aufgeteilt, denen entweder das Geld oder die Erfahrung fehlt, um Krankheiten wie die Fäule oder den Mehltau zu bekämpfen.
Das von mächtigen Bergketten durchzogene Spanien ist ein Land großer geographischer Gegensätze. Es umfaßt den feuchten und gebirgigen Norden und das trockene, zentrale Hochland mit den strengen Wintern und den heißen Sommern, während Andalusien im Süden mit seinen milden Wintern das übrige Jahr hindurch nur eitel Sonnenschein kennt. Diese geographische Vielfalt bringt eine ebensolche Vielfalt an Weinen hervor, und fast jedes Gebiet bis auf die Atlantikküste im Norden liefert Weine der verschiedensten Typen.
Die besten Tischweine der Welt kommen aus einem Gürtel zwischen 30 und 50 Grad nördlicher und südlicher Breite. Die besten spanischen Tischweine werden in den Gebieten Rioja und Penedès erzeugt, die in der Mitte dieser Zone liegen, jedoch aufgrund der Höhenlage ein etwas kühleres Klima haben. In der Rioja wird vor allem Rotwein erzeugt; Penedès liefert sowohl Rot- als auch Weißweine (sowie eine große Menge Schaumweine), ist indes vor allem für den Weißwein bekannt. Wer als Neuling aus einer spanischen Weinliste zu wählen hat, kann eigentlich nichts falsch machen, wenn er sich für einen roten Rioja oder einen weißen Penedès entscheidet; die Erfahrung wird ihn schließlich zu differenzierteren Entscheidungen bringen.
Das große zentrale Hochland von La Mancha produziert gut 35 Prozent der spanischen Weine. Es sind eher Massen- als Flaschenweine, die überwiegend in den 450 Genossenschaften für den täglichen Genuß und für den Verschnitt hergestellt werden. 90 Prozent davon sind Weißweine, während die besten Weine, die aus Valdepeñas stammen und aus einer Mischung blauer und weißer Trauben hergestellt werden, Rotweine sind.
Das Küstengebiet der Levante, die sich im Osten der Mancha zum Mittelmeer hin anschließt, liefert erdige, körper- und alkoholreiche Rot- und Weißweine, unter denen die leichten und frischen Rosés von Utiel-Requena herausragen.
Andalusien stellt mehr oder weniger ausschließlich Aperitif- und Dessertweine her, die in der *solera* durch fortschreitendes Mischen älterer und jüngerer Weine erzeugt werden. Abgesehen vom Sherry sind die bekanntesten die ganz ähnlichen Weine aus Montilla-Moriles in der Nähe von Córdoba und die klassischen Dessert-Málagas, die um die Jahrhundertwende so beliebt waren.
Die Zukunft läßt für die spanische Weinwirtschaft das Beste hoffen. Hinsichtlich des Exports lag der Schwerpunkt zu lange auf Quantität statt auf Qualität. Dies beruhte weitgehend darauf, daß die Hitze der langen Sommer in den mittleren und südlichen Teilen des Landes in den Trauben große Mengen Zucker entstehen läßt, weshalb die traditionellen Ausbaumethoden zu robusten Weinen mit einem Übermaß an Alkohol führen. Mit der Einführung der Edelstahltanks, die eine Gärung bei niedrigeren und überwachten Temperaturen ermöglichen, änderte sich das Bild, und die Mittelmeerländer, die schließlich die Ursprungsländer des Weinbaus in Europa sind, könnten sogar gegenüber den feuchteren und kühleren Gebieten Nordeuropas Vorteil daraus ziehen. Bei den Winzern zumindest hat sich ein verstärktes Qualitätsbewußtsein durchgesetzt.

Gesetze und Etiketten

Der Großteil der besseren spanischen Weine wird mit einer *Denominación de Origen (D.O.)* abgefüllt, die der französischen *Appellation d'Origine Contrôlée (A.O.C. oder A.O.)* oder der italienischen *Denominazione di origine controllata (D.O.C.)* entspricht und gemäß den Regeln des Office International du Vin (O.I.V.) abgefaßt wurde. Die ersten Gebiete, die diese Herkunftsbezeichnung erhielten, waren die Rioja im Jahre 1926, Jerez im Jahre 1933 und Málaga im Jahre 1937. Die vollständige Liste umfaßt heute die folgenden Gebiete:

Alella
Alicante
Almansa
Ampurdàn-Costa Brava
Campo de Borja
Cariñena
Conca de Barberà
Huelva
Jerez-Xéres-Sherry und
  Manzanilla-Sanlúcar
  de Barrameda
Jumilla
La Mancha
La Ribera del Duero
Málaga
Manchuela
Méntrida
Montilla-Moriles
Navarra
Penedès
Priorato
Ribeiro
Rioja
Rueda
Somontano
Tarragona
Terra Alta
Tierra de Barros
Utiel-Requena
Valdeorras
Valdepeñas
Valencia
Valle de Monterrey
Yecla

Jedes dieser Gebiete wird von einem Consejo Regulador überwacht, einem Aufsichtsorgan unter dem Vorsitz bzw. stellvertretenden Vorsitz von Delegierten, die vom Landwirtschafts- und Handelsministerium ernannt werden. Außerdem sind in diesem Gremium Repräsentanten der Winzer, der *bodegas* (Kellereien) und der Händler vertreten. 1972 schuf das Landwirtschaftsministerium ein zentrales Organ, das Instituto Nacional de Denominaciones de Origen (INDO), das die Aktivitäten der regionalen Consejos Reguladores koordinieren und überwachen soll. Nach dem Tod von General Franco und der Wiederherstellung der örtlichen Autonomie der vier katalanischen Provinzen zwischen 1978 und 1980 übertrug das INDO seine Aufgaben in Katalonien einer Behörde der wiederbelebten Generalidad, dem Instituto Catalán de Vino (INCAVI).

Alle spanischen Weine müssen den Verfahren und Normen des *Estatuto de la Viña, del Vino y de los Alcoholes* entsprechen, einem ziemlich langen amtlichen Erlaß, der 1970 herauskam und für ganz Spanien gilt. Darin sind die verschiedenen Wein- und Branntweintypen definiert, Regeln für erlaubte und nichterlaubte Weinbau- und Weinkelterungsverfahren, für die chemische Zusammensetzung sowie für den Transport, den Vertrieb, den Verkauf und den Export von Weinen festgelegt.

Neben der Beachtung des *Estatuto* ist für Weine mit der *Denominación de Origen* auch die Einhaltung der ausführlicheren Bestimmungen eines *reglamento* vorgeschrieben, das der zuständige Consejo Regulador herausgibt. Dieses *reglamento* umreißt u. a. das geographische Gebiet, innerhalb dessen ein Wein mit der entsprechenden Herkunftsbezeichnung erzeugt und angebaut werden darf, die zulässigen Rebsorten und die Bestockungsdichte; außerdem werden Grenzen für die Mostmengen festgelegt, die aus den Trauben gewonnen werden dürfen. Weitere Vorschriften betreffen den Anbau, den Rebschnitt, die Kelterung und den Ausbau des Weins sowie seine chemische Zusammensetzung, wobei Höchstwerte für den Alkoholgehalt, flüchtige Säuren, den Restzucker, den Trockenextrakt usw. festgelegt wurden. Neben den *reglamentos* für die einzelnen Gebiete gibt es noch andere, beispielsweise solche für die Schaumweine, die überregional gelten.

Die Consejos unterhalten Kontrollabors in den einzelnen Regionen, und wenn ein Wein dort sowie bei einer Prüfung vor Ort zur Zufriedenheit der Inspektoren ausfällt, genehmigt das Consejo den Druck von Etiketten für die entsprechende Menge. Seine Garantie erscheint häufig auf dem Etikett in Form eines kleinen Emblems oder eines Stempels, von denen einige auf den Seiten 8–9 gezeigt sind.

Die Güte der Weine weist von Herkunftsgebiet zu Herkunftsgebiet beträchtliche Schwankungen auf und ist dort am höchsten, wo man sich bereits einen festen Ruf für die Herstellung von vorzüglichen Weinen geschaffen hat, wie z. B. in den Gebieten Rioja, Penedès und Jerez. Es ist in der Tat ein kleines Geheimnis, warum ein Gebiet wie Manchuela, wo es keinen einzigen Abfüllbetrieb gibt, überhaupt eine *Denominación* erhielt. Andererseits verkaufen einige der besten *bodegas* in Spanien ihren Wein nicht unter einer *Denominación de Origen*, weil entweder das Gebiet noch keine Herkunftsbezeichnung erhalten hat oder weil man dort der Ansicht ist, daß das eigene Etikett eine bessere Qualitätsgarantie darstellt.

Weine, die in den Gemeinsamen Markt geliefert werden, werden gemäß den üblichen EG-Vorschriften etikettiert, wobei die Angabe für einen Wein ohne Herkunftsbezeichnung sehr viel kürzer ist als für Weine mit *Denominación de Origen*. Für die Etikettierung verstärkter (d. h. aufgespriteter) Weine wie z. B. Sherry oder Málaga gibt es bisher noch keine Festlegungen der EG; diese Etiketten müssen jedoch den Vorschriften des Landes entsprechen, in das der Wein exportiert wird. Man sollte sich das Etikett genau ansehen, um zu überprüfen, wieviel Wein man kauft, da viele Flaschen 70 cl enthalten anstatt der 75, die von der EG-Kommission favorisiert werden.

Solange der EG-Beitritt Spaniens noch aussteht, werden leichte Weine im Lande nicht mit Jahrgangsangabe verkauft, sondern mit einem Hinweis wie *4º año* oder *5º año*, was bedeutet, daß der Wein im 4. bzw. 5. Kalenderjahr nach der Ernte abgefüllt wurde, und nicht, wie man häufig im Ausland hört, daß der Wein drei oder fünf Jahre alt ist. Viele Weine mit der Angabe *2º año*, die im Kalenderjahr nach der Ernte (dem «zweiten») abgefüllt werden, sind in Wirklichkeit nicht einmal ein Jahr alt.

Spanische Weinbezeichnungen, die üblicherweise auf Etiketten erscheinen, sind im Glossar (Seite 14) aufgeführt.

Rebsorten

Es wäre eine Herkulesarbeit, alle Rebsorten aufzuführen, die bei der Bereitung der in diesem Buch genannten Weine verwendet werden. Allein in Galicien gibt es 136 genehmigte Rebsorten. Zusätzliche Verwirrung entsteht dadurch, daß die gleiche Rebe oft in den verschiedenen Gebieten Spaniens unterschiedliche Namen besitzt: Die katalanische Tempranillo ist in der Rioja die Ull de Llebre und in Valdepeñas die Cencibel. Aus Gründen der Übersichtlichkeit und Genauigkeit werden die Hauptrebsorten eines jeden Gebiets in den allgemeinen Einführungen behandelt; außerdem werden unter dem Stichwort eines jeden D.O.-Gebiets die für die dortigen Weine verwendeten Rebsorten genannt.

Glossar

1. Worte auf Weinetiketten

Abocado	Halbsüßer Tischwein.
Amontillado	Eine Sherryart, die durch Alterung des *fino* hergestellt wird.
Amoroso	Ein leichter Dessertsherry.
Añejo, añejado por	Alt, gealtert durch
4º año usw.	Im 4. Jahr nach der Ernte abgefüllt.
Blanco	Weiß.
Bodega	Eigentlich ein Weinkeller; wird aber häufig als Bezeichnung für eine Firma verwendet, die den Wein angebaut, hergestellt, versandt oder verkauft hat. Ohne weitere Angaben ist normalerweise gemeint, daß die *bodega* den Wein hergestellt und versandt hat.
Brut, Brut natur(e)	Sehr trocken (nur bei Schaumwein).
Cava	1. Ein Betrieb, der Schaumwein herstellt. 2. Bezeichnung für einen Schaumwein, der nach dem Champagnerverfahren hergestellt wurde.
Cepa	Wörtlich «Rebstock». Die Verwendung auf den Etiketten ist nicht genau, wenn auch das Wort gelegentlich zusammen mit dem Namen einer Rebsorte erscheint.
Clarete	Leichter roter Tischwein.
Crianza, Vino de	Diese Angabe auf dem Rückenetikett besagt, daß der Wein in Eichenfässern gemäß dem *reglamento* des Consejo Regulador (der lokalen Aufsichtskommission) gealtert wurde. Im Fall des Rioja muß die Alterung mindestens zwei Jahre dauern, davon im Minimum ein Jahr im Faß.
Cosecha	Ernte, Jahrgang; z.B. Cosecha 1976.
Cream	Ein süßer Dessert-Sherry oder Montilla.
Criado por	Ausgebaut und/oder verschnitten durch
Denominación de Origen	Die Garantie des Consejo Regulador (Aufsichtskommission) für die kontrollierte Herkunft, die häufig auf dem Etikett in Form eines kleinen Faksimile-Stempels oder -Emblems erscheint.
Dulce	Süß.
Elaborado por	Ausgebaut und/oder verschnitten durch
Embotellado por	Abgefüllt durch
Espumoso	Schaumwein.

Fermentación en frio (Proceso de)	Langsame, gekühlte Gärung in Edelstahltanks (siehe ANATOMIE DES SPANISCHEN WEINS).
Fino	Ein heller, trockener und delikater Sherry oder Montilla.
Generoso	Ein Aperitif oder Dessertwein.
Gran reserva	Ein Wein guter Qualität, der im Fall von *tinto* und *clarete* mindestens zwei Jahre im Eichenfaß ausgebaut wurde, gefolgt von mindestens drei Flaschenjahren. Weißweine und Rosés mit dem Prädikat *gran reserva* müssen mindestens vier Ausbaujahre aufweisen, davon mindestens sechs Monate in Eichenfässern.
Gran-vas	Schaumwein, der nach dem Verfahren der *cuve close* hergestellt wurde (siehe SCHAUMWEINE).
Manzanilla	Einer der trockensten Sherrys aus Sanlúcar de Barrameda.
Oloroso	Ein dunkler, bukett- und körperreicher Sherry oder Montilla.
Palo cortado	Ein seltener oder erlesener Sherry oder Montilla mit dem Duft und Aroma eines *amontillado* und dem Körper eines *oloroso*.
Pasada, pasado	Wird zur Beschreibung alter und erlesener *finos* und *amontillados* verwendet.
Raya	1. Ausdruck für die Einteilung der Moste für Sherry. 2. Ein Sherry oder Montilla in der Art eines *oloroso*, aber nicht von gleicher Qualität.
Reserva	Ein Wein guter Qualität, der im Fall von *tinto* und *clarete* insgesamt mindestens drei Jahre in Eichenfaß und Flasche gelegen hat (meist länger), davon mindestens ein Jahr im Faß. Weiß- und Roséweine mit dem Prädikat *reserva* müssen insgesamt mindestens zwei Jahre in Eichenfaß und Flasche gelegen haben, davon mindestens sechs Monate im Eichenfaß.
Rosado	Rosé.
Seco	Trocken.
Semi-seco	Halbtrocken.
Solera	Gibt an (oder sollte zumindest), daß der Wein in einer Serie von Fässern mit zunehmend älteren Weinen aus verschiedenen Jahrgängen gealtert wurde (siehe SHERRY).
Tinto	Körperreicher Rotwein.
Vendimia	Weinlese, Jahrgang, z. B. Vendimia 1983.
Viña, Vinedo	Weinberg, Lage. Wird sehr frei verwendet; der Name «Viña Zaco» bedeutet nicht, daß der Wein ausschließlich aus einer Lage dieses Namens stammt.
Vino	Wein (siehe auch unter VERSCHIEDENES hiernach).

2. Verschiedenes

Agua	Wasser.
Agua de Seltz	Selterswasser.
Agua de soda oder soda	Sodawasser.
Agua mineral	Mineralwasser.
con gas	mit Kohlensäure
sin gas	ohne Kohlensäure
Aguardiente	1. Alkohol von höchstens 80° aus pflanzlichem Material. 2. Umgangssprachliche Bezeichnung für *aguardiente de orujo*, der etwa dem französischen *marc* entspricht.
Anís	Likör mit Anissamen-Aroma, der der *anisette* ähnelt.
Bodeguero	Besitzer oder Leiter einer *bodega*.
Café	Kaffee.
Cerveza	Bier.
Chacolí	Ein grüner (junger) Wein von der Biskayaküste.
Comarca	Region.
Coñac	Spanischer Weinbrand.
Crema	Likör:
de cacao	auf Kakaobasis
de café	auf Kaffeebasis
de menta	Pfefferminzlikör
de naranja	Curaçao
Flor	Hefeschicht, die sich auf der Oberfläche bestimmter Weine während des Ausbaus in der *solera* bildet (siehe SHERRY).
Ginebra	Gin.
Hielo	Eis.
Horchata	Milchähnlich aussehendes, alkoholfreies Getränk, das aus *chufas* (einer Art Erdnüsse) hergestellt wird.
Leche	Milch.
Licor	Likör.
Limonada	Limonade (sprudelnd).
Orujo	Umgangssprachliche Bezeichnung für *aguardiente*.
Parador	Staatliches Touristenhotel der gehobenen Kategorie, häufig in historischen Bauten untergebracht.
Ponche	Ein Kräuterbranntwein.
Quemado	Ein Punsch, der aus *aguardiente* hergestellt wird.
Ron	Rum.
S.A.	Sociedad Anónima; entspricht etwa der Aktiengesellschaft (A.G.)
Sangría	Wein-Kaltschale, hergestellt aus Rotwein mit Orangen- und Zitronenscheiben sowie Eisstückchen und einem Schuß Branntwein.
Sidra	Apfelwein.
Sifón	Sodawasser.
Socio	Mitglied einer Weingenossenschaft.
Té	Tee.
Vermut	Wermut.
Vino	Wein:
corriente	Billiger Schoppenwein
de aguja	Leicht perlend, *pétillant*
de Jerez	Sherry (aus Jerez)

de lágrima	Süßwein aus Traubensaft, der ohne mechanisches Pressen abgelaufen ist
de mesa	Tischwein
de pasto	Gewöhnlicher, oft leichter Tischwein
embotellado	Ein besserer, in der *bodega* abgefüllter Wein
gaseoso	Billiger, mit Kohlensäure versetzter Perlwein
generoso	Ein Aperitif- oder Dessertwein wie z. B. Sherry oder Málaga
rancio	Ein alter, maderisierter und oft verstärkter Weißwein
verde	Junger Weiß- oder Rotwein mit leichter Kohlensäure
Zumo	Fruchtsaft:
de naranja natural	Saft aus frisch gepreßten Orangen

3. Bestellen von Weinen und Getränken

Bringen Sie mir bitte die Weinkarte.	**La carta de vinos, por favor.**
Ich möchte eine Flasche/eine halbe Flasche/eine Karaffe/eine halbe Karaffe Ihres Hausweins.	**Por favor traiga una botella/media botella/una jarra/media jarra de vino de la casa.**
Woher stammt Ihr Hauswein?	**¿De dónde es el vino de la casa?**
Können Sie einen guten lokalen Wein empfehlen?	**¿Puede usted recomendar un vino bueno de la región?**
Ja, ich möchte eine Flasche.	**Si, me gustaría una botella.**
Ich möchte einen Rotwein/einen trockenen Weißwein/einen süßen Weißwein trinken.	**Me gustaría una botella. Me gustaría beber un vino tinto/vino blanco seco/vino blanco dulce.**
Könnten Sie bitte den Wein kühlen?	**¿Por favor puede usted poner el vino al frío?**

Auch der Kellner wird etwas sagen und Sie vielleicht zunächst fragen, ob Sie einen Aperitif möchten:

¿Quieren ustedes un aperitivo?

Je nachdem, ob Sie einen möchten oder nicht, lautet die Antwort:

Ja, ich möchte einen … und die Dame einen …	**Sí, por favor, un … para mí y un … para la señora.**
Nein, danke.	**No gracias.**

Nachdem Sie den Wein bestellt haben, wird der Kellner Sie fragen, ob Sie, wie in Spanien üblich, Mineralwasser möchten.

¿Quieren ustedes agua mineral?

Ja, ich möchte eine Flasche/ eine halbe Flasche ohne/mit Kohlensäure.	**Sí, por favor. Me gustaría una botella/media botella sin gas/con gas.**

Am Ende der Mahlzeit wird Sie der Kellner fragen, ob Sie Kaffee möchten.

¿Quieren tomar café?

Ja, ich/wir möchte(n) schwarzen Kaffee/Milchkaffee/ Kaffee mit etwas Milch.	**Sí, por favor, me/nos gustaría café solo/café con leche/ café cortado.**

Wenn Sie bei Tisch einen Branntwein oder einen Likör möchten, sollten Sie diesen beim Kellner bestellen (außer in teuren Restaurants):

Ich/wir möchte(n) einen Branntwein/Likör. Welche Sorten haben Sie?	**Me/nos gustaría tomar un coñac/ licor. ¿Qué marcas tienen?**
Und um die Rechnung bitten Sie wie folgt:	**La cuenta, por favor.**

Altkastilien und León (Castilla la Vieja y León)

Altkastilien und das alte Königreich León, die 1230 vereinigt wurden, sind das Herz des katholischen Spanien. Ihre Fürsten waren es, die die Gegenoffensive gegen die Mauren planten und durchführten, und in den Namen ihrer Städte – Ávila, Segovia, Salamanca, Burgos, Valladolid und León – klingen für uns die «ruhigen alten Weisen Spaniens» wider.

Abgesehen von der Enklave Cebreros in der Sierra de Gredos bei Ávila wird nur im nördlichen Teil, vor allem im Tal des Duero, Wein in nennenswerten Mengen erzeugt. Das Land ist über weite Strecken öde und ausgedörrt, bitter kalt im Winter und sengend heiß im Sommer; in Gegenden wie z. B. Toro erreicht die jährliche Niederschlagsmenge gerade 300 mm. In manchen Bezirken, die einst für ihre Weine berühmt waren, ist die Produktion dramatisch zurückgegangen, entweder aufgrund der Schwierigkeit, unter solchen extremen Bedingungen die Reben durchzubringen, oder weil Schwergewichte wie der Toro nicht mehr Mode sind.

Dennoch erzeugt Altkastilien lohnende Weine in großer Vielfalt, insbesondere die eleganten Rotweine aus der Ribera del Duero, die erfrischenden Weißweine aus Rueda und die *claretes* von Cigales und El Bierzo; auch haben die *bodegueros* aus León viel dazugelernt.

Es gibt eine große Fülle von Rebsorten, die im einzelnen in der

alphabetischen Liste beschrieben sind; zu den besten und typischsten gehören die blaue Tinto Fino oder Tinto Aragonés, eine Variante der Tempranillo, die in der Ribera del Duero angebaut wird; die weiße Verdejo, die in Rueda beheimatet ist, und die Prieto Picudo, eine blaue Traube mit weißem Fleisch, aus der in León Roséweine hergestellt werden. Die weiße «Jerez» oder Palomino wird ebenfalls in großem Umfang kultiviert; ihre Moste haben indes nicht die gleiche Qualität wie in ihrer natürlichen Umgebung im Süden Spaniens. In einem abgelegenen Bezirk von León werden auch Hybriden aus einer direkten Kreuzung amerikanischer und einheimischer Reben gezogen, die jedoch wegen ihres Gehalts an einem toxischen Alkaloid – das als *malvina* bezeichnet wird – nicht den Segen der Behörden haben. Weine aus dieser Sorte dürfen nicht exportiert werden.
Wie in den meisten Gebieten Spaniens wird auch hier ein großer Teil des Weins in den Genossenschaften hergestellt; nirgendwo wie hier dürfte es allerdings noch immer so viele Kleinbesitzer geben, die ihren Wein für den Genuß in der unmittelbaren Umgebung erzeugen. In den Bezirken Los Oteros und Valdevimbre bei León gibt es dicht aneinandergedrängte *bodegas*, die tief in den Boden eingegraben und mit Erde bedeckt sind und sehr an historische Schanzen erinnern.
Obwohl verschiedene Gebiete, vor allem El Bierzo, durchaus das D.O.-Zertifikat verdienen würden, haben sie es wegen der geringen Größe und organisatorischer Schwierigkeiten noch nicht erhalten. Es gibt daher nur zwei Denominaciones de Origen, die von Rueda, die 1980 vergeben wurde, sowie die noch jüngere Ribera del Duero.

Agrícola Castellana Sociedad Cooperativa D.O. w. tr. br. *→**
La Seca (Valladolid). D.O. Rueda. Diese große und gut organisierte Genossenschaft in der TIERRA DE MEDINA wurde 1935 gegründet und verfügt heute über eine Lagerkapazität von 80000 hl. Sie erzeugt sowohl den traditionellen, Flor bildenden RUEDA aus einer Mischung von Verdejo und Palomino, der entweder in der *solera* oder in lose verkorkten Glasflaschen im Freien altert, sowie frische junge Weine, die allein aus Verdejo hergestellt werden. Typische Vertreter der ersten Art sind der «Campo Grande fino» und «Dorado 61», die beide ein sherry-ähnliches Aroma und etwa 15 Prozent Alkohol haben. Der «Verdejo Pálido», von hellgrüner Farbe, trocken, aromatisch, fruchtig und angenehm adstringierend, hat 12,5 Prozent Alkohol und ist ein gutes Beispiel für die frischen jungen Weine, die heute in dem Gebiet erzeugt werden.

La Bañeza cl. *
Gebiet im Westen der Stadt León und Teil der nicht mit dem D.O.-Prädikat versehenen Comarca de León. Das Gebiet war einst für seine *claretes de aguja* (leichte Rotweine mit feiner Kohlensäure) bekannt, erzeugt heute, in primitiven unterirdischen Kellern für den lokalen Konsum, jedoch nur noch sehr wenig Wein.

Barrigón Tovar, Pablo (r.) cl. *→**
Eine der beiden einzigen Privatfirmen, die einen echten *clarete* aus CIGALES herstellen, einen Wein mit einer langen und ehrwürdigen Tradition. Neben dem drei Jahre alten Rotwein «San Pablo» füllt sie *claretes* in vier anderen Typen ab: den drei Jahre alten «San Pablo», den sechs Jahre alten «Barrigón», den acht Jahre alten «Viña Solana» sowie den «1956 Viña Cigaleña». Die älteren, in Eichenfässern gereiften Weine sind die besten.

Benavente cl. *
Wie LA BAÑEZA erzeugte auch Benavente einst gute, leicht perlende *claretes*, jedoch liegen die meisten Weinberge heute brach. Der Parador in dem aus dem 12. Jahrhundert stammenden Schloß von Ferdinand II. von León ist ein reizvoller Ausgangspunkt für Besuche in RUEDA, CIGALES und TORO.

El Bierzo r. w. rs. *→*** 72, 74, 76, 78, 79, 81
El Bierzo in der nordwestlichen Ecke der Provinz León an der galicischen Grenze hat eine ideale Lage für die Erzeugung von Qualitätsweinen. In dem 9299 ha großen Rebengebiet liegt das Klima etwa in der Mitte zwischen der trockenen Hitze von Kastilien und dem Regen und der Feuchtigkeit von Galicien. Man kann annehmen, daß dieses Gebiet eines der nächsten sein wird, das in naher Zukunft die D.O.-Auszeichnung erhält.
Die dichtesten Rebenbestände findet man um Villafranca und Ponferrada, und die vorherrschenden Rebsorten sind die blaue Mencía und Alicante sowie die weiße Palomino.
Die bukettreichen und fruchtigen Rotweine altern gut im Faß und entwickeln dabei eine schöne Rubinfarbe. Sie sind geschmeidig und seiden mit höchstens 12 Prozent Alkohol. Die durchschnittlich 10,5–11,5 Prozent Alkohol aufweisenden Weißweine sind fruchtig mit Blumenduft und harmonischer als die säurebetonten Weine Galiciens. Es gibt auch ausgezeichnete Rosés, hauptsächlich aus der Mencía hergestellt und mit erfrischendem Säuregehalt.
Es bestand zu allen Zeiten die Versuchung, die Weine nach Galicien und Asturien zu verkaufen, wo sie leicht Absatz finden. Die Genossenschaften Cacabelos und Villafranquina füllen lohnende und repräsentative Weine unter den Namen «Fontousal» und «Padorñina» ab; die erlesensten Weine des Gebiets sind diejenigen von PALACIO DE ARGANZA und VALDEOBISPO.

Castilla la Vieja, Bodegas de Crianza D.O. r. w. rs. *→**
Rueda (Valladolid). D.O. Rueda. Der Betrieb wurde vor etwa zwölf Jahren von einer Gruppe lokaler Winzer gegründet, die ihre Weine optimal ausbauen wollten. Sie altern ihren Wein in Eichenfässern und erzeugen einen ausgewogenen Weißwein, fruchtige Rotweine und traditionelle *solera*-Weine in der Art des Sherrys.

Cebreros r. cl. *
Das in der Provinz Ávila in der Sierra de Gredos im Westen von Madrid gelegene Cebreros liefert Weine der blauen Garnacha und Tinto Aragonés sowie der weißen Albillo. Die robusten und zu Kopf steigenden *tintos* und *claretes*, die mindestens 13 Prozent Alkohol aufweisen, sind in Madrid und Umgebung für den täglichen Genuß sehr gefragt. Einen überaus angenehmen Aufenthalt bietet der Parador de Gredos, einst ein Jagdschloß von König Alfons XIII., das hoch in den Bergen inmitten von Kiefernwäldern liegt.

Cigales r. cl. *→**
Die 5315 ha Weinberge von Cigales sind mit den weißen Palomino, Verdejo und Albillo sowie den blauen Garnacha, Tinto del País und Tinto de Madrid bestockt. Die schon im Mittelalter berühmten *claretes* werden aus einer Mischung von blauen und weißen entrappten (von den Stielen getrennten) Beeren bereitet; wie bei Weißwein wurde sofort abgepreßt und nur der Most vergoren. Diese hellen Rotweine waren es, die sich zu allen Zeiten in den Tavernen von Valladolid größter Beliebtheit erfreuten; was jedoch heute als *clarete* aus Cigales bezeichnet wird, ist eher eine Mischung von Rotwein aus Zamora mit Weißwein aus der Mancha.
Die Tatsache, daß ein großer Teil der Weine in archaischen unterirdischen *bodegas* für den lokalen Konsum hergestellt wird und daß die Produktion von gutem Cigales *clarete* heute mehr oder weniger in den Händen von nur zwei privaten Großbetrieben liegt, nämlich Pablo BARRIGÓN TOVAR und Hijos de FRUTOS VILLAR, hat die D.O.-Vergabe an dieses kleine Gebiet verhindert.

Conde Camazón, Vicente cl. res. **
Cigales (Valladolid). Diese kleine Firma füllt hervorragenden dreijährigen und *clarete reserva* ab, freilich nur in winzigen Mengen.

Fermoselle r. *
Fermoselle liegt zwischen den Tälern der Flüsse Duero und Tormes in

der Südwestecke der Provinz Zamora, fast nur einen Steinwurf von der portugiesischen Grenze entfernt. Die Granit- und Schieferböden, die gleißenden Sommer und die geringen Niederschläge ähneln den Gegebenheiten im oberen Dourotal. Daß die Weine, obwohl sie den portugiesischen in mancher Hinsicht ähneln, diesen nicht gleichkommen, liegt wahrscheinlich daran, daß die vorherrschende Rebe, die Juan García, qualitativ nicht an die portugiesischen Sorten heranreicht.
Im 18. Jahrhundert erzeugte Fermoselle jährlich 10000 hl Wein, und die ganze Gegend ist mit nicht mehr benutzten Kellern, die in den Granit gehauen wurden, durchlöchert. Es ist heute schwierig, den echten, körperreichen Rotwein mit dem eigenartigen, aber nicht uninteressanten Harzton in Geruch und Geschmack zu finden, da er größtenteils als Verschnittwein verkauft wird.

Frutos Villar, Hijos de r. cl. w. tr. *→**
Cigales (Valladolid). Einer der zwei Großbetriebe in Cigales. Er stellt den weißen «Viña Calsina» her, der unter dem zu langen Faßaufenthalt leidet, sowie einen zuverlässigen «Calderona» *clarete*.

Grupo Sindical de Colonización No. 795 r. cl. (rs. w. tr.) [*→**]
Cebreros (Avila). Hersteller des «El Galayao», der in verschiedenen Sorten verkauft wird und vielleicht der beste dieser wuchtigen Weine ist.

Gutiérrez S.A., Hijos de Alberto D.O. w. tr. und s. br. *→**
Serrada (Valladolid). D.O. Rueda. Die Firma füllt eine Reihe frischer, weißer RUEDA-Weine ab, «San Martín», «Viña Cascarela» und «Blanco Serrada» sowie die traditionell in der *solera* hergestellten «Solera la Moya» und «Valdealino».

León
Die hoch auf dem kastilischen Plateau gelegene alte Stadt León, Kapitale des mittelalterlichen Königreichs, ist das Zentrum eines aufstrebenden Weinbaugebiets. Die gotische Kathedrale, zwischen Mitte des 13. und Ende des 14. Jahrhunderts erbaut, ist mit ihren zierlichen Schwibbögen und den großartigen Glasmalereien eine der schönsten Spaniens. Der Weinfreund, der im Hotel San Marcos, einem großartigen Kloster aus dem 16. Jahrhundert, Quartier nimmt, kann in dem exzellenten Restaurant des Hauses eine ganze Reihe von Weinen aus der Comarca LEÓN und EL BIERZO verkosten.

León, Comarca de r. rs. w. tr. *→**
Dies ist der Name des Weinbaugebiets im Südosten der Stadt León. Es umfaßt in der Reihenfolge ihrer Größe die folgenden Teilgebiete: VALDEVIMBRE, LOS OTEROS, LA BAÑEZA, León, Tierra de Campos, VALDERAS, La Antigua, Payuelos und RIBERA ALTA DEL CEA.

Los Arcos, Bodegas r. rs. w. tr. [**]
León. Kleine Privat*bodega*, die gute BIERZO-Weine herstellt. Einer der besten ist der «Santos Rosado».

Los Curros, Grupo D.O. r. cl. w. tr. g. *→**
Rueda. D.O. Rueda. Eine typisch kastilische *bodega* alten Stils mit unterirdischen Kellern. Obwohl die Trauben nicht abgebeert (entrappt) und auch nicht «kalt» vergoren werden, erzeugt die *bodega* einige angenehm fruchtige Weine und treibt energisch den Absatz ihres weißen «Viña Cantosán» voran.

Nava del Rey
Größte Gemeinde der TIERRA DE MEDINA südwestlich von Valladolid und heute Teil der D.O. RUEDA.

Los Oteros r. rs. w. tr. *→**
Mit 3077 ha Anbaufläche ist das im Osten der Straße von León nach

Benavente gelegene Los Oteros das zweitgrößte der Teilgebiete der COMARCA LEÓN. Die wichtigste Rebe ist die Prieto Picudo, die auf Lehmboden wächst. Ein großer Teil des Weins wird in winzigen bäuerlichen *bodegas* hergestellt, die auf denkbar einfache Weise erbaut werden. Man gräbt ein tiefes Loch in den Boden, installiert die allereinfachste Baumkelter, häuft die Erde obenauf und läßt einen Abzug, damit das Kohlendioxyd entweichen kann. Der typische Wein, der in diesen primitiven Kellern erzeugt wird, ist ein *clarete* von 10–13,5 Prozent. Diese Methode ist allerdings so archaisch und unhygienisch, daß der Wein manchmal wegen seines hohen Gehalts an flüchtigen Säuren wie Himbeeressig schmeckt (siehe VALDEVIMBRE).

Palacio de Arganza, Bodegas r. rs. w. tr. res. **→***
Villafranca del Bierzo (León). Die *bodega* in dem aus dem 15. Jahrhundert stammenden Palast der Herzöge von Arganza wurde 1805 gegründet und ist seit langem die berühmteste von EL BIERZO. Ein Großbrand zerstörte 1979 einen großen Teil der *bodega*, jedoch blieben die meisten Eichenfässer und die alten *reservas* verschont. Die Weine werden gelegentlich mit dem bekannteren «Viña Ardanza» von den Bodegas La Rioja Alta verwechselt, sind indes von völlig anderer Art. Zwei der besten sind der weiße «Vega Burbia», sauber und aromatisch mit einem erfrischenden Hauch Säure, und der harmonische rote «Almena del Bierzo» mit dem fruchtigen Bukett und dem langen Abgang.

Peñafiel
Ortschaft in LA RIBERA DEL DUERO, die von einer großartigen, aus dem 14. Jahrhundert stammenden Burg überragt wird und wo die Cooperativa de RIBERA DEL DUERO Keller für den Ausbau ihrer Weine unterhält. Eine weitere mittelalterliche Sehenswürdigkeit ist der außergewöhnliche Turnierplatz und die ihn umgebenden Häuser.

Peñalba López, Bodegas D.O. r. [**]
Aranda de Duero (Burgos). D.O. Ribera del Duero. Kleine Firma mit eigenen Rebgärten, die aus der Tinto Fino in Eichenfässern einen guten fruchtigen Rotwein erzeugt und altert.

Ribera Alta del Cea r. cl.
Kleines Weinbaugebiet zwischen León und Palencia, das aus Hybriden Wein macht, die aus der direkten Kreuzung europäischer und amerikanischer Reben entstanden. Da die Weine kleine Mengen eines toxischen Alkaloids enthalten, sogenanntes *malvina*, werden sie mit anderen Weinen aus der Gegend verschnitten. Das Gebiet erzeugt außerdem angenehme *claretes*, die aus einem Gemisch von Mencía, Prieto Picudo und Palomino erzeugt werden.

Ribera de Burgos D.O. r. cl. *→**
Derjenige Teil der D.O. RIBERA DEL DUERO, der um die Stadt Aranda del Duero in der Provinz Burgos liegt. Die vorherrschenden Rebsorten sind die Tinto del País, Tinto Madrid, Jaén, Valenciano, Albillo, Tinto Aragonés und Tempranillo. Die typischen Weine sind die *claretes* oder *claros*, die überwiegend von kleinen Winzern oder Genossenschaften hergestellt werden. Einige der besten kommen von der Bodega Cooperativa Santa Eulalia de la Horra und werden als «Conde de Siruela» in Flaschen abgefüllt.

Ribera del Duero D.O. r. cl. **→***
Diese vor kurzem mit dem D.O.-Prädikat ausgezeichnete Region, deren Rotweine teilweise neben denen aus der Rioja und aus Katalonien zu den besten Spaniens zählen, zieht sich über eine Länge von etwa 110 km bei einer maximalen Breite von 30 km am Duero von Tudela de Duero in der Nähe von Valladolid bis östlich von El Burgo de Osma hin. Der größere und zentrale Teil der Region liegt in der

Provinz Burgos. Kleine Bereiche gehören zu den Provinzen Soria im Osten und Segovia im Süden, doch kommen die besten Weine aus der Gegend um Peñafiel und Valbuena in der Provinz Valladolid. Die Weine wachsen hier auf den kreidigen, piniengesäumten Hängen am Ufer des Duero. Die vorherrschende Rebe ist die Tinto Fino oder Tinto Aragonés, eine Variante der Tempranillo aus der Rioja, deren Moste besonders gut für den Ausbau in Eichenfässern geeignet sind. Das Gebiet ist berühmt für den legendären VEGA SICILIA. Der meiste Wein wird aber in Peñafiel von der Cooperativa de RIBERA DEL DUERO hergestellt, einer der ersten Genossenschaften in Spanien, die dazu überging, die Weine in Eichenfässern zu reifen.

Ribera del Duero, Cooperativa de D.O. r. (rs.) [**]→***
Peñafiel (Valladolid). D.O. Ribera del Duero. Diese alteingesessene Genossenschaft zählt 230 Mitglieder. In ihren 2000 Fässern aus amerikanischer Eiche können 12000 hl Wein reifen, der durchschnittlich 11,5–12,5 Prozent Alkohol erreicht. Der jüngste Wein ist der zwei Jahre alte «Ribera Duero», der in *depósitos* aus Beton gealtert wird, eine tiefe Pflaumenfarbe und einen frischen Geschmack von Brombeeren aufweist. Der fünf Jahre alte «Peñafiel» verbringt zwei Jahre in eichenen *barricas*, und es gibt auch *reservas* mit dem Namen «Protos», die noch erheblich länger im Faß und in der Flasche reifen. Die Weine haben bei Kennern wegen ihres sauberen, fruchtigen Charakters, des intensiven Aromas und des langen Abgangs großen Anklang gefunden.

Riscal, Marqués de
Siehe VINOS BLANCOS DE CASTILLA S.A.

Rueda D.O. w. tr. br. **
Dieses kleine Gebiet im Südwesten von Valladolid, das lange als TIERRA DE MEDINA bekannt war, verdankt seinen Namen dem Dorf Rueda, das neben Nava del Rey, La Seca und Serrada ein wichtiges Zentrum für die Weinerzeugung ist. Die vorherrschenden Rebsorten sind die einheimische Verdejo und die erst in neuerer Zeit eingeführte Palomino, die in kreidigem Lehm wachsen. In diesem Gebiet wird ausschließlich Weißwein erzeugt, für den es seit dem 17. Jahrhundert berühmt ist. Der bernsteinfarbene und bis zu 15 Prozent Alkohol enthaltende traditionelle Rueda ist ein Flor bildender Weißwein, der entweder in lose verkorkten Korbflaschen oder in der *solera* ausgebaut wird und in etwa wie ein rauher Sherry schmeckt. In der letzten Zeit macht das Beispiel des Marqués de Riscal Schule, der in der Nähe von Rueda einen großen modernen Keltereibetrieb aufgebaut hat: Man erzeugt frische und attraktive junge Weißweine, hauptsächlich aus der Verdejo.

Sanz, Vinos D.O. r. rs. w. tr. br. res. *→**
Rueda (Valladolid). D.O. Rueda. Große Familien-*bodega*, die im Jahre 1900 gegründet wurde. Man produziert Weine in verschiedenen Typen, u.a. einen «Solera 62» und einen roten *reserva*; der interessanteste Wein ist ein frischer junger Rosé.

Seca, La
Kleines Dorf und Weinbauzentrum in der D.O. RUEDA.

Serrada
Ein weiteres Weinbaudorf der D.O. RUEDA; viele Hausweine in den Bars und Restaurants von Valladolid werden als «Serrada» verkauft.

Tierra de Medina
Ursprünglicher Name der heutigen D.O. RUEDA. Vor dem Einfall der Reblaus im Jahre 1909 waren etwa 90000 ha angebaut; heute sind es nur noch etwa 24000.

Tierra del vino
Weinbaugebiet bei Toro in der Provinz Zamora, die einst für ihre kraftvollen Rotweine berühmt war, heute jedoch praktisch nichts mehr erzeugt.

Toro, Comarca de r. *
Dieses nicht mit D.O.-Prädikat versehene Gebiet im Osten von Zamora mit 15290 ha Rebfläche ist eines der trockensten Spaniens und hat jährlich nicht mehr als 300 mm Niederschläge zu verzeichnen. In bezug auf Alkohol und Körper werden die Rotweine nur von denen des Priorato (siehe KATALONIEN) und von Yecla und Jumilla (siehe VALENCIA UND MURCIA) erreicht. Sie zählten früher zu den beliebtesten Spaniens und wurden vor allem von den Studenten und Lehrern der Universität von Salamanca getrunken. Die Hauptrebsorten sind die Tinta de Toro und Tinto de Madrid sowie etwas Garnacha. Ein kleiner Teil des Weins wird von der Cooperativa de Morales de Toro sowie den Bodegas Luis Mateos und Hijos de FRUTOS VILLAR abgefüllt, während das Gros leichten Absatz als Verschnittwein findet.
Eine interessante Übernachtungsmöglichkeit, vor allem wenn man auf dem Weg nach Galicien ist, ist der Parador Nacional de los Condes de Alba y Aliste mit seinem großartigen Renaissance-Kreuzgang in der historischen Altstadt von Zamora.

Valdeobispo, Bodegas r. rs. w. tr. **→***
Kleiner Privatbetrieb in EL BIERZO mit eigenen Weinbergen. Die Weine werden sorgfältig hergestellt und nur in guten Jahren abgefüllt, liegen indessen manchmal zu lange im Eichenfaß und zu kurz in der Flasche.

Valderas r. cl. *
Wie in dem benachbarten kleinen Gebiet RIBERA ALTA DE CEA sind die Rebstöcke überwiegend Hybriden; die Weine sind von ähnlicher Art.

Valdevimbre r. cl. *→**
Mit 4861 ha Rebland ist Valdevimbre das größte Teilgebiet der COMARCA LEÓN. Es grenzt an LOS OTEROS, und seine *claretes* können sehr aromatisch, leicht und fruchtig sein. Sie werden traditionell in der Weise hergestellt, daß ganze Mengen der Prieto Picudo während der zweiten Gärung in den Most gegeben werden, so daß die Gärung verlängert wird und der Wein erfrischende Bläschen bekommt. In einfacheren *bodegas* versuchen die Besitzer, durch Hinzufügen von Limonade das gleiche Ergebnis zu erzielen!
Einen der besten Weine füllt die Cooperativa Vinícola Comarcal unter dem Etikett «San Tirso» ab. Siehe auch VILE.

Valladolid
Die Stadt, die seit dem 14. Jahrhundert eine berühmte Universität besitzt und einst die Hauptstadt Spaniens war, ist der beste Ausgangspunkt für Besuche in den Weinbaugebieten RIBERA DEL DUERO, RUEDA und CIGALES. Nicht versäumen sollte man in Valladolid das aus dem 15. Jahrhundert stammende Colegio de San Gregorio, in dem das Museo Nacional de Escultura religiosa (Nationalmuseum religiöser Bildwerke) mit seiner ausgezeichneten Skulpturen- und Gemäldesammlung untergebracht ist. Die besten Hotels sind das Conde Ansúrez, Felipe IV und Olid Meliá mit je 4 Sternen. Aus praktischen Gründen ist das altmodische Felipe IV vorzuziehen, da es über eine unterirdische Parkgarage verfügt, was in einer Stadt, deren enge Einbahnstraßen ständig verstopft sind, nicht unwichtig ist.

Vega Sicilia S.A., Bodegas y Viñedos r. ***→**** 53, 64, 66, 67, 68, 70, 73, 76, 81, 82
Valbuena de Duero (Valladolid). Der Name «Vega Sicilia» – entstanden aus der mundartlichen Verkürzung von «pagos de la Vega Santa Cecilia» – hat in Spanien einen magischen Klang, denn die Weine, sämtlich rot, werden nur für offizielle Anlässe und an die besten Hotels und Restaurants geliefert. Der 140 ha große Besitz grenzt an den Fluß in der Ribera del Duero im Osten von Valladolid und liegt 765 m hoch. Schon 1864 wurden ausgewählte französische Reben aus Bordeaux beschafft und in den kreidigen, piniengesäumten Weingärten akklimatisiert. Sie wurden vor kurzem mit den gleichen drei Sorten (Cabernet-Sauvignon, Merlot und Malbec) neu bestockt. Deren Moste werden mit denen der einheimischen Tinto Aragonés, Garnacha und der weißen Albillo verschnitten. Der Direktor des Betriebs, Don Jesús Anadón, legt großen Wert darauf, daß die Weine sehr langsam vergoren und ausgebaut werden. Nur der Most, der nach leichtem Quetschen der Trauben abläuft, wird verwendet, und nach der Gärung in kunstharzbeschichteten Betontanks läßt man den Vega Sicilia mindestens zehn Jahre lang in Eichenfässern und weitere zwei Jahre in der Flasche reifen. Die *bodega* stellt außerdem einen drei Jahre alten und einen fünf Jahre alten roten «Valbuena» her.
Die Weine, deren Alkoholgehalt mindestens 13,5 Prozent beträgt, sind körperreich, tieffarben, komplex und intensiv fruchtig mit einem reichen Bukett, das sich aus Eiche und Frucht zusammensetzt. Auch haben sie einen langen Abgang. Einige Fachleute kritisieren freilich am «Vega Sicilia», der als Vino fino de Mesa (Tischwein) angeboten wird, den hohen Gehalt an flüchtigen Säuren und geben dem Valbuena mit seiner kürzeren Faßlagerung den Vorzug. Aus einem Artikel der bekannten Zeitschrift «VINUM» (Heft Nr. 11, Nov. 1983) geht übrigens hervor, daß Vega Sicilia dem D.O.-Komitee Ribera del Duero bisher nicht beigetreten ist und eine eigene Ursprungsbezeichnung anstrebt.

VILE r. rs. w. tr. [*→***]
León. Die Abkürzung steht für Planta de Elaboración y Embotellado de Vinos S.A., ein großes privates Konsortium mit einem modernen Kelterbetrieb, in dessen 2500 Fässern 120000 hl Wein ausgebaut werden können. Die Gruppe besitzt eigene Weinberge, kauft jedoch die Mehrzahl der Trauben (hauptsächlich Prieto Picudo, Tempranillo und Mencía für die Rot- und Roséweine sowie Verdejo und Palomino für die Weißweine) von unabhängigen Winzern in VALDEVIMBRE und LOS OTEROS.
Die frischen jungen Rot- und Weißweine «Rey León» sind sehr beliebt, ebenso die zwei Jahre alten Rotweine und Rosés «Castillo de Coyanza». Zu den feineren und älteren Weinen gehören der «Palacio de Guzmán» in verschiedenen Typen sowie die körperreichen roten *reservas* «Don Suero».

Vinos Blancos de Castilla S.A. D.O. w. tr. [**]
Rueda. D.O. Rueda. Die *bodega* wurde vor einigen Jahren von der Rioja-Firma Marqués de Riscal, die bis dahin keinen Weißwein auf den Markt brachte, mit fachlicher Unterstützung von Professor Emile Peynaud von der Universität Bordeaux gebaut. Die Lagerkapazität beträgt 20000 hl, und die Weine werden in Edelstahltanks gekühlt vergoren. Sie werden aus 90 Prozent Verdejo hergestellt und nach der Ansicht von Professor Peynaud dadurch verfeinert, daß man ihnen ein wenig Viura zusetzt und sie mehrere Monate in Eichenfässern ausbaut. Später ging man aber dazu über, die Faßreife abzukürzen oder ganz wegzulassen. Die frischen und fruchtigen Weine werden unter dem Etikett des Marqués de Riscal verkauft und gehen überwiegend ins Ausland.

Essen und Trinken

Wenn man ein einziges typisches Gericht für Altkastilien nennen müßte, wären es die Braten vom Lamm, Spanferkel und Zicklein; das Milchlamm oder *lechazo* schmeckt am besten in der Gegend um Valladolid. Das Gebiet hat jedoch noch viel mehr zu bieten: Rebhuhn von den Bergen, Forelle aus den kühlen Bächen und die deftigen *cocidos* (Eintöpfe), die aus den allgegenwärtigen Kichererbsen, Fleisch, Gemüse, Kartoffeln und lokalen Varietäten von luftgetrockneter Wurst hergestellt werden.

Arroz con cordero
Reis mit Tomatensauce und geschmortem Lamm, der im Backofen überkrustet wird.
Dazu einen leichten *clarete* mit ein wenig Restsäure, z. B. *«Castillo de Coyanza» oder **«Calderona» von Cigales.

Besugo al ajoarriero
Meerbrasse in einer Sauce aus Olivenöl, Knoblauch, Zwiebeln, Petersilie und Essig.
Dazu einen frischen jungen Rueda, z. B. **«Verdejo Pálido».

Cachelada leonesa
Kartoffeln, die mit Gewürzen und chorizo (Paprikawurst) *gekocht werden, von der die fröhliche Orangefarbe und der würzige Geschmack kommt.*

Cochinillo asado
Gebratenes Spanferkel von einer Zartheit und Saftigkeit, wie man sie bei uns kaum findet, da die Spanferkel meist älter sind.
Dies verlangt nach einem guten roten *reserva* wie z. B. ***«Valbuena» oder **** «Vega Sicilia», wenn Sie ihn auftreiben können.

Cocido castellano
Ein kräftiger Eintopf aus Kichererbsen, Brustfleisch, Markknochen, Schinkenknochen, Blutwurst, Schweinefleisch, Kartoffeln und Gemüse.
Gehen Sie aufs Ganze – spülen Sie alles mit einem robusten Cebreros hinunter!

Cordero asado/Lechazo
Gebratenes Lamm/Milchlamm, das häufig im Backofen zubereitet wird.
Dazu guter Rotwein, z. B. **«Peñafiel» oder ***«Protos».

Judías blancas a la castellana
Eintopf aus grünen Bohnen, frischen Tomaten, Zwiebeln, Knoblauch und Gewürzen.
Probieren Sie den lokalen roten Hauswein.

Leche frita
Eiermilchschnitten, in geschlagenem Ei und Paniermehl gewälzt und in Olivenöl knusprig ausgebacken.

Lentejas zamoranas
Linsen, die mit Blutwurst, Zwiebeln, Paprikaschoten, Knoblauch, Petersilie und Gewürzen geschmort werden.

Liebre en su salsa
Hase, in Weißwein und Knoblauch mariniert, der anschließend in irdenem Geschirr mit Zwiebeln, Karotten, Kohlrüben, Muskatnuß und Rotwein gegart wird. Die Sauce wird mit der Leber sämig gemacht.
Guter Rotwein, z. B. **«Almena del Bierzo» der Bodegas Palacio de Arganza.

Mantecadas
Kleingebäck aus Butter, Mehl und Eiern, das in Papierbechern gebakken wird..

Olla podrida
Siehe COCIDO.

Pantortillas de Reinosa
Luftige Pfannkuchen aus Blätterteig mit Anis, die kalt gegessen werden.

Pisto castellano
Ein Gemüsegericht, das der ratatouille *ähnelt.*

Rebozos zamoranos
Kleingebäck aus Mehl, Eiern und Zitrone.

Ropa vieja
Fleisch aus einem cocido (Eintopf), *das mit einer Sauce gereicht wird, die aus frischen Paprikaschoten, Auberginen und Tomaten zubereitet ist.*

Truchas a la montañesa
In Weißwein mit Lorbeerblättern und Zwiebeln gekochte Forelle.
Ein Weißwein mit einer Spur Eiche, z. B. **«Marqués de Riscal».

Restaurants

León. *******Novelty*; **Rey Don Sancho* (im Hotel San Marcos); *Regia* (lokale Gerichte und Weine aus dem Gebiet von El Bierzo in einem aus dem 13. Jahrhundert stammenden Haus in der Nähe der Kathedrale)

Palencia. *******Lorenzo*; **Casa Damián* (beide Restaurants, die unter der Leitung der gleichen Familie stehen, sind einen Aufenthalt wert, wenn man von Burgos oder Santander her sich Valladolid nähert)

Peñafiel. *Asador Mauro* (gebratenes Spanferkel und Milchlamm, regionale Weine)

Valladolid. *******Mesón Panero*; **Asón*; **Mesón La Fragua* (in allen drei Restaurants gekonnt zubereitete kastilische Gerichte und regionale Weine)

Aragonien (Aragón)

Auf einer Weinreise durch Spanien würde man nicht unbedingt einen Abstecher nach Aragonien machen. Aber immerhin erzeugte das bekannteste der dortigen Gebiete, Cariñena, im Jahre 1981 ansehnliche 564000 Hektoliter Wein, von denen ein großer Teil außerhalb der näheren Umgebung für den täglichen Konsum verkauft wurde. Wenn man außerdem von Barcelona und der Mittelmeerküste aus in die Rioja fährt, kommt man über die schnelle *autopista* A2 durch Saragossa (spanisch: Zaragoza) und das Herz Aragoniens. Und Saragossa ist, vom Wein einmal abgesehen, eine touristische Hauptattraktion.
Anfangs des 19. Jahrhunderts war der Cariñena einer der gesuchtesten spanischen Weine. Heute jedoch wird der größte Teil davon in Genossenschaften für den schnellen Konsum hergestellt oder wegen seines Körpers und Charakters für den Verschnitt. In Aragonien sind die Hauptrebsorten die blaue Garnacha tinta, Bobal, Cariñena und Juan Ibañez und die weiße Garnacha blanca.
Wie in weiten Teilen Zentralspaniens ist das Land auch hier trocken und liegt meist in einer Höhe zwischen 450 und 600 m. Das Klima ist

mediterran. Viele der Weinberge liegen im Bereich des Ebrotals, das die Region von Nordwesten nach Südosten durchzieht.
In Aragonien gibt es drei D.O.-Gebiete: Cariñena sowie weiter im Norden Campo de Borja und Somontano, die erst vor kurzem die Denominación erhielten.

Belchite r. w. tr. *
Kleines Gebiet ohne D.O.-Bezeichnung im Osten von CARIÑENA, aus dem robuste Rot- und Weißweine kommen.

Borja, Campo de D.O. r. *
Dieses Gebiet verdankt seinen Namen der kleinen Stadt Borja im Ebrotal im Westen von Saragossa, dem Stammsitz der Familie Borja (Borgia), deren Schloß immer noch steht. Die Herkunftsbezeichnung, die 1977 verliehen wurde, gilt für 9394 ha Rebgärten. Die große Masse der Weine, die aus der Rebsorte Garnacha tinta mit kleineren Mengen Bobal hergestellt wird, ist rot und überaus körperreich, dabei tannin- und säurereicher als die Weine aus Cariñena und enthält durchschnittlich 15–16 Prozent Alkohol, manchmal auch stramme 18 Prozent. Aus diesem Grund wird der Wein häufig zum Verschneiden von weniger wuchtigen Gewächsen aus anderen Gebieten verwendet; das meiste davon wird en gros an Firmen in der Rioja und in Katalonien verkauft.

Calatayud (r.) cl. *
Gebiet ohne D.O.-Prädikat im Westen Aragoniens, in dem Weine hergestellt werden, die für den täglichen Genuß ganz passabel sind, jedoch nicht die Tiefe oder die Qualität eines CARIÑENA besitzen. Der beste ist der *clarete*.

Cariñena D.O. r. (w. tr. oder s. g.) [*→**]
Das im Süden von Saragossa gelegene Gebiet um Cariñena ist mit 22000 ha Anbaufläche die bei weitem wichtigste Weinbauregion Aragoniens. Die Reben (in der Hauptsache die blaue Garnacha tinta, 57%, und die weiße Viura, 29,2%) wachsen auf kalkhaltigem Lehmboden; eigenartigerweise wird die blaue Cariñena, die aus dieser Gegend stammt, in Katalonien und Frankreich weit häufiger angebaut. Der Wein der Gegend ist rot mit einem Rubinton, hat ein Veilchenbukett, 13–17 Prozent Alkohol, einen vollen Körper und ein intensives Aroma. In seiner Jugend ist er leicht herb; er wird jedoch weicher und seidiger, wenn er zwei Jahre im Faß gelegen hat. Aus Cariñena kommt auch ein als «Pajarilla» bekannter Weißwein aus den Rebsorten Viura und Garnacha blanca sowie ein verstärkter, málagaähnlicher Dessertwein.

Daroca r. *
Gebiet ohne geschützte Herkunftsbezeichnung ganz im Süden Aragoniens an der Grenze zu Teruel, aus dem kräftige Rotweine mit 13–16 Prozent Alkohol kommen.

La Magallonera, Bodegas D.O. r. *
Magallón (Zaragoza). D.O. Campo de Borja. Ein kleiner Familienbetrieb, der vor etwa dreißig Jahren durch Andrés Ruberte gegründet wurde, der einer bekannten Winzerfamilie entstammt. Die Weine der Firma gehören zu den besten roten Schwergewichten der Region, vor allem ihr «Pagos de Oruña» *tinto*.

San José de Aguarón, Cooperativa Vitícola D.O. r. [*]
Aguarón-Cariñena (Zaragoza). D.O. Cariñena. Die 1955 gegründete und 500 Mitglieder umfassende Genossenschaft verfügt über eine große Zahl von Eichenfässern, in der ihre sorgfältig hergestellten und typischen Weine wie z.B. der rote «Puente de Piedra» gealtert werden.

San Valero, Cooperativa de D.O. r. (rs. w. tr.) [*]
Cariñena (Zaragoza). D.O. Cariñena. Große Genossenschaft im Dorf CARIÑENA an der Straße Saragossa-Teruel; erzeugt die zuverlässigen «Don Mendo» und «Monte Ducay».

Somontano D.O. r. *→**
In diesem erst kürzlich mit D.O.-Prädikat versehenen Gebiet in der Provinz Huesca in den Vorbergen der Pyrenäen wird ein Wein erzeugt, der sich vollständig von den übrigen Weinen Aragoniens unterscheidet. Gekeltert aus einer Fülle verschiedener Rebsorten, u.a. der Alcañón, Macabeo (Viura), Garnacha tinta, Mazuelo und Parraleta, sind sie von rubinroter Farbe, leicht in Duft und Aroma, leicht am Gaumen und leicht auch in der Säure bei etwa 11–13 Prozent Alkohol. Um die Jahrhundertwende waren sie in Frankreich recht beliebt, und die beste Kelterei des Gebiets, Bodegas Lalanne in Barbastro, ist französischen Ursprungs.

Soria, Bodegas Joaquin D.O. r. (rs. w. tr.) cl. *→**
Cariñena (Zaragoza). D.O. Cariñena. Ein kleiner Familienbetrieb aus dem Jahre 1840 mit eigenen Weinbergen und Kellern für den Ausbau ihrer sehr typischen Weine, vor allem des «Espigal» *clarete*, der aus einem Gemisch von Garnacha tinta und Macabeo (Viura) hergestellt wird.

Valdejalón r. *
Gebiet ohne D.O.-Prädikat westlich von Saragossa. Die vorherrschende Rebsorte, die Garnacha tinta, liefert alkohol- und extraktreiche Weine, die eher denen von BORJA als denen von CARIÑENA ähneln.

Vicente, Suso y Pérez S.A. D.O. r. (rs. w. tr.) res. [*→**]
Cariñena (Zaragoza). D.O. Cariñena. Diese große *bodega* ist die bekannteste Privatfirma in CARIÑENA und der größte Exporteur. Sie kauft die Trauben von unabhängigen Winzern und altert die Weine in Eichenfässern. «Don Ramón» *tinto* und *rosado*, «Comendador» *reservas* sowie «Duque de Sevilla», «Mosen Cleto» und «Viña Tito» (Rotweine).

Zaragoza (eingedeutscht: Saragossa)
Die Hauptstadt des mittelalterlichen Königreichs Aragonien ist reich an historischen Überresten seit der Römerzeit, von denen u.a. die maurische Aljafería mit den Stuckfiguren und den wunderschönen *artesonado*-Decken zu nennen wären. Beherrscht wird die Stadt jedoch von der vielkuppeligen Kathedrale Nuestra Señora del Pilar, die sich mächtig über der langen Ebrobrücke erhebt und das älteste Marienheiligtum Europas birgt. Das Fest am Tag der María del Pilar in der Woche des 12. Oktober ist das wichtigste Datum im religiösen Kalender Spaniens.
Die besten Hotels sind das Corona de Aragón (5 Sterne) und Goya (4 Sterne).

Essen und Trinken

Aragón wird manchmal wegen der berühmten, aus Zwiebeln, Tomaten und Paprikaschoten hergestellten und zu Huhn und Lamm gereichten Sauce die *Zona de los Chilindrones* genannt. Das junge Berglamm ist ausgezeichnet, und im Süden von Saragossa in Richtung Teruel gedeiht in den kilometerlang sich hinziehenden Gärten und Plantagen Obst, das zum besten Spaniens gehört: Pfirsiche, Pflaumen, Aprikosen, Äpfel, Kirschen und Erdbeeren. Auch die Gemüse, u.a. der aragonesische Weißkohl und die Artischocken, sind von bester Qualität.
Die robusten Rotweine passen gut zu einfachen Gerichten und ländlicher Kost. Hier wie auch in anderen, weniger bedeutenden Gebieten

ist indes zu einem feineren Mahl eher ein roter Rioja oder ein katalanischer Weißwein zu empfehlen.

Bacalao al ajoarriero
Stockfisch mit Knoblauch, Paprikaschoten und gehackter Petersilie.

Migas de pastor
Diese knusprig im Fettbad ausgebackenen Brotstücke werden häufig als Vorspeise gereicht. Manche bevorzugen sie mit heißer Schokolade oder mit Weintrauben; außerdem werden sie auch als Beilage serviert.

Pollo al chilindrón
Huhn mit Chilindrón-Sauce, die aus Tomaten und Paprikaschoten hergestellt wird.

Sopas de ajo
Knoblauchsuppen mit Zitrone und Gewürzen sind eine besondere Spezialität von Aragonien.

Teresicas
In Olivenöl ausgebackenes Hefegebäck.

Ternasco asado
Milchlamm mit Weißwein, Zitrone und Gewürzen.

Restaurants

Huesca (d.h. im 14 Kilometer entfernten Esquedas). **Venta del Sotón*

Zaragoza. ***La Casa del Ventero* (erlesene regionale Gerichte); **Los Borrachos* (elegant und komfortabel, Fisch und Wild empfehlenswert); **Mesón del Carmen* (typisch aragonesisch)

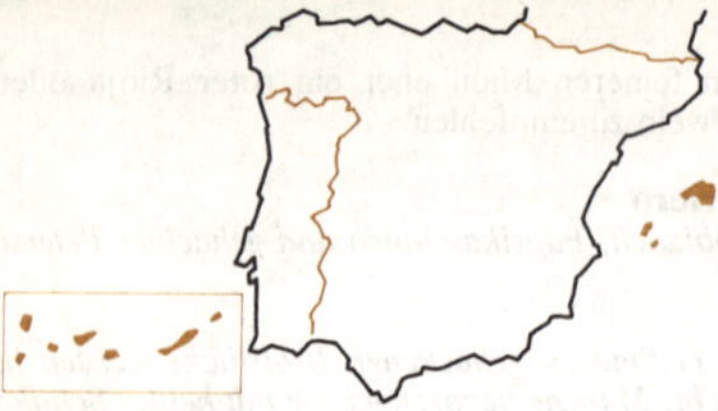

Balearen und Kanarische Inseln (Islas Baleares e Islas Canarias)

Beide Inselgruppen, die grünen und fruchtbaren Balearen mit dem milden Mittelmeerklima und den sandigen Stränden und die vulkanischen Kanaren in der Weite des Atlantiks vor der Küste Nordafrikas, sind bevorzugte Reiseziele der sonnenhungrigen Touristen aus Nordeuropa. Insgesamt wird dort mehr Wein konsumiert als erzeugt, so daß die bekannten Namen aus dem Mutterland häufiger auf den Weinkarten erscheinen als die lokalen Gewächse.

Vor der Verwüstung durch die Reblaus gab es auf Mallorca, dem Haupterzeuger der Balearen, etwa 27000 ha Rebland; in den Haupt-Weinbaugebieten Binisalem und Felanitx ist jedoch die Rebfläche mittlerweile auf 4260 ha zurückgegangen. Der Tourismus verstärkte diesen Rückgang – es erwies sich als vorteilhafter, das Land für den Bau von Ferienhäusern zu verkaufen, und die jungen Leute verließen die Dörfer, um in den Hotels von Palma und Pollensa ihr Brot zu verdienen.

Die Böden der Balearen bestehen hauptsächlich aus rotbraunem Lehm. Die Reben werden in kleinen Parzellen gezogen, die von Oliven- und Mandelbäumen unterbrochen werden. Die meisten Reben haben ihren Ursprung auf Mallorca; typische Sorten sind die Manto Negro, Callet, Fogoneu und Fogoneu Francés. Mit Ausnahme der herausragenden Gewächse von José L. Ferrer werden die meisten Rot- und Roséweine von Genossenschaften und Kleinbesitzern für den täglichen Konsum erzeugt.

Auf den Kanarischen Inseln, die einst den berühmten und als «Canary Sack» im 16. Jahrhundert nach England importierten Kanarienwein lieferten, ist die Weinproduktion heute auf die Inseln Teneriffa, La Palma und Lanzarote beschränkt. Die Böden sind vulkanischen Ursprungs. Die Hauptrebsorten sind die weiße Listán blanco und Malvasía sowie die blaue Listán. Die Weine sind als Urlaubsgetränk recht

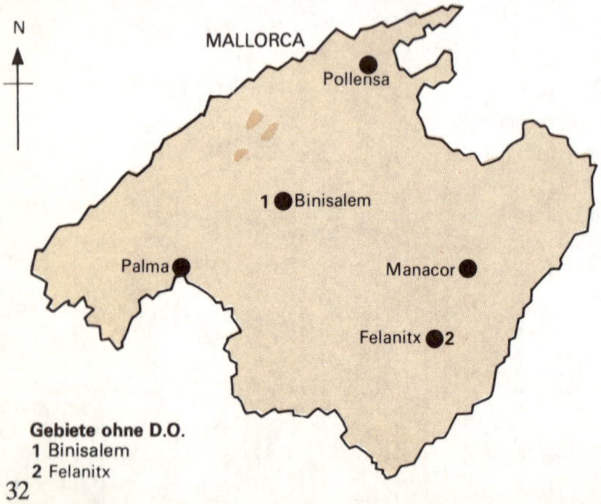

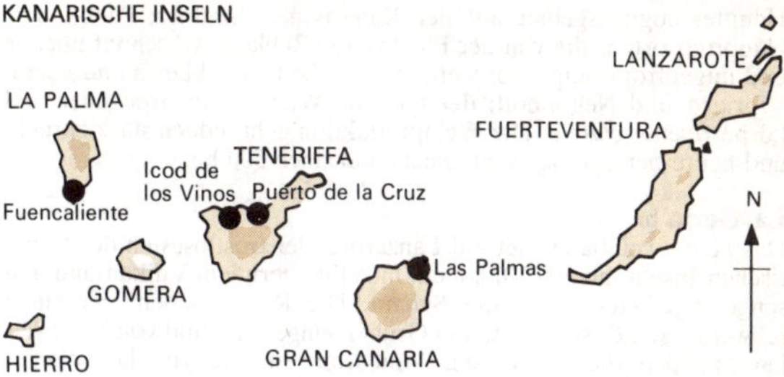

ansprechend, aber da die Nachfrage das Angebot übersteigt, besteht die unselige Tendenz, sie mit Weinen aus dem Mutterland zu verschneiden; einer der wenigen Weine mit wirklichem Charakter ist ein weißer Malvasía der Bodegas Mozaga, der fast schon ein Dessertwein ist.

Binisalem r. *→**
Mit 1708 ha ist Binisalem das Hauptweinbaugebiet auf Zentralmallorca, wobei die Rebfläche auf einen Bruchteil ihrer früheren Größe geschrumpft ist. Von den drei Rebsorten ist die Manto Negro die beste im Vergleich zu Callet und Fogoneu und liefert körperreiche Rotweine mit 14–16 Prozent Alkohol, ausgeprägtem Bukett und reichem Extrakt.

Felanitx rs. *
Im Südosten der Insel Mallorca gelegen, ist Felanitx mit 2552 ha das größte Weinbaugebiet Mallorcas, wenn auch dort kein Wein erzeugt wird, der an die Weine von José L. FERRER in BINISALEM heranreicht. Die typische Rebsorte ist die Fogoneu, die üblicherweise als Rosé von 9–11 Prozent gekeltert wird. Der größte Teil des Weins wird in der Genossenschaft von Felanitx erzeugt, der etwa 400 Kleinbesitzer angehören; außerdem gibt es in der Stadt vier Weinbrennereien, die Weingeist und Spiritus herstellen.

Ferrer, Bodegas José L. r. (w. tr.) res. **→***

Binisalem (Mallorca). José L. Ferrer, ein reicher Weinliebhaber und beschlagener Önologe, außerdem Eigentümer eines der besten Hotels in Palma, besitzt 150 ha Rebland, das mit der Manto Negro bestockt ist, und produziert die einzigen bemerkenswerten Weine der Balearen. Seinen Namen sollte man beim Studium der Weinkarte in den lokalen Restaurants beachten. Zu den Weinen Ferrers gehören ein «Blanc de blancs», der junge, frische und fruchtige Rotwein «Auténtico» sowie rote *reservas* wie z. B. der außergewöhnliche 1970er mit intensivem Duft und Aroma und beachtlicher Qualität. Die Weine sind in den Läden und Restaurants von Palma ohne weiteres erhältlich, wo sie von den Kellnern als «besser als Rioja» empfohlen werden. Für den Export ist die Erzeugung zu gering.

Fuencaliente cl. *
Haupterzeugungsgebiet auf der Kanarischen Insel La Palma. Die Hauptrebsorten, die von der Phylloxera (Reblaus) verschont blieben und ungepfropft angebaut werden, sind die Listán blanca und negra, Vijiriego und Negramoll; der typische Wein ist ein trockener und körperreicher *clarete*. Die Weinproduktion geht jedoch stark zurück, und heute beträgt die Anbaufläche nur noch 500 ha.

La Geria br. *
Das Hauptweinbaugebiet auf Lanzarote, der trostlosesten der Kanarischen Inseln mit 300 Vulkanen, hitzeflimmerndem Vulkansand und sengenden Winden aus der Sahara. Die Reben haben hier einen schweren Stand; sie sind tief in Gruben eingesenkt und von Steinwällen umgeben, die sie vor dem Wind schützen. Die typischen Weine, die aus allen diesen Mühen entstehen, werden aus einem Gemisch der weißen Malvasía und der weißen Listán hergestellt, sind bernsteinfarben und haben einen hohen Alkoholgehalt.

Icod de los Vinos w. tr. *
Icod auf der Insel Teneriffa hat 520 ha Weinberge, die mit der weißen Listán und der Malvasía bestockt sind. Von dort kommen Weißweine von 11–13 Prozent Alkohol mit gutem Aroma, aber geringer Fruchtigkeit.

Las Palmas
Diese mit 350000 Einwohnern größte Stadt der Kanarischen Inseln ist reizvoll auf Gran Canaria am Fuße eines erloschenen Vulkans gelegen und besitzt schöne Strände, eine belebte Promenade und einen geschäftigen Hafen mit regelmäßigem Fährdienst zu den übrigen Inseln. Von den vielen Hotels, die die Heerscharen von Touristen aufnehmen, sind das Cristina, Santa Catalina und Reina Isabel mit je 4 Sternen die besten.

Manacor rs. *
Größeres Weinbaugebiet in der Nähe von FELANITX auf Mallorca. Es werden den dortigen sehr ähnliche Rosé-Weine aus Fogoneu-Trauben hergestellt.

Mozaga, Bodegas w. s. *→**
Hersteller der besten Weine von der Insel Lanzarote (Kanarische Inseln), des «Malvasía seco». Die Trauben werden vollreif gelesen und leicht gequetscht. Der Ausbau erfolgt zwei bis drei Monate in Eichenfässern. Zur Reifung auf der Flasche kommt der Wein in Keller, die in die Lava gegraben wurden.

Orotava, Valle de la w. tr. *
Kleines Weinbaugebiet zwischen TACORONTE und ICOD auf der Insel Teneriffa. Dort werden trockene Weißweine erzeugt, die jenen von ICOD sehr ähneln.

Palma de Mallorca
Palma ist mit seiner weiten Bucht, den umliegenden Stränden und der aus dem 13. Jahrhundert stammenden Kathedrale, die den Hafen beherrscht, eine der schönsten Städte des Mittelmeers. In den engen Gassen der Altstadt findet man eine Fülle eleganter Läden, guter Restaurants und alter Häuser mit verschwiegenen, schattigen Patios. Alle Teile Mallorcas sind von Palma aus in kurzer Zeit zu erreichen, so daß die Stadt ein guter Ausgangspunkt für Besuche in den Weingebieten ist. Es gibt Dutzende von Hotels, zu denen neben den Luxusherbergen Son Vida, Fénix Sol und Nixe Palace (5 Sterne) auch bescheidenere Unterkünfte zählen.

Tacoronte r. *
Tacoronte mit 1200 ha Rebfläche und einer jährlichen Erntemenge von 15000 hl ist das am intensivsten kultivierte Weinbaugebiet auf

Teneriffa. Die bei weitem wichtigste Rebe ist die Listán negra, aus der würzige Rotweine mit Körper und ziemlich hohem Alkoholgehalt erzeugt werden.

Essen und Trinken

Die Balearen, die für die Erfindung der Mayonnaise (abgeleitet vom Hafenort Mahón auf Menorca) berühmt sind, haben ein vielfältiges regionales Repertoire aufzuweisen. Wie zu erwarten, spielen Meeresfrüchte und reichhaltige Fischsuppen eine Hauptrolle. Die leckere *coca mallorquina*, die traditionell im Freien in Holzöfen gebacken wird, ähnelt sehr der italienischen Pizza; *tumbet* ist eine Variation der *ratatouille*. Typische Beispiele für die ausgezeichneten Wurstwaren sind die köstliche weiße *butifarra* und die weiche rote *sobrasada*; aus Mahón kommt ein guter Käse, und nicht versäumen sollte man das luftige Frühstücksgebäck *ensaimadas*. Obschon es auch auf den Kanarischen Inseln ein paar regionale Spezialitäten gibt, kann von einer lokalen Küche kaum die Rede sein. Wie bei den kanarischen Weinen ist es schwierig, diese Spezialgerichte in den Urlaubhotels zu bekommen, denn die Speisekarten und die Weinlisten gleichen denen im spanischen Mutterland, sofern sie nicht sogar den für Touristen bestimmten internationalen Zuschnitt haben. Das einzige lokale Etikett, nach dem man sich auf den Balearen umsehen sollte, ist das von José L. Ferrer; der Rest sind sehr einfache Genossenschaftsweine.

Balearen

Acelgas con pasas y piñones
Spanischer Spinat, der heller und süßer ist als der unsere, gekocht und serviert mit sofrito, *einer Sauce aus Pinienkernen, Weintrauben, Toastbrot und Knoblauch.*

Berenjenas rellenas estilo balear
Mit Hackfleisch, Schinkenwürfeln, Zwiebeln, Eiern, Brotkrumen und Knoblauch gefüllte Auberginen.

Caracoles con sobrasada
Mit Speck, Zwiebeln, Tomaten, Knoblauch, Olivenöl, Milch, Weinbrand und Weißwein gekochte Schnecken. Dazu gibt es sobrasada, *die weiche und pikante mallorcanische Pfefferwurst, und grünes Gemüse.*

Sopa de pescador Formentor
Reichhaltige Fischsuppe mit Knoblauch, Zwiebeln, Tomaten, Olivenöl und Petersilie.

Tumbet
Die mallorcanische Variante der Tortilla mit Kartoffeln, rotem Paprika, Zwiebeln, Zucchini und Tomatensauce.

Kanarische Inseln

Buñuelos de dátiles
Süße Eierspeise aus Mehl, Orangensaft, Cointreau, Zucker, Eiern und Datteln.

Gofio
Beliebte Form von Brot, wie es überall auf den Kanarischen Inseln in den ländlichen Gebieten gegessen wird. Es hat die Form eines großen Balls und wird aus einer Mischung von Mehl, Wasser oder Milch hergestellt.

Mojo
Aus Olivenöl, Essig, Pfefferschoten, Kümmel und Chili hergestellte Sauce.

Papas arrugadas
Neue Kartoffeln, die mit der Schale in Seewasser oder stark gesalzenem Wasser gekocht, anschließend im Ofen gebacken und mit einer Mojo-*Sauce serviert werden.*

Restaurants

Felanitx, Mallorca. **Violet* (abgelegen, aber einen Besuch wert)

Inca, bei Binisalem, Mallorca. **Celler C'an Amer* (eines der besten für typisch mallorcanische Gerichte)

Las Palmas, Gran Canaria. *Acuario* (bestes Restaurant in der Stadt, frische Schalentiere aus dem Tank)

Palma de Mallorca. **Ancora* (lokale, phantasievoll zubereitete Zutaten)

Teguise, Lanzarote. *Las Salinas* (internationale Küche, lokale Gerichte am Buffet)

Tacoronte, Teneriffa. *Las Cuevas de Tacoronte* (gute lokale Gerichte und Weine)

Branntweine, aromatisierte Weine und Liköre

Der Sherry gilt als so typisch spanisch, daß Ausländer oft erstaunt hören, daß außerhalb des Landes, vor allem in Großbritannien, den Niederlanden und den nordeuropäischen Ländern, sehr viel mehr Sherry getrunken wird als im Lande selbst und daß in Spanien Weinbrand, der überwiegend aus Jerez kommt, viel billiger und viel beliebter ist. Der Verkauf von Sherry ist in den letzten Jahren allerdings zurückgegangen, was auf die Tatsache zurückzuführen ist, daß die jüngere Generation mehr zu importierten Branntweinen (Weinbränden, Obst- und Getreidebranntweinen etc.), Wermuts und Likören neigt; tatsächlich war der Weinbrand für einige der großen Sherry-Häuser der Rettungsanker.

Die Spanier lernten die Destillation von den Mauren. Alkohol wurde in der Medizin erstmals von dem gebürtigen Katalanen Arnold von Vilanova verwendet, und spanischer Weinbrand wurde zum ersten Mal im 17. Jahrhundert von Katalonien aus versandt. Bis zum Beginn des 19. Jahrhunderts wurde er in Jerez nur für die Verstärkung von Sherry verwendet, und Jerez-Weinbrände wurden erst Mitte des 19. Jahrhunderts von den Sherry-Häusern hergestellt.

Die ersten Weinbrände wurden nach dem in Cognac vervollkommneten Charenteverfahren durch Destillation von Wein in einer einfachen Brennblase, im Prinzip einem Kupferkessel mit einer Kühlschlange, hergestellt. Dieses Brennen erfolgt in zwei Stufen, worauf man das Destillat in Eichenfässern reifen läßt. Dies ist immer noch das Verfahren, das für den besten und feinsten spanischen Weinbrand angewandt wird; die große Masse des billigen spanischen Weinbrands wird indessen durch kontinuierliche Destillation von Wein in der Art des Malz-Whiskys hergestellt, ein wirtschaftlicheres und produktiveres industrielles Verfahren. Die dabei entstehenden *holandas*, ein 65prozentiges Destillat, das in den Brennereien ganz Spaniens hergestellt wird, werden dann mit Wasser verdünnt und in Eichenfässern gealtert.

In Jerez, von wo der Hauptteil des spanischen Weinbrands kommt, findet der Ausbau in einer *solera* (siehe SHERRY), d. h. bei regelmäßiger Auffrischung der älteren Weinbrände mit jüngeren, statt. Infolge des Luftzutritts und der schnelleren Reifung entstehen dabei Weinbrände von völlig anderem Charakter als in Katalonien oder Frankreich, wo es diesen Wechsel von Faß zu Faß nicht gibt. Jerez-Weinbrand hat einen charmanten eigenen Eichenton, der so typisch ist, daß direkte Vergleiche mit Cognac oder Armagnac wenig sinnvoll sind.

Ein beliebter Branntwein ist der *aguardiente*, der durch Destillieren der Maische entsteht, die nach der Gärung des Mostes zurückbleibt. Der dem französischen *marc* bzw. dem portugiesischen *bagaçeira* ähnliche Branntwein ist eine etwas feurige Flüssigkeit, die man besser denen überläßt, deren Magen es verträgt.

Spanien erzeugt auch ein breites Spektrum von Likören; darunter sind viele bekannte Namen, die von ausländischen Firmen international vertrieben und in Spanien unter Lizenz hergestellt werden. Diese Liköre entstehen zum Beispiel durch Ansetzen von Früchten und Kräutern in einer alkoholischen Lösung und nachfolgende Destillation. Verschiedene Firmen in Jerez und Katalonien erzeugen sehr beachtlichen Gin und Wodka nach den traditionellen Verfahren. Wermut wird in großen Mengen hergestellt, ein großer Teil davon in

Lizenz, und zwar durch Zubereitung von Kräuterextrakten, die mit Weißwein verschnitten werden. Der inländische *anís (anisette)* ist erstklassig. Kräuterweine und Kräuterbranntweine, die etwas Chinin-Extrakt enthalten, sind eine besondere Spezialität aus Jerez, Málaga und Barcelona; die bekanntesten sind «Jerez-Quina» und «Calisay».

Aguardiente
Aguardiente ist nach dem *Estatuto de la Viña, del Vino y de los Alcoholes* ein «natürlicher Alkohol von einer Stärke bis zu 80 Prozent», der aus pflanzlichem Material destilliert wird. Der Begriff ist daher sehr umfassend und schließt u. a. die *holandas* ein, die für die Herstellung von Weinbrand verwendet werden und auch *aguardiente de vino* genannt werden, sowie andere Typen, die aus vergorenen Früchten und Getreide destilliert werden.
Am Tresen einer Bar bedeutet *aguardiente* jedoch *aguardiente de orujo*, ein beliebtes und hochprozentiges Destillat aus den Beerenhäuten und -kernen, die nach der Gärung zurückbleiben; es entspricht dem französischen *marc* oder dem portugiesischen *bagaçeira*. Dieser Schnaps wird in ganz Spanien hergestellt und trägt keinen besonderen Namen, sondern wird aus einer unetikettierten Flasche ausgeschenkt. Dies und seine alkoholische Potenz haben schon manchen Touristen abgeschreckt.

Agustín Blázquez S.A., Hijos de
Bekannte Sherry-Firma (siehe SHERRY), Hersteller des «Felipe II», eines der trockeneren und am wenigsten manipulierten Vertreters der billigen Jerez-Weinbrände.

Alvear S.A.
Außer Montilla (siehe MONTILLA-MORILES) erzeugt Alvear auch Weinbrände, die aus HOLANDAS hergestellt und nach der Art der Jerez-Weinbrände und der verstärkten regionalen Weine in einer *solera* gereift werden. Der preisgünstige «Secular» ist fruchtig, mit rosinenartigem Duft und einem pfefferigen Abgang. Die feineren «Senador» und «Presidente» haben mehr Eichengeruch und mehr Aroma; der Abgang des «Presidente Alvear Gran Reserva» ist außerordentlich trocken.

Amer Picon
Der bekannte Bitter mit Orangengeschmack, der unter Lizenz in Spanien hergestellt wird.

Anís
Likör mit Anissamengeschmack, der dem französischen *anisette* entspricht. Ein guter spanischer *anís* wie z. B. «CHINCHÓN» oder «ANÍS DEL MONO» ist von ausgezeichneter Qualität.

«Anís del Mono»
Eine der besten und beliebtesten ANÍS-Marken, die von Bosch y Cía. in Badalona bei Barcelona hergestellt wird.

Barceló S.A., Hijos de Antonio
Außer Málaga (siehe MALAGA) erzeugt diese große Firma auch *vinos quinados*, das heißt tonisierte oder Medizinalweine, die Chininextrakt enthalten und in Spanien sehr beliebt sind.

Barceló S.A., Luis
Eine weitere Firma aus Málaga, deren Spezialität *vinos quinados* sind.

Bénédictine
Berühmter französischer Likör, der unter Lizenz in Spanien hergestellt wird.

Bertola S.A.
Sherry-Firma, die auch die Weinbrände «Tudor» und «Gran Reserva» herstellt.

Bilbainas S.A., Bodegas
Ziemlich die einzige *bodega* in der Rioja, die neben ihren Still- und Schaumweinen (siehe RIOJA und SCHAUMWEINE) einen Rioja-Weinbrand erzeugt. Der «Imperator» der Firma hat einen weinigen, eichenbetonten Duft, ist vollkommen trocken, schmeckt praktisch aber nur nach Eiche und hat einen kurzen Abgang.

Brandy
Siehe WEINBRAND

«Brandy 103»
Beliebter Jerez-Weinbrand, der von Bobadilla hergestellt wird.

Caballero S.A., Luis
Sherry-Konzern in Puerto de Santa María und Hersteller einer der besten PONCHE-Marken, des «Caballero», der in auffälligen versilberten Flaschen verkauft wird.

«Calisay»
Likör auf Chininbasis, eine Spezialität der Gegend um Barcelona, die entweder als Digestif oder mit Eis und evtl. mit Zitrone, Orange oder Maraschinokirschen als Aperitif getrunken werden kann. Ein Schuß Calisay belebt jeden Obstsalat. Siehe auch MOLLFULLEDA S.A., DISTILERÍAS.

«Capa Negra»
Jerez-Weinbrand von Sandeman Hnos. y Cía.

«Carlos I»
Neben dem «Marqués de Domecq» ist dies der feinste Weinbrand von Pedro Domecq S.A. in Jerez (siehe SHERRY), und obwohl er ganz leicht zur Süße tendiert, ist er in seiner leichten und reinen Art einem französischen Cognac ähnlicher als die meisten Jerez-Weinbrände und daher dem nördlichen Geschmack besser angepaßt.

Chartreuse
Obwohl in Spanien viele sehr bekannte französische Liköre unter Lizenz hergestellt werden, hat der Chartreuse hier seinen besonderen Platz, da er zwischen 1903 und 1940, während des Exils der Mönche von La Grande Chartreuse, ausschließlich in Tarragona hergestellt wurde. Die Weinbrennerei wird auch heute noch von den drei Mönchen geleitet, die allein das streng gehütete Geheimnis seines Rezepts kennen. Januar bis Mai verbringen sie in Tarragona, den Rest des Jahres in Voiron in den französischen Alpen.
130 verschiedene Kräuter, von denen viele aus der Gegend selbst stammen, werden für die Herstellung des Grünen Chartreuse (55%) verwendet, für den Gelben (40%) etwas weniger. Der Unterschied zwischen der französischen und der spanischen Produktion ist minimal, obwohl der spanische Chartreuse meiner Meinung nach eine Spur trockener ist – und natürlich, wie alle spanischen Liköre, weit weniger teuer.
Die Brennerei in Tarragona (jedoch nicht die *camera*, in der die Kräuter zusammengestellt werden) steht Besuchern offen, und der *salón de degustación,* in dem der Besuch endet, enthält eine interessante Sammlung von unzähligen Flaschen mit betrügerischen Nachahmungen. Nach der Führung können die Besucher die Liköre verkosten und kaufen.

«Chinchón»
Eine der besten ANÍS-Marken, die in der kleinen Stadt Chinchón südöstlich von Madrid hergestellt wird. Sie wurde nach einer Marque-

sa de Chinchón benannt, der Gemahlin des Vizekönigs von Peru. 1638 entdeckte sie die medizinischen Eigenschaften des Chinin und gab dem Cinchonabaum, aus dessen Rinde es gewonnen wird, ihren Namen. Indirekt hat sie damit natürlich auch die Herstellung der *vinos quinados* inspiriert.

Chinin
Mit Chinin versetzte Aperitifs und Liköre werden in Spanien in großem Umfang erzeugt und getrunken. Siehe auch «JEREZ-QUINA», «CALISAY», VINOS QUINADOS und «CHINCHÓN».

Cinzano
Cinzano wird in verschiedenen Typen unter Lizenz in Vilafranca del Penedès hergestellt und ist neben Martini der meistgetrunkene Wermut in Spanien.

Cointreau
Dieser berühmte Orangenlikör wurde früher für das Haus Cointreau von Cavas MASCARÓ in Vilafranca del Penedès hergestellt. Er wird immer noch in Vilafranca erzeugt, jedoch von einer spanischen Tochterfirma, über die das französische Haus eine strengere Kontrolle hat.

Coñac
Zum verständlichen Mißvergnügen der Erzeuger in Cognac wird spanischer Weinbrand in Spanien selbst fast nur als *coñac* bezeichnet. Dies ist nicht korrekter, als wenn ein sherry-ähnlicher Wein aus Zypern oder sonstwoher als «Sherry» etikettiert wird – eine Praxis, die die Sherry-Häuser ebenso vehement anprangern. Die Hersteller von spanischem Weinbrand achten wenigstens mit der Zeit etwas sorgfältiger darauf, ihr Erzeugnis als «Weinbrand» zu bezeichnen.

«Cuarenta y Tres»
Ein süßer, hellgelber Likör mit Vanillearoma, der im Geschmack dem amerikanischen Likör «Southern Comfort» ähnelt und von Diego Zamora in Cartagena hergestellt wird. Der Name bedeutet «43». Obschon er süß ist, trinken die Spanier ihn häufig als Aperitif.

«Don Narciso»
Feiner und aromatischer Weinbrand, eine Mischung aus sieben und zehn Jahre alten Bränden und einer der besten aus Spanien. Hergestellt wird er von Cavas MASCARÓ in Vilafranca del Penedès nach dem Cognacverfahren.

Dubonnet
Der beliebte französische Aperitif, der unter Lizenz in Barcelona hergestellt wird und sich kaum vom Original unterscheidet.

«D.Y.C.»
Spanischer Whisky, der in einer Destillerie bei Segovia hergestellt wird, wo Wasser und Getreide angeblich am meisten denen aus dem Schottischen Hochland ähneln. Er kommt in bezug auf die Qualität nicht an das Original heran und stellt für den importierten Scotch, der überall in Supermärkten und anderen Ladengeschäften erhältlich ist, kaum eine Konkurrenz dar.

«Eminencia»
Jerez-Weinbrand von Palomino & Vergara, einer der Firmen des vormaligen RUMASA-Konzerns.

Escat
Firma in Barcelona, die eine Reihe von Branntweinen herstellt, u.a. Wodka, Gin, *anís*, Pastis, Advocaat, Kirsch, Rum (in Spanien *ron* genannt) sowie Crème de Menthe, Kirschen- und Aprikosenbranntweine und einen Likör aus Bananen von den Kanarischen Inseln.

«Esplendido»
Ein neuer Weinbrand der Sherry-Firma GARVEY S.A.

«Felipe II»
Angenehmer und preisgünstiger Jerez-Weinbrand von AGUSTÍN BLÁZQUEZ S.A.

«Fontenac Reserva Especial»
Weinbrand der mittleren Preisklasse von Bodegas TORRES in Vilafranca del Penedès, der mit fünf oder zehn Jahren verkauft wird. Grundlage sind HOLANDAS aus ausgewählten Trauben, die wie Cognac gealtert werden. Es ist ein guter und aromatischer katalanischer Weinbrand, der weniger Eichengeschmack aufweist und von ganz anderer Art ist als die aus Jerez.

«Fundador»
Der Fundador war einer der ersten Jerez-Weinbrände und wurde 1874 von Pedro Domecq der Öffentlichkeit vorgestellt. Für ausländische Zungen ist er nach wie vor einer der angenehmsten unter den preiswerten Weinbränden, da er weniger stark gesüßt und karamelisiert ist als viele Konkurrenzprodukte. Der Trend geht in Spanien jedoch zu den weicheren und süßeren Weinbränden der mittleren Preisklasse; der Fundador, lange Zeit einer der meist verkauften Marken, ist daher im Inland auf den vierten Platz abgerutscht.

García Poveda S.L., H.A.
Stellt außer Tafelweinen aus der Gegend um Alicante (siehe VALENCIA UND MURCIA) auch eine Anzahl von Wermutweinen der Marke «Costa Blanca» her, die im Vergleich zu jenen aus Frankreich und Italien aromatischer und würziger sind.

Garvey S.A.
Berühmtes Sherry-Haus; erzeugt (nach Alter und Finesse geordnet) die Weinbrände «Esplendido», «Gran Garvey» und «Renacimiento».

Gonzalez Byass & Co. Ltd.
Außer seinen Sherrys stellt Gonzalez Byass drei Weinbrände her: den Marktrenner «SOBERANO», den in der mittleren Preisklasse angesiedelten «INSUPERABLE» sowie in sehr begrenzten Mengen den ausgezeichneten «LEPANTO».

Gordon's Gin
Dieser wird in Spanien unter Lizenz und strenger Überwachung von London aus hergestellt.

«Gran Duque de Alba»
Jerez-Weinbrand von Zoilo Ruiz Mateos S.A.

Holandas
Traubendestillat mit 65 Prozent Alkohol, das in verschiedenen Gebieten Spaniens, insbesondere in La Mancha, Extremadura und Huelva, durch kontinuierliche Destillation gewonnen wird. Dieser Rohbrand wird anschließend mit Wasser verdünnt und entweder in der *solera* oder im Faß zu einem Weinbrand gealtert, der in der Regel weniger fein und billig ist.

«Independencia»
Der dunkle, samtene und süße Weinbrand wird in einer eigenartig krummen Flasche verkauft, was wohl auf sein Alter hinweisen soll. Es ist ein erstklassiger Weinbrand aus dem Sherry-Haus Osborne.

«Insuperable»
Der große Bruder des «SOBERANO» von Gonzalez Byass, aber geschmeidiger und aromatischer.

«Jerez-Quina»
Beliebter Kräuterwein, der aus Sherry, eingeweichter Chinarinde und der Schale von Orangen aus Sevilla hergestellt wird. In Spanien wird er Kindern und Rekonvaleszenten verabreicht.

Larios S.A.
Larios macht einen guten Málaga (siehe MALAGA), doch wird das Wort in Spanien vor allem mit einem Gin assoziiert, der in Flaschen mit einem rot-gelben Etikett verkauft wird, das dem des Export-Gordon stark ähnelt. Dieser spanische Gin ist qualitativ einem guten Destillat aus London nicht ebenbürtig, aber zum Mischen ganz akzeptabel. Die Firma erzeugt außerdem den Weinbrand «1866 Gran Reserva», den Orangenlikör «Triple Seco» sowie Rum.

«Lepanto»
Weich, geschmeidig und duftend, dabei ganz «Jerezano» im Charakter: Dieser teure und außergewöhnliche Weinbrand von Gonzalez Byass, der in einer karaffen-ähnlichen Flasche verkauft wird, ist einer der wenigen aus Jerez, der in einer Brennblase statt durch kontinuierliche Destillation erzeugt wird.

Liköre
Die meisten der bekannten französischen Liköre werden in Spanien unter Lizenz hergestellt (siehe COINTREAU, BÉNÉDICTINE, MARIE BRIZARD) und unterscheiden sich kaum von den Originalprodukten – außer dadurch, daß sie erheblich billiger und daher ein beliebtes Mitbringsel von Reisenden sind. Es gibt auch zahlreiche speziell aufgeführte Firmen, die Obstbranntwein, Crème de Menthe usw. sowie auch einige einheimische Liköre herstellen, die eine Anhängerschaft im Ausland haben (siehe PONCHE, CUARENTA Y TRES, PACHARÁN).

Lustau S.A., Emilio
Sherry-Firma, deren Weinbrand als «Señor Lustau» verkauft wird.

«Magno»
Der von Osborne & Cía. in Puerto de Santa María hergestellte «Magno» verbringt vier bis fünf Jahre in der *solera*, ist dunkelfarben, geschmeidig, aromatisch und eher süß – ein gefälliger Weinbrand nach spanischem Geschmack. Er beherrscht etwa die Hälfte des Inlandmarkts der mittleren Preisklasse.

Marie Brizard
Vielleicht der berühmteste französische *anisette*; er wird unter Lizenz in Pasajes im Baskenland hergestellt.

Martini
Vor allem die süßen und bittersüßen Typen von Martini sind in Spanien überaus beliebt; hergestellt werden sie in Barcelona.

Mascaró, Cavas
Mascaró, ein kleiner Familienbetrieb in Vilafranca del Penedès (siehe SCHAUMWEINE), liefert seit langem einen der besten spanischen Weinbrände. Nach der Charentemethode erzeugt und nach französischer Art ausgebaut, gleicht er eher einem Cognac oder Armagnac als den Weinbränden aus Jerez. Der normale «Mascaró», leicht, weich und aromatisch, ist meiner Ansicht nach den meisten Drei-Stern-Cognacs weit überlegen und erheblich billiger als diese. Der ältere «DON NARCISO» wird aus Macabeo-, Xarel-lo- und Parelladatrauben hergestellt, die in der *cava* selbst gekeltert werden.
Mascaró erzeugt überdies einen Wodka und einen vorzüglichen Gin, für den der Alkohol aus Zuckerrüben und Wacholderbeeren aus dem Penedès destilliert wird. Lange Jahre stellte die Firma den für den spanischen Markt bestimmten Cointreau her. Sie produziert auch

einen angenehmen eigenen Curaçao, den «Gran Licor de Naranja», für den getrocknete Orangenschalen aus Spanien, Algerien, Haiti und Italien in einer alkoholischen Lösung angesetzt und dann gebrannt werden.

Mollfulleda S.A., Distilerías

Große Firma mit Brennerei in Arenys de Mar bei Barcelona, deren Spezialität der mit Chinin versetzte Likör «CALISAY» ist. Daneben wird auch Rum, Gin, Kirsch und eine Reihe von Likören der Geschmacksrichtungen Orange, Pfefferminz, Mokka, Kakao etc. erzeugt.

Montulia S.A., Bodegas

Außer Montilla stellt Montulia auch ANÍS und eine Reihe von *solera*-Weinbränden her.

Orujo

Volkstümlicher Name für den feurigen *aguardiente de orujo*, der aus Traubentrester destilliert wird (siehe AGUARDIENTE).

Osborne y Cía. S.A.

Diese berühmte Sherry-Firma in Puerto de Santa María (siehe SHERRY) ist einer der größten spanischen Weinbranderzeuger mit den Marken «VETERANO», «MAGNO» und «INDEPENDENCIA». Alle diese Weinbrände sind von dunkler Farbe und dem spanischen Geschmack entsprechend etwas süßlich und karamelisiert. Sie sagen daher dem Ausländer in der Regel weniger zu. Der «Conde de Osborne» ist noch älter und weicher als der «Independencia» und wird in charakteristischen weißen Keramikflaschen verkauft, die Salvador Dalí entworfen hat. Außerdem bringt Osborne einen PONCHE sowie den «Pitman Gin» auf den Markt.

Pacharán

Ein köstlicher Heidelbeerlikör aus Navarra. Die am weitesten verbreitete Marke ist ZOCO.

Pedro Domecq S.A.

Gehörte zu den ersten Firmen in Jerez, die Weinbrände herstellten (siehe SHERRY). Pedro Domecq unterhält ein riesiges Lager für die Alterung seiner Weinbrände in der *solera* und ist unter Einbezug seiner Aktivitäten in Mexiko wahrscheinlich der größte Weinbranderzeuger der Welt. Nach Alter und Qualität in aufsteigender Rangfolge geordnet, sind seine Etiketten: «FUNDADOR», «Carlos II», «CARLOS I» sowie der ganz vorzügliche «Marqués de Domecq», der, nach zweifacher Destillation in der Brennblase, nur in kleinen Mengen verfügbar ist. Domecq stellt ferner einen «Anís Dulce» sowie einen süßen Zitronenlikör her, den «Crema de Lima».

Pemartín y Cía., José

In aufsteigender Rangfolge in bezug auf Alter und Finesse heißen die Weinbrände dieser alteingesessenen Sherry-Firma «Pemartín», «Brandy 1810» und «V.O.G.». Außerdem wird ein Rum erzeugt.

Pernod

Der bekannte Aperitif und Likör wird in Lizenz in Tarragona hergestellt.

Ponche

Der 1888 erstmals von der Sherry-Firma José de Soto erzeugte *ponche* ist eine Mischung aus Weinbrand und Kräutern, oft mit Orangengeschmack. Er füllt die Marktlücke zwischen den wenig gesüßten Weinbränden und den sehr süßen Likören. Eine beliebte Marke ist der «Caballero» von Luis CABALLERO S.A. in Jerez, den man in den Regalen der Bars nicht übersehen kann, da er in versilberte Flaschen abgefüllt wird. Einer der besten ist nach wie vor der *ponche* von De

Soto; weitere Erzeuger in Jerez sind Osborne y Cía., Jaime F. Diestro S. A. und J. Ruiz y Cía., Hersteller des ausgezeichneten «Ponche Español».

«Presidente»
Der beste Weinbrand der Montilla-Firma ALVEAR.

Quemada
Galicische Spezialität, bei der AGUARDIENTE in einer weißen Porzellanschale entzündet wird. Wenn die blaue Flamme erlischt, ist die Flüssigkeit erstaunlicherweise völlig kalt. Reichhaltigere Versionen werden vor allem zu Weihnachten hergestellt. Dabei gießt man den Branntwein in eine irdene *cazuela*, fügt geröstete Kaffeebohnen, frische Zitronenscheiben und Maraschinokirschen hinzu und läßt ein Teil des Alkohols abbrennen. Dann wird das kräftige Gebräu in Gläser abgefüllt.

«Renacimiento»
Weicher und sehr alter Weinbrand, der von GARVEY S.A. in Jerez hergestellt und in einem geschliffenen Dekantiergefäß verkauft wird.

Ricard
Der bekannte französische Pastis, der unter Lizenz in Reus in Katalonien hergestellt wird.

Rives
Ein spanischer Gin guter Qualität aus Puerto de Santa María.

«Soberano»
Der meistverkaufte spanische Weinbrand, der von Gonzalez Byass in Jerez erzeugt wird. Wie der «FUNDADOR» ist er weniger gesüßt und karamelisiert als die meisten anderen und spricht daher den ausländischen Besucher eher an als die dunkleren und süßeren Sorten, die die Spanier selbst vorziehen. Ein ehrlicher junger Jerez-Weinbrand, bemerkenswert preisgünstig, vor allem in der Literflasche; er gewinnt immer mehr Anhänger.

«Solera Selecta»
Der preisgünstigste Weinbrand von Bodegas TORRES in Vilafranca del Penedès. Er wird hergestellt aus kontinuierlich destillierten HOLANDAS und nicht in der *solera*, sondern fünf Jahre nach französischer Art gealtert. Das Eichenaroma ist daher weniger stark als bei den Weinbränden aus Jerez; er ähnelt mehr einem jungen Armagnac.

Sol y sombra
Wörtlich «Sonne und Schatten», ein tödliches Gemisch aus Weinbrand und ANÍS. *Aficionados* mischen gewöhnlich ein Teil Brandy mit zwei Teilen *anís*.

Terry S.A., Fernando A. de
Der zu den süßesten und karamelisiertesten Jerez-Weinbränden zählende normale «Terry» in einer Flasche mit einem gelben Netz ist in Spanien äußerst beliebt. Der ältere und feinere «Solera 1900» ist immer noch recht süß.

Torres, Miguel
Vilafranca del Penedès. Zusammen mit MASCARÓ erzeugt Torres den besten katalanischen Weinbrand, der sich erheblich von dem aus Jerez unterscheidet und den französischen Weinbränden ähnelt. Das Sortiment umfaßt, nach Alter geordnet, den «SOLERA SELECTA» und «Gran Reserva» (fünf und zehn Jahre alt) sowie die noch älteren «FONTENAC RESERVA ESPECIAL» und «Miguel Torres Gran Reserva Especial». Letzterer gehört zu den überragenden Weinbränden der Firma; er wird nach dem Charenteverfahren erzeugt und anschließend lange Jahre in Eichenfässern gealtert. Siehe auch KATALONIEN.

Vinos quinados
Tonisierender oder Medizinalwein mit Chininextrakt, der entweder als Genußmittel getrunken oder Kindern und Kranken gegeben wird. Siehe auch «JEREZ-QUINA», BARCELÓ S.A., Hijos de Antonio BARCELÓ S.A. und BARCELÓ S.A., LUIS.

«Veterano»
Jerez-Weinbrand von OSBORNE Y CÍA. S.A., der im ganzen Land allein schon deshalb bekannt ist, weil man überall am Rand der Straßen die Reklametafeln mit dem riesigen schwarzen Stier aufgestellt sieht. Der dunkle, leicht gesüßte und karamelisierte Weinbrand steht im Inlandsumsatz an zweiter Stelle; der Marktanteil in seiner Kategorie soll bei 25 Prozent liegen.

Weinbrand
Wie bereits in der Einleitung zu diesem Kapitel dargestellt, wird der meiste spanische Weinbrand aus HOLANDAS hergestellt, die durch Destillation von Wein in einem kontinuierlichen Verfahren (wie beim Malz-Whisky) gewonnen werden. Der Rohbrand wird in einer *solera* (siehe SHERRY) gereift. Die besseren katalanischen Weinbrände sowie auch einige der besten Marken aus Jerez werden indes nach dem Charenteverfahren in Brennblasen erzeugt. Im allgemeinen sind die im Handel befindlichen spanischen Weinbrände süßer und karamelisierter als die französischen und spielen daher auf dem internationalen Markt eine geringere Rolle.

Wermut
Wermut, überwiegend in Lizenz in Katalonien (siehe CINZANO und MARTINI) hergestellt, wird in Spanien in großem Umfang erzeugt. Das einzige, worin sich diese spanischen Wermuts von ihren italienischen Namensvettern unterscheiden, liegt in der Verwendung von lokalem Weißwein für die Herstellung – ein relativ belangloser Punkt im Vergleich zum Kräuterextrakt – sowie im Preis. Außerdem gibt es eine große Vielzahl rein spanischer Wermutweine, die hauptsächlich aus Katalonien und der Levante kommen. Diese sind schwerer und voller im Aroma.

Whisky
Bei den Spaniern ist es Mode geworden, Whisky statt Sherry zu trinken. Die meisten der bekannten Scotch-Marken sind überall erhältlich, und zwar keineswegs teurer als in ihrem Ursprungsland, ebenso einige amerikanische und kanadische Whiskys. Es wurde der Versuch gemacht, einen spanischen Whisky zu erzeugen, doch hat sich das inländische Erzeugnis nicht durchgesetzt. Siehe auch «D.Y.C.»

Wodka
Spanischer Wodka wird wie Gin in ansehnlichen Mengen in Jerez und im Gebiet um Barcelona erzeugt. Er ist nicht teuer und von akzeptabler Qualität, vor allem wenn man ihn mischt.

«Zoco»
Bekannteste Marke von PACHARÁN, dem Heidelbeerlikör aus Navarra.

Extremadura und der Südwesten

Die Extremadura liegt zwischen den beiden Kastilien und Portugal im Südwesten von Spanien. Sie erlitt zweimal starke Bevölkerungsverluste, einmal bei der Vertreibung der Mauren im 14. Jahrhundert, und ein zweites Mal im 16. Jahrhundert, als sich Tausende von Extremeños der Eroberung der Neuen Welt anschlossen.

Die Extremadura ist nach wie vor ein leeres und dünnbesiedeltes Gebiet, und in ihren hohen *sierras*, die mit Korkeichen, Buchen und Kastanien bedeckt sind, gibt es mehr Schafe als Menschen. Weinbau gibt es nur sporadisch, wobei sich das am dichtesten bepflanzte Gebiet in der erst kürzlich mit dem D.O.-Prädikat versehenen Tierra de Barros um Almendralejo in der Provinz Badajoz befindet. Die

Sommer sind hier heiß und die Niederschläge mit einem Jahresdurchschnitt von nur 370 mm spärlich. Die Hauptrebe ist die Cayetana blanca mit einem erstaunlich hohen Ertrag von 36 hl pro ha, die einen neutralen Wein mit geringem Säureanteil liefert. Von den jährlich erzeugten etwa 1,6 Millionen hl gehen 80 Prozent für den Verschnitt nach Jerez, Asturien und Galicien, während der Rest in der Gegend selbst getrunken oder destilliert wird.

Zwei kleine Gebiete in der Extremadura, Cañamero und Montánchez, erzeugen Weine von ausgeprägter Individualität mit einem Florbukett (Sherry-Hefe auf der Oberfläche); wenn Sie sie jedoch probieren wollen, müssen Sie sich in die Gegend selbst bemühen, die, obwohl sie von Touristen kaum beachtet wird, große landschaftliche und historische Reize aufweist. Es seien hier nur die vergessenen Städte Medellín und Trujillo erwähnt, die Geburtsorte von Hernán Cortés und Francisco Pizarro, das großartige Kloster Guadalupe und vor allem Mérida mit seinen herrlichen, wenig bekannten römischen Monumenten.

Außerhalb der Extremadura liegt ganz im Südwesten das Weinbaugebiet der Denominación Huelva. Auch hier betreten wir wieder historischen Boden, denn von Palos de la Frontera aus, das in der Nähe der Stadt Huelva liegt, fuhr Christoph Kolumbus zum ersten Mal gen Amerika. Die Region ist für ihre sauberen weißen Tafelweine bekannt, besonders jedoch für ihre *generosos* in verschiedenen Sherry-Richtungen, die viel bekannter wären, wenn sie nicht so lange Zeit zum Verschnitt nach Jerez de la Frontera geschickt worden wären.

Es lassen sich kaum mehr als eine Handvoll *bodegas* aufzählen, die tatsächlich den Wein der Gegend auf Flaschen ziehen, da das meiste davon, vor allem in der Extremadura, von kleinen Winzern für die örtlichen Bars und Restaurants hergestellt oder en gros an Genossenschaften für den Verschnitt außerhalb des Gebiets verkauft wird.

Almendralejo
Die wichtigste Weinstadt der erst vor kurzem mit dem D.O.-Zertifikat versehenen TIERRA DE BARROS in der Provinz Badajoz. An der staubigen Hauptstraße reiht sich *bodega* an *bodega* und Brennerei an Brennerei.

Badajoz
Stadt und Provinz der Extremadura nahe der portugiesischen Grenze, im Norden von der Provinz Cáceres und im Süden von der Provinz Huelva begrenzt. Das Hauptweinbaugebiet ist TIERRA DE BARROS.

Bodega Cooperativa Vinícola del Condado D.O. w. tr. g.
*→**
Bollullos del Condado (Huelva). D.O. Huelva. Die beste Genossenschaft in der D.O. Huelva, die weiße Tafelweine und *generosos* nach der Art des Sherrys herstellt.

Bollullos del Condado
Die wichtigste Weinstadt der D.O. HUELVA mit zahlreichen *bodegas*, die meist Tafelweine und sherry-ähnliche *generosos* erzeugt. Der Ort ist überdies ein Zentrum für die Destillation der *holandas*, die für die Branntweinerzeugung verwendet werden (siehe BRANNTWEINE, AROMATISIERTE WEINE UND LIKÖRE).

Cáceres
Stadt und Provinz der Region Extremadura an der Grenze zu Portugal im Norden von Badajoz, deren charaktervollste Weine der CAÑAMERO und MONTÁNCHEZ sind. Die übrigen Weinbaugebiete sind Miajados westlich von Guadalupe sowie Jerte, Hervás, Cilleros und Ceclavin, die um die historischen Städte Jarandilla und Plasencia im Norden der Provinz gruppiert sind. Die Weine sind in der Hauptsache *tintos* und *claretes*, während in Cilleros an der portugiesischen Grenze ein robuster Weißwein von charakteristischer Trübe und 15 Prozent Alkohol hergestellt wird.

Cañamero w. tr. **
Der kleine Ort Cañamero, etwa 22 Kilometer südwestlich von Guadalupe in den Hügeln gelegen, ist für einen Flor bildenden Weißwein berühmt, der bei spanischen *aficionados* sehr gesucht ist. Die Böden bestehen aus Lehm mit Schiefer- und Quarzitschichten; die Rebfläche umfaßt etwa 1000 ha. Bei den Reben handelt es sich zu 80 Prozent um die weiße Alarije, Bomita, Airén und Marfil; die roten Sorten sind die Garnacha tinta, Morisca, Palomino negro und Tinto fino. Die Weißweine werden in den Betontanks der kleinen *bodegas* hergestellt und entwickeln auf der Oberfläche einen Hefefilm, wie man ihn auch bei Sherry findet. Anschließend wird der Wein in Eichenfässern gealtert und nach etwa vierzehn bis achtzehn Monaten trüb; anschließend klärt er sich wieder. Die Weine sind von einem Gelb, das mit dem Alter blasser wird; zudem sind sie rund und geschmeidig und haben ein intensives, sherry-ähnliches Aroma bei etwa 15 Prozent Alkohol.

Cevisur, Bodegas D.O. w. tr. *
Tierra de Barros (Badajoz). D.O. Tierra de Barros. Einer der wenigen kleinen Familienbetriebe, der für diese Gegend typisch ist. Man erzeugt einen repräsentativen Wein, den weißen «Viña Extremeña».

Condado de Niebla
Alte Domäne der Grafen Guzman, die sie nach der Rückeroberung von den Mauren in ihren Besitz nahmen. Heute das Herz des Weinbaugebiets HUELVA.

Galan, Bodegas r. w. tr. *→**
Winzige *bodega* in dem Dorf MONTÁNCHEZ nördlich von Mérida, die typische, leicht trübe und Flor bildende Weine erzeugt. Diese werden unter dem Etikett «Trampal» abgefüllt und in sehr begrenzten Stückzahlen bis nach Madrid verkauft.

Guadalupe
Hoch in den Bergen nordöstlich von Mérida befindet sich die kleine Stadt Guadalupe um ein Kloster, das Alfonso XI. 1340 zum Dank für seinen Sieg über die Mauren am Río Salado gründete. Es wurde später das Heiligtum der Conquistadores und wurde von Generationen von Fürsten und Granden mit Reichtümern ausgestattet; zu ihren vielen Schätzen gehört eine großartige Serie von Gemälden von Zurbarán. In den Bars von Guadalupe bietet sich reichlich Gelegenheit, den CAÑAMERO mit seinem Florbukett zu verkosten. Dieser ist auch der Hauswein im komfortablen Parador Nacional Zurbarán, der dem Kloster gegenüberliegt und im 15. Jahrhundert als Pilgerhospiz erbaut wurde.

Hijos de Francisco Vallejo D.O. g. **
Bollullos del Condado (Huelva). D.O. Huelva. Familienbetrieb, der ehrliche und repräsentative Weine des *generoso*-Typs erzeugt.

Huelva D.O. *→**
Die Provinz Huelva liegt in der südwestlichen Ecke Spaniens zwischen der portugiesischen Grenze und dem Atlantik. Das D.O.-Gebiet bedeckt 15631 ha und erzeugte 1981 etwa 554000 hl Wein, wovon 110000 hl weißer Tafelwein und 90000 hl *generosos* des Sherrytyps. Der Rest ging überwiegend in die Weinbrennereien. Das Gebiet stand immer im Schatten seiner berühmteren Nachbarn Jerez und Montilla; die besten seiner *generosos* wurden zum Verschneiden nach Jerez geschickt, bis das Gebiet 1964 das D.O.-Prädikat bekam und diese Praxis nicht mehr zulässig war. Die Böden sind kalkhaltig und weitgehend die gleichen wie in Jerez, haben indes eine etwas dunklere Farbe. Früher waren 90 Prozent der Weinberge mit der weißen Zalema bestockt, doch wird diese Rebe mehr und mehr durch Palomino, Mantúa, Garrido fino, Pedro Luis und Pedro Ximénez ersetzt.

Die in der *solera* hergestellten *generosos* werden in den gleichen Sorten – *fino, amontillado, oloroso* usw. – hergestellt wie in Jerez; es fehlt ihnen aber die Finesse der besten Sherrys. Die weißen Tafelweine weisen im Durchschnitt 11,5–14 Prozent Alkohol auf und sind für den täglichen Genuß ganz akzeptabel, obschon sie keine große Distinktion besitzen.

Jarandilla cl. *

Die *claretes* aus Jarandilla im Norden der Provinz Cáceres zählten einst zu den besten Spaniens und waren die Lieblingsweine von Kaiser Karl V. während seiner letzten Jahre in dem nahegelegenen Kloster Yuste.

Lepe

Kleine Stadt im Westen von Huelva an der portugiesischen Grenze, die deshalb bekannt ist, weil ihre Weine die Vorläufer des Sherrys waren und schon vom englischen Dichter Geoffrey Chaucer erwähnt wurden.

Mérida

Der im Westen der Provinz Cáceres gelegene Ort – einst die zehntgrößte Stadt des römischen Reiches – ist auf Grund seiner Lage und Sehenswürdigkeiten der beste Ausgangsort für Besuche in den Weinbaugebieten der Extremadura. Die aus der Römerzeit erhaltenen Bauten – ein Theater, ein Zirkus, ein Amphitheater und ein Triumphbogen sowie Brücken, Aquädukte und Mosaikböden – gehören zu den beeindruckendsten in ganz Europa. Die beiden Hotels der Stadt, der Parador Nacional Via de la Plata (4 Sterne) und das Emperatriz (3 Sterne), sind in historischen Gebäuden untergebracht und bieten regionale Weine und Gerichte.

Montánchez r. w. tr. *→**

In diesem kleinen Dorf hoch in den Hügeln über Mérida gibt es als Besonderheit einen Rotwein, der einen Flor in der Art des Sherrys bildet. Die Rot- und Weißweine werden nach der Kelterung in irdenen *tinajas* (siehe NEUKASTILIEN UND LA MANCHA) etwa ein Jahr gealtert, bis die Hefe auf der Oberfläche erscheint. Die so entstandenen Weine sind leicht trüb mit einem ausgeprägten sherry-ähnlichen Bukett, und ihr Rot ist eigentlich mehr orangefarben. Die Weine weisen 13–14 Prozent Alkohol auf und werden üblicherweise als Aperitif getrunken. Man kann sie in den Bars von Mérida probieren.

Pulido Romero, Bodegas José r. rs. w. tr. [*→**]

Größere *bodega* in Medellín, dem Geburtsort von Hernán Cortés, die mit ihrem «Castillo de Medellín» in einem Gebiet, in dem der Wein meist entweder von Winzern für den lokalen Verbrauch oder von Genossenschaften für den Engros-Versand und Verschnitt hergestellt wird, einen überdurchschnittlichen Wein erzeugt.

Ruiz, Bodegas w. tr. [**]

Cañamero (Cáceres). Die einzige größere *bodega*, die den Flor bildenden weißen CAÑAMERO abfüllt. Man kann ihn im Parador (staatlichen Touristenhotel) oder in den Bars des nahegelegenen GUADALUPE verkosten.

Salas Acosta, Bodegas Miguel D.O. g. **

Bollullos del Condado (Huelva). D.O. Huelva. Familienbetrieb, der einen der besten der sherry-ähnlichen Weine des Gebiets herstellt.

Tierra de Barros D.O. r. w. tr. *→**

Die erst vor kurzem mit dem D.O.-Herkunftszertifikat versehene Tierra de Barros mit ihren 44996 ha Rebfläche rings um die Stadt ALMENDRALEJO in der Provinz Badajoz hat den zweifelhaften Ruf, den billigsten Wein in Spanien herzustellen, von dem sogar ein Teil nach der Mancha exportiert wird! Etwa 75 Prozent der Reben sind Cayetán blanca, die trockene Weißweine von neutralem Charakter mit wenig Säure und 12–13,5 Prozent Alkohol liefert. Sie werden außer für den schnellen Verbrauch auch für den Verschnitt verwendet. In dem kleinen Dorf Salvatierra de los Barros unweit der Grenze zu Portugal wird allerdings in kleinen Mengen ein aromatischer und tieffarbener Rotwein hergestellt, den spanische Kenner rühmen.

Essen und Trinken

Als General Junot 1807 das Kloster Alcántara plündern und aus seinen mittelalterlichen Manuskripten Patronen herstellen ließ, wurde eine der Urkunden gerettet und an den berühmten Küchenchef Escoffier gesandt, der daraufhin äußerte, daß dies «der einzige wirkliche Vorteil war, den Frankreich aus dem Krieg gezogen hat». Das Papier enthielt die ersten Anweisungen für die Verwendung von Trüffeln, die es damals in der Gegend noch reichlich gab, sowie für die Herstellung der *pâté de foie gras*. Der Fasan nach Alcántara-Art ist nach wie vor ein klassisches Rezept der Gegend, die heute jedoch vor allem für ihre Wurstwaren bekannt ist – den *chorizo* (Paprikawurst), *jumón serrano* (luftgetrockneter Schinken) und anderes mehr. Bezüglich der Weine ist es schwierig, die lokalen Gewächse in den besseren Hotels und Paradores zu finden, die die Standardliste der Riojas anbieten. Immerhin ist der Hauswein im Parador in Guadalupe ein ganz typischer weißer Cañamero. Im Hotel Emperatriz in Mérida gibt es eine gewisse Auswahl an besseren Weinen der Extremadura, und in den Hotels und Restaurants im allgemeinen ist der Karaffenwein (soweit vorhanden) in der Regel ein kräftiger Rot- oder Weißwein aus Almendralejo.

Cochifrito
Lamm im Tongeschirr, in dem es mit Zwiebeln, Knoblauch, Paprika, frisch gemahlenem Pfeffer, Petersilie und Zitronensaft gegart wurde.

Coliflor al estilo de Badajoz
Gekochte Blumenkohlröschen, in Ei und Paniermehl gewälzt und in Olivenöl knusprig ausgebacken.

Ensalada de boquerones
In Olivenöl, Essig, Knoblauch, Petersilie und Gewürzen marinierte frische Sardellen, die roh gegessen werden.

Frito típico extremeño
Mit Knoblauch, Petersilie, schwarzem Pfeffer und Lorbeerblättern gebratenes Zicklein.

Huevos a la extremeña
Zunächst wird aus Olivenöl, Zwiebeln und frischen Tomaten eine Sauce hergestellt, zu der man gekochte Kartoffeln, chorizo, *Schinken und Gewürze gibt. Dann werden die Eier darübergeschlagen und das ganze im Backofen überbacken.*

Huevos serranos
Große Tomaten werden halbiert, von Kernen und Fruchtfleisch befreit und mit gehacktem Schinken gefüllt; darauf kommt ein Spiegelei. Das ganze wird mit geriebenem Käse bestreut und im Backofen gratiniert.

Riñonada
Ein Gericht aus Lammnieren und Kalbsbrieschen.

Solomillo de cordero
Mit Salz, Pfeffer, Olivenöl und Rotwein mariniertes Lamm, das in einer Kasserolle mit der Flüssigkeit langsam gegart wird.

Restaurants

Badajoz. **El Sotano* (bestes Restaurant in der Extremadura; 4 Jahre alte Weine aus Almendralejo)

Guadalupe. **Hospedería del Real Monasterio* (typische Gerichte zu zivilen Preisen)

Huelva. **Los Gordos* (beginnen Sie mit dem Jabugo-Schinken und nehmen Sie als Hauptgericht den gemischten gebackenen Fisch)

Jarandilla de la Vera. Parador Nacional Carlos V

Mérida. *Hotel Emperatriz* (gute Auswahl an regionalen Weinen); **Parador Nacional Via de la Plata* (hat für seine Küche verschiedene gastronomische Auszeichnungen erhalten)

Galicien (Galicia)

Galicien im äußersten Nordwesten Spaniens, im Süden von Portugal begrenzt und im Westen und Norden vom Atlantik umschlossen, umfaßt die Provinzen La Coruña, Lugo, Pontevedra und Orense, von denen nur die beiden letzten nennenswerte Mengen Wein erzeugen. Mit seinen grünen Hügeln, den Kastanienwäldern, den unberührten sandigen Buchten und weiten *Rías* (tiefe, salzwasserführende, fjordähnliche Buchten) ist Galicien ein romantischer Teil Spaniens. Auch seine Weine sprechen den Weinromantiker an, doch wird mancher Besucher enttäuscht zurückkehren, weil so wenig davon kommerziell abgefüllt wird. Was nur der galicische *connaisseur* zu finden weiß, bleibt dem Fremden meist verborgen.

Die Granitböden und das feuchte Klima erinnern sehr an das nördliche Portugal, und auch die Weinbaumethoden sind – vor allem in den westlicheren Küstengebieten – verblüffend ähnlich. Die Reben werden an Kastanienpfählen vom feuchten Boden wegerzogen oder als Pergolen an Drähten gezogen, die an Granitpfeilern befestigt sind. Die Weine durchlaufen häufig eine längere zweite Gärung, die ihnen ein feines und erfrischendes Perlen verleiht.

Viele der Rebsorten sind gleich oder ähnlich denen aus dem Vinho-verde-Gebiet von Portugal, z. B. die Albariño (Alvarinho), Dona

Branca, Espadeiro und Treixadira (Trajadura), so daß es nicht verwundert, wenn man zwischen den Weinen von beiden Seiten des Río Miño (oder Minho) eine starke Verwandtschaft feststellt. Es muß indes erwähnt werden, daß die Portugiesen mit ihren zahlreichen, gut organisierten Genossenschaften und den bestens ausgestatteten privaten *adegas* (Kellereien) in ihren Verfahren effizienter und wissenschaftlicher sind als die Galicier und ihre Weine daher auch erheblich gleichmäßiger.

In ganz Galicien gibt es nur sechs Genossenschaften, und selbst in zwei der D.O.-Gebiete (Valdeorras und Monterrey) existieren nur wenige private Firmen, die den lokalen Wein in Flaschen füllen. Die große Masse des Weins wird nach wie vor in allereinfachsten *bodegas* von Kleinbesitzern hergestellt, die ihn in der unmittelbaren Umgebung verkaufen. Insgesamt wird in Galicien mehr Wein getrunken als erzeugt, und zu den natürlichen Schwierigkeiten des Rebbaus auf den steilen, terrassierten Hängen kommt als zweiter Faktor noch eine anhaltende Auswanderung aus dem Gebiet, vor allem nach Südamerika, hinzu. Einige der größeren Privatfirmen sind deshalb dazu übergegangen, den lokalen Wein, der oft ein schönes Blüten- und Fruchtaroma aufweist, jedoch ausgesprochen herb ist, mit neutralen Weißweinen aus der Mancha zu «strecken».

In einer umfassenden Studie über die Weine, *Os Viños de Galicia*, hat Xosé Posada nicht weniger als 136 Rebsorten erfaßt und beschrieben, die in der Gegend angebaut werden. Die wichtigsten von ihnen werden in der nachstehenden alphabetischen Auflistung der einzelnen Gebiete aufgeführt. Drei dieser Gebiete, sämtlich in der Provinz Orense im Südosten gelegen, besitzen das D.O.-Prädikat: Ribeiro, Valdeorras und Monterrey.

Im Monterrey, dem östlichsten der Gebiete, werden die Reben niedrig erzogen, *a la castellana*, wie in den meisten anderen Teilen Spaniens, und in der Form der *poda en vaso* (Gobeletschnitt) geschnitten. Die Weine, die überwiegend rot sind und etwa 14 Prozent Alkohol aufweisen, ähneln mehr denen von León als denen aus den westlicheren Gebieten Valdeorras und Ribeiro, wo die Reben höher erzogen werden und die Weine weniger alkoholreich und häufig leicht perlend sind.

Nach Meinung der Galicier selbst kommt der beste und charaktervollste Wein aus den kleinen und nicht mit D.O.-Prädikaten versehenen Gebieten Condado de Salvatierra und El Rosal, die im äußersten Südwesten der Provinz Pontevedra am Miño-Fluß und der portugiesischen Grenze liegen. Es besteht allgemeine Übereinstimmung darüber, daß der hervorragendste galicische Wein der weiße Albariño von Val de Salnés im Norden der Stadt Pontevedra ist. Dieser wird in kleinen Mengen aus der gleichnamigen Rebe hergestellt, die möglicherweise von den Benediktinermönchen von Cluny im 12. Jahrhundert aus dem Rhein- und Moselgebiet hierher gebracht wurde. Die Weine weisen denn auch eine flüchtige Ähnlichkeit auf.

Von Genossenschaften erzeugte Weine wie z. B. der «Pazo» aus dem Ribeiro-Gebiet sind ohne weiteres erhältlich. Für den Touristen, der auch die anderen, nicht so weit verbreiteten probieren möchte, ist es wohl am besten, in den auf Seite 59 genannten Restaurants nachzufragen, deren Besitzer die Weine direkt von den Winzern beziehen.

Albariño, Zona del w. tr. **→***

Obwohl man die Albariño-Rebe auch weiter südöstlich findet, liegt das eigentliche Albariño-Gebiet doch im Val de Salnés nördlich der Stadt Pontevedra um den Küstenort CAMBADOS. Das nur 1918 ha große und jährlich 96000 hl liefernde Gebiet verfügt über keine kontrollierte Ursprungsbezeichnung. Die Qualität der aus der Albariño-Rebe erzeugten Weine ist aber so gut, daß diese selbst Gegenstand eines 1980 erlassenen *reglamento* ist. Die seltenen und sehr gesuchten Albariños sind bukettreich, blaß in der Farbe, leicht herb, mit einem zarten Fruchtaroma und ähneln den Alvarinhos aus Monção in Portugal sehr.

«Albariño de Fefiñanes» w. tr. ***
Dieser berühmteste aller Albariños wird vom Marqués de Figueroa in einer winzigen, mit modernen deutschen Pressen ausgerüsteten *bodega* hergestellt, die in einem Flügel des historischen Palastes von Fefiñanes am Rande von Cambados untergebracht ist. Der zarte, trockene und fruchtige Wein ist jedoch nicht wie die meisten anderen Albariños perlend, da der Marqués alle seine Weine zwei Jahre, die *reservas* sogar sechs Jahre in Eichenfässern altert. Der Wein hat nachher ein tieferes Gelb, ein volleres Aroma und weniger Säure als die typischen Weine des Gebiets.

«Albariño del Palacio» w. tr. p. **→*** (jung trinken)
Trotz seines Namens ist dieser Wein, den ein Bruder des Marqués de Figueroa herstellt, nicht vom Palast. Der blasse, bukettreiche, extrem trockene und etwas herbe Wein ist elegant und ausgeprägt perlend.

Amandi cl. *
Die ausschließlich aus der Mencía-Traube hergestellten *claretes* aus diesem kleinen Ort in der Provinz Lugo waren nach der Überlieferung einst die Lieblingsweine des Kaisers Augustus, der sie zu einem gut gewürzten Neunauge trank.

Barco de Valdeorras, Cooperativa de D.O. r. w. tr. [*→**]
El Barco (Orense). D.O. Valdeorras. Die Genossenschaft liefert nicht nur Weine en gros, sondern füllt auch nennenswerte Mengen von sehr trinkbaren Rot- und Weißweinen auf Flaschen ab. Die zum Teil nach Großbritannien und möglicherweise bald auch nach Chicago versandten Weine sind nicht perlend und werden als «Valdeorras tinto», «Valdeorras blanco» und «Moza Fresca» verkauft.

Cambados
Kleine Küstenstadt im Nordwesten von Pontevedra und der einzige größere Ort in der Zona del ALBARIÑO. Das am Meer in einem Park mit Eukalyptusbäumen gelegene Touristenhotel Parador del Albariño bietet angenehmsten Aufenthalt und die Möglichkeit, die berühmten Albariños mit den lokalen Krustentieren und regionalen Gerichten zu probieren.
In Cambados findet jedes Jahr Mitte August die *Fiesta del Albariño* statt, bei der die Weine von Fachverkostern geprüft und auch dem Publikum zum Probieren gegeben werden.

Chaves, Bodegas w. tr. p. [**→***] 80, 81 (jung trinken)
Barrantes-Cambados (Pontevedra). Kleiner Familienbetrieb mit eigenen Weinbergen und einer *bodega*, in der es moderne Edelstahltanks zur Gärung und Lagerung sowie Kühlgeräte für das Ausfällen der Tartrate (Weinkristalle) gibt. Die meisten der jährlich 30000 Flaschen von gutem, perlendem Albariño gehen in die lokalen Hotels und Restaurants, während der «Castel de Fornos» einer der ganz wenigen galicischen Weine ist, die ins Ausland exportiert werden.

Cosecheros del Vino del Ribeiro D.O. r. w. tr. *
Ribadavia (Orense). D.O. Ribeiro. Abfüller von repräsentativen Ribeiro-Weinen; die Marken sind «Ouro» und «Agarimo».

Gallega, Bodegas r. w. tr. cl. *
Los Peares (Lugo). Wegen der Bevölkerungsflucht und des schwierigen Geländes in den steilen Tälern des Río Miño und Sil ist die Weinerzeugung in diesem Teil von Lugo sehr stark zurückgegangen. Der «Tres Ríos» aus dieser *bodega*, der einst in der Gegend erzeugt wurde, ist heute ein Verschnitt von Weinen aus León und La Mancha.

Larouco, Cooperativa de D.O. r. w. tr. *
Larouco (Orense). D.O. Valdeorras. Die Genossenschaft füllt unter

dem Etikett «Silviño» begrenzte Mengen von nicht-perlendem Rot- und Weißwein ab.

Miño, Condado de

Siehe SALVATIERRA, CONDADO DE

Miño (Fluß)

Der Miño, der im Norden der Provinz Lugo entspringt, ist der Hauptfluß Galiciens. Er fließt in südlicher Richtung durch die Provinz Orense und bildet im Unterlauf die Nordgrenze Portugals, wo er Minho heißt.

Monterrey D.O. r. rs. w. tr. *

Kleines D.O.-Gebiet im Süden der Provinz Orense zu beiden Seiten des Támega-Flusses, das bis zur portugiesischen Grenze reicht. Die Denominación ist in die Gebiete Verín, Monterrey, Castrelo und Oimbra unterteilt. Durch die Sierra Larouca geschützt, wachsen die Reben *a la castellana* und liefern die schwersten der galicischen Weine mit bis zu 14 Prozent Alkohol. 70 Prozent der Weine sind rot und werden aus Alicante negro, Garnacha, Tintorera (Mencía), Tinta fina, Tinta de Toro und Monstelo erzeugt. Die Weißweinreben sind die Godello, Dona Branca und «Xerez» (Palomino). Der wichtigste Erzeuger ist die Cooperativa de MONTERREY.

Monterrey, Cooperativa de D.O. r. rs. w. tr. *

Verín (Orense). D.O. Monterrey. Die 1963 gegründete Genossenschaft ist erstaunlicherweise der einzige Betrieb des D.O.-Gebiets Monterrey im Süden Galiciens an der portugiesischen Grenze, der die Weine des Gebiets auf Flaschen zieht. Erzeugt werden frische junge Rotweine, Rosés und Weißweine mit dem Etikett «Monterrey» sowie ein zwei Jahre alter «Castelo de Monterrey».

Orense

Orense ist die südlichste der Provinzen Galiciens, die im Westen von Pontevedra und im Süden von Portugal begrenzt wird. Sie umfaßt die D.O.-Gebiete RIBEIRO, VALDEORRAS, MONTERREY sowie einige kleine Gebiete ohne D.O. Orense selbst ist nicht gerade die schönste der galicischen Städte, und es ist angenehmer, in VERÍN oder an der Küste zu bleiben.

«Pazo» (r. rs.) w. tr. *→** (jung trinken)

Einer der meistverkauften und häufigsten galicischen Markenweine; siehe RIBEIRO, BODEGA COOPERATIVA DE.

Pontevedra

Provinz im Südwesten von Galicien, die im Süden vom Miño und von Portugal und im Westen vom Atlantik begrenzt wird. Tief eingeschnitten in die grüne und hügelige Küste sind die malerischen *Rías*; an einer von ihnen liegt die Hafenstadt Vigo. In diesem Gebiet finden die hochrankenden Reben, die zwischen Granitpfeilern an Drähten pergolaartig erzogen werden, die idealen Bedingungen. Die Weinbaugebiete von Pontevedra sind EL ROSAL und das CONDADO DE SALVATIERRA (auch als Condado de Tea bekannt) längs des Miño-Flusses im Süden sowie die Zona del ALBARIÑO im Val de Salnés weiter im Norden.

Es gibt ein in einer alten Baronie in der historischen Altstadt von Pontevedra untergebrachtes staatliches Touristenhotel sowie ein zweites am Grenzposten von Tuy an der portugiesischen Grenze. Das Hotel Parador Nacional Conde de Gondomar (4 Sterne) südlich von Vigo an der Küste ist eines der luxuriösesten in Spanien. Es liegt auf dem weitläufigen Gelände einer Halbinsel und ist mit seinen Stränden, dem Swimmingpool, den Tennisplätzen und dem Jachthafen der ideale Platz, um einen Urlaub mit Besuchen in den Weinbaugebieten zu verbinden.

Quemada. Siehe BRANNTWEINE, AROMATISIERTE WEINE UND LIKÖRE.

Ribeiro D.O. r. rs. w. tr. p. *→**

Im Westen der Provinz Orense im Becken des Avia-Flusses gelegen, ist dies das wichtigste Weinbaugebiet in Galicien. Das durchschnittlich 100–300 m über dem Meer gelegene Weinbaugebiet hat etwa 5000 ha und erzeugte 1981 60000 hl Wein. Es ist in drei Bezirke unterteilt: Ribeiro de Avia, das älteste und traditionellste Gebiet, von dem aus Gomariz exzellente Weißweine und aus Beade, Regada und Costeira ebensolche Rotweine kommen; Ribeiro del Miño, wo ebenfalls gute Rot- und Weißweine produziert werden; und Ribeiro de Arnoia mit leichten und aromatischen Gewächsen. Die besten Weißweinreben sind die Treixadura, Torrentés, Godello, Macabeo, Albilla und Loureiro, wobei vor allem die Godello den Weinen eine frische und bukettreiche Note verleiht. Die besten und aromatischsten Rotweine werden aus der Sonsón gemacht. Der bei weitem größte Erzeuger ist die Bodega Cooperativa de RIBEIRO. Weitere Betriebe, die nicht unter einem eigenen Stichwort aufgeführt sind, ihren Wein jedoch selbst abfüllen:

Alanis, Bodegas («Alanis» und «Miñama»)
Lorenzo, Bodegas Eloy («Villa Paz»)
Rivera, Bodegas («Rexo» und «Antoxo»)
Rofemar, Bodegas («Saudade»)
Ulloa, Marqués de («Fino extra blanco»)

Ribeiro, Bodega Cooperativa de D.O. r. rs. w. p. *→**

Ribadavia (Orense). D.O. Ribeiro. Diese in Ribadavia am Zusammenfluß von Miño und Sil gelegene Genossenschaft ist mit etwa 1600 Mitgliedern bei weitem die größte Galiciens. Sie verfügt über 300 Betontanks mit je 30000 l Fassungsvermögen sowie über moderne Geräte für die Weinbereitung und Abfüllung des Weins und erzeugt jährlich etwa 70000 hl Wein bei einer Lagerkapazität für weitere 40000 hl.
Die besten ihrer Weine, die aus ausgesuchten Trauben hergestellt werden, kommen unter dem Etikett «Pazo» auf den Markt. Der Weißwein hat viel Blume, ist trocken, nicht zu säurereich und perlt nur wenig; er hat auf internationalen Ausstellungen Preise gewonnen. Der Rotwein ist deutlich perlend, trocken, etwas hart und den roten *vinhos verdes* von jenseits der Grenze ähnlich. Die Genossenschaft füllt auch billigere und weniger feine Weine unter dem Etikett «Xeito» und «LAR» ab.

Rodrigón

Ein meist aus Kastanienholz hergestellter Rebpfahl, der für das Hochziehen von Reben vom feuchten Grund verwendet wird, vor allem in den im Westen gelegenen Gebieten Galiciens.

El Rosal (r) w. tr. p. *

Kleines Gebiet ohne Denominación im äußersten Südwesten der Provinz Pontevedra nahe der Mündung des Miño. Die hochrankenden Reben liefern dort im Jahresdurchschnitt 15000 hl Wein, davon 65 Prozent Weißwein aus den Sorten Albariño, Loureiro und Treixadura, wie man sie auch im Minho jenseits der Grenze kennt. Die Weine sind perlend und im allgemeinen vom Typ her den portugiesischen *vinhos verdes* ähnlich, werden jedoch von einem Heer kleiner

Besitzer ohne wissenschaftliche Grundlage hergestellt. Aus diesem Grund sind sie nicht so gleichmäßig; auch haben ihre Albariños nicht die gleiche Qualität wie diejenigen aus CAMBADOS weiter im Norden.

Rúa, Cooperativa de D.O. r. w. tr. *
Rúa (Orense). D.O. Valdeorras. Die Genossenschaft verkauft das meiste ihrer Erzeugung en gros, füllt allerdings auch kleinere Mengen Rot- und Weißwein unter dem Etikett «Rúa» ab.

Salvatierra, Condado de w. tr. cl. *→**
Dieser auch als Condado de Miño oder Condado de Tea bekannte kleine Bezirk ohne D.O. liegt im Süden der Provinz Pontevedra am Ufer des Miño. Die 2320 ha Rebland erbringen im Jahresdurchschnitt einen Ertrag von 1250 hl. Die blauen Hauptrebsorten sind die Caiño, Brancellao, Espadeiro und Alicante, die weißen die Treixadura und Albariño. Kenner galicischer Weine sind der Ansicht, daß hier neben der Zona del ALBARIÑO die besten und typischsten Weine der ganzen Region erzeugt werden. Sie sind in der Regel perlend, wobei die Rotweine, die auch schon mit leichten Bordeauxweinen verglichen wurden, überwiegen. Die Schwierigkeit liegt darin, die Weine zu finden, da sie nicht in kommerziellem Maßstab abgefüllt werden.

Santiago de Compostela
Santiago liegt im Nordosten der Zona del ALBARIÑO, weniger als eine Autostunde von CAMBADOS entfernt. Es ist die einzige Stadt Galiciens, die mit dem Flugzeug direkt aus Madrid, Barcelona und dem Ausland erreichbar ist. Es gibt dort eine alte Universität; vor allem jedoch birgt die Stadt das Grab des heiligen Apostels Jakob, des Schutzpatrons Spaniens. Seit dem 11. Jahrhundert ist daher Santiago Ziel von Pilgern aus ganz Europa. Die Kathedrale ist eines der bedeutendsten frühromanischen Denkmäler Spaniens. Das Hotel Hostal de los Reyes Católicos, das sich in einem aus dem 16. Jahrhundert stammenden Palast am Vorplatz der Kathedrale befindet, gehört zu den berühmtesten des Landes.

Socalco
Bezeichnung für die steilen Hügelterrassen in Galicien, die manchmal so schwer zugänglich sind, daß die Winzer kleine Pressen aufstellen, um die Trauben an Ort und Stelle zu keltern.

Tea, Condado de
Siehe SALVATIERRA, CONDADO DE

Tutor
Andere Bezeichnung für den RODRIGÓN, einen Holzpfahl zur Unterstützung der hochgewachsenen Reben.

Val de Salnés
Siehe ALBARIÑO, ZONA DEL

Valdeorras D.O. r. w. tr. *→**
Dieses östlichste der Weinbaugebiete von ORENSE liegt in dem Gebirgstal des Sil-Flusses und umfaßt die drei Untergebiete Rúa-Petín, Larouco und El Barco de Valdeorras, die jeweils ihre eigene Genossenschaft haben. 90 Prozent der Weißweine werden aus der «Xerez» (einer Varietät der Palomino) und 80 Prozent der Rotweine aus der Garnacha de Alicante hergestellt. Der Weißwein hat 11–12 Prozent Alkohol, ist sauber und etwas trockener als der aus Ribeiro; der Rotwein ist kirschfarben, aromatisch und hat zwischen 11–12 Prozent Alkohol.
Der weitaus größte Erzeuger abgefüllter Weine ist die Cooperativa de BARCO DE VALDEORRAS.

Verín
Weinstadt im Südosten der Provinz Orense. In dem auf einem Hügel über der Stadt und gegenüber der Burg Monterrey gelegenen komfortablen Parador Nacional de Monterrey werden lokale Weine und Speisen angeboten.

Vino de aguja
Ausdruck zur Bezeichnung einer Art von Weinen, wie man sie gerade in Galicien häufig findet und die aufgrund einer zweiten Gärung leicht perlen. Man nennt sie in Spanien auch *vinos verdes* – zum Ärger der Portugiesen, die ihren *vinho verde* («Grüner Wein») beim O.I.V. (Office International du Vin) als Schutzmarke eingetragen haben.

Essen und Trinken

Galicien ist berühmt für seine *mariscos* (Weich- und Schalentiere). Hierzu gehören u.a. Muscheln, Hummer, Kammuscheln, Garnelen, Scampi aller Arten und Größen, Herzmuscheln, Austern, *percebes* (eine eßbare Entenmuschel) und *nécoras* (eine Art Spinnenkrabbe). In Küstenorten findet man häufig *marisquerías*, die nichts anderes als Schalentiere servieren und die Portionen nach Gewicht berechnen. Es besteht eine nahe Verwandtschaft mit der Küche Nordportugals, vor allem hinsichtlich der Suppen, der üppigen Fischeintöpfe und der stark gewürzten Kutteln, alles herzhafte Kost für die langen feuchten Winter.
Was trinkt nun der Galicier zu diesem reichen und nahrhaften Sortiment von Gerichten? Zu Schalentieren bevorzugt er einen weißen Albariño, der wegen seiner Säure ideal dazu paßt, während die Adstringenz (der Gerbstoffgehalt) der Rotweine ein gutes Gegengewicht zur Reichhaltigkeit und Würzigkeit der üppigeren Gerichte bildet.

Caldeirada gallega
Dieses der französischen Bouillabaisse verwandte Gericht wird in zwei Teilen aufgetragen: Zuerst die Brühe mit Toastscheiben, dann der Fisch.

Caldo gallego (galicisches Nationalgericht)
Eintopf aus Kalbfleisch, Kohl, Kartoffeln, Saubohnen, Kohlrabiblättern, chorizo *(Paprikawurst) und Speck.*

Callos a la gallega
Kutteln mit Kichererbsen, Schweinsfüßen, Paprikaschoten, chorizo *und scharfen Gewürzen.*

Centollo relleno/Changurro relleno
Das Fleisch einer Spinnenkrabbe wird ausgelöst und gekocht und zu einer Mischung aus gekochtem Seehecht, Zwiebeln, Petersilie, Knoblauch und Zitronensaft gegeben. Die Masse wird wieder in die Krabbenschale gefüllt; darüber streut man Paniermehl und geriebenen Käse und überbackt das ganze im Backofen.

Empanada gallega
Pastete, die mit verschiedenem Fleisch oder Fisch sowie mit Tomaten, Zwiebeln und chorizo *gefüllt wird.* Xouba *z.B. wird mit kleinen, sardinenähnlichen Fischen gefüllt, und* Raxo *mit Schweinelendchen.*

Filloas
Dicke, luftige Pfannenkuchen, die meist eingerollt und mit Marmelade gefüllt werden.

Lacón con grelos
Schinkenknochen, die mit chorizo *und Kohlrübenschößlingen gekocht werden.*

Lamprea a la gallega
Mit Schalotten (kleinen Zwiebeln), Knoblauch, Olivenöl, Essig, süßem Paprika, Zimt und Weißwein zubereitetes Neunauge.

Merluza al hinojo
Mit Fenchel zubereiteter Seehecht.

Pato al estilo de Ribadeo
Mit Kohlrüben, Orangenstückchen, Karotten, gekochten Kastanien, Schweinefleisch, Weißwein, Anis und einem Gewürzsträußlein zubereitete Ente.

Rape al queso
Mit geriebenem Käse gratinierter Seeteufel.

Salsa zalpiscada
Sauce aus hartgekochten Eiern, Zwiebeln, Knoblauch, Essig, Olivenöl und Gewürzen. Sie wird zu Fisch und Schalentieren gereicht.

Tarta de almendras
Mandeltorte.

Tarta de Puentedeume
Aus Mandeln, Zucker und Eigelb hergestellte Torte.

Vieiras al Albariño
In Albariño marinierte Kammuscheln, die mit Petersilie, Knoblauch und Muskatnuß gewürzt und anschließend mit Paniermehl bestreut werden, bevor man sie im Ofen oder auf dem Grill überbackt.

Restaurants

Cambados. ***O'Arco* (in der Nähe des Palasts von Fefiñanes; Schalentiere, regionale Gerichte und Albariño-Weine)

Orense. **Sanmiguel* (regionale Küche, Weine aus Ribeiro und Condado)

Pontevedra. ***Casa Solla* (Meeresfrüchte und Albariño-Weine)

Santiago de Compostela. ***Vilas* (regionale Küche und Weine); **Chita* (gut zubereitete regionale Küche; die Hausweine kommen aus Ribeiro und Albariño)

Vigo. ***El Mosquito* (besonders für Fisch und Schalentiere); ***Puesto Piloto Alcabre* (Strandrestaurant, Fisch und regionale Gerichte, Hausweine aus Albariño und Condado)

Villagarcia de Argosa, in der Nähe von Pontevedra. ****Chocolate* (das beste Restaurant in Galicien mit einer ausgezeichneten Weinliste)

Katalonien (Catalunya, Cataluña)

Die findigen und fleißigen Katalanen beanspruchen für sich, daß sie Weine in größerer Vielfalt herstellen als jede andere Region Spaniens. Als Beispiel führen sie die feinen Tischweine aus dem Penedès an, ihre Schaumweine (die im Kapitel SCHAUMWEINE gesondert beschrieben sind), die 90 Prozent der spanischen Erzeugung ausmachen, den maderisierten *rancio*, und die alten, in einer *solera* erzeugten Dessertweine aus Tarragona und dem Penedès, die so sehr dem Málaga oder dem süßen *oloroso*-Sherry ähneln. Alle diese Weine sowie einige der besten Branntweine des Landes und eine Reihe von Wermutweinen und Likören sowohl einheimischer als auch ausländischer Marken, die in Lizenz hergestellt werden, lassen diese Behauptung als berechtigt erscheinen.

Die katalanische Landschaft, zu der die Provinzen Gerona (Girona), Barcelona, Lérida (Lleida) und Tarragona mit einem Gebiet von der Größe der Niederlande oder Belgiens gehören, ist rauh und zerklüf-

tet. Man hat sie einmal als Treppenflucht beschrieben, die sich von der Küstenebene zu den Gipfeln der Pyrenäen und ihrer Ausläufer im Süden hinaufzieht. In den gebirgigeren Landesteilen müssen die Hänge terrassiert werden, damit die Reben Halt finden; ein Verfahren, das in den höhergelegenen Landesteilen – z. B. im Priorato – immer noch angewandt wird. Längs der *autopista* von Barcelona durch das Penedès sieht man heute noch brachliegende Terrassen, die gegen Ende des 19. Jahrhunderts angelegt wurden. Damals wurde jeder verfügbare Flecken Boden für den Weinbau ausgenutzt, um dem von der Reblaus heimgesuchten Frankreich Wein zu liefern, solange dieser Schädling Spanien noch nicht erreicht hatte.

Die Landwirtschaftsstruktur geht noch auf die Zeit des Königreichs Aragonien zurück, das im Mittelalter zu den mächtigsten Staaten des Mittelmeerraums gehörte, weil Jakob I., der Eroberer (1213–1276), die von den Mauren zurückeroberten Ländereien fleißigen Bauern übergab, anstatt den Adel mit riesigen Ländereien zu bedenken, wie es in Kastilien der Fall war. Die Tradition des Kleinbauerntums wurde durch die Institution der *Rabassa Morta* verfestigt, nach der ein Landbesitzer einen Teil seines Landes im Austausch gegen die Hälfte der Ernte an Kleinbauern zur Bepflanzung mit Rebstöcken verpachten konnte. Bis auf den heutigen Tag wird die Masse der Weine in Genossenschaften aus Trauben gekeltert, die von Kleinbetrieben angeliefert werden, und sogar die großen und bekannten Privatfirmen kaufen mehr Trauben, als sie in ihren eigenen Weinbergen ernten, und übernehmen große Mengen von Genossenschaftsweinen für den weiteren Ausbau.

Bis in die letzten Jahrzehnte hinein lag der Schwerpunkt mehr auf der Menge als auf der Qualität, und daß es heute dort Weine gibt, die qualitativ denen aus der Rioja schon sehr nahe kommen, ist eine ziemlich neue Erscheinung. Dies war vor allem eine Frage des Klimas. Die Weinberge liegen überwiegend in den Küstengebieten von Penedès und Tarragona, wo die Winter mild und die Sommer heiß sind. Als die Trauben noch traditionell vergoren wurden, stiegen die Temperaturen häufig bis auf 30°C und darüber, und während der schnellen und stürmischen Gärung ging viel Frucht und Aroma verloren. Die ersten Edelstahltanks mit Kühlvorrichtung wurden um 1960 eingeführt und finden immer weitere Verbreitung. Dies hat die katalanische Weinindustrie revolutioniert. Dank der geeigneten Böden und der ausgezeichneten Qualität der Reben steht heute nichts mehr der Produktion von Weinen entgegen, die ebensogut sind wie jene aus nördlicheren Gebieten. Katalonien ist sogar gegenüber den traditionellen Erzeugern von Qualitätsweinen wie Bordeaux, Burgunder und Rheinwein im Vorteil, und zwar wegen der Zuverlässigkeit der Wetterbedingungen. In Katalonien sind die Winter wie bereits erwähnt recht mild und die Sommer gleichmäßig sonnig und heiß. Eine stetige Brise vom Mittelmeer pflegt die Hitze in Grenzen zu halten. In der Tat gelingen die Ernten in neun von zehn Jahren. Aus diesem Grund hat es kaum Sinn, eine nach Klimabedingungen abgestufte Jahrgangsliste aufzustellen.

Rebsorten

Obwohl Torres und andere *bodegas* sehr erfolgreich mit der Akklimatisierung von noblen Rebsorten aus Frankreich und Deutschland experimentiert haben, wird der meiste Wein aus einheimischen Reben erzeugt. Die wichtigsten Sorten sind:

Weiß

Macabeo. In der Rioja auch als Viura bekannt und in Spanien überhaupt weit verbreitet, liefert die Macabeo hellfarbene, fruchtige und ausgewogene Weine, die oxydationsfest und auch für die gekühlte Gärung geeignet sind.

Xarel-lo. Eine in Katalonien beheimatete Rebe, die in Alella als Pansa blanca bekannt ist. Ihre Weine weisen einen mittleren Alkoholgehalt auf und können in den seltenen Jahren, wenn sie nicht voll ausreift, recht viel Säure haben. Es ist eine der Rebsorten, die im Penedès viel für die Erzeugung von Schaumweinen verwendet wird.

Parellada (oder Montonec). Die Moste der ausschließlich in den höheren Gebieten des Alto Penedès und der Conca de Barberá angebauten Rebe sind gering im Alkohol (9–11 Prozent) und hoch in der Säure. Die häufig für die Schaumweinherstellung verwendete Parellada verleiht auch Stillweinen wie dem «Viña Sol» von Torres das außerordentlich frische und fruchtige Bukett.

Garnacha blanca. Die auch in der Rioja kultivierte Garnacha blanca wird in Terra Alta und in Camp de Tarragona intensiv angebaut, wo sie alkoholreiche Weine mit geringer Säure ergibt.

Malvasía. Diese weltberühmte, aus Griechenland stammende Traube wird schon seit Jahrhunderten in Spanien angebaut. Ihre Moste sind fruchtig, von mittlerem Alkoholgehalt und liefern (wie auch in Madeira, wo Malvasía der Name für den süßesten Wein ist) nach Verstärkung und Alterung Dessertweine wie z.B. die aus Sitges.

Pansé. Die in Camp de Tarragona, Conca de Barberá und Ribera d'Ebre angebaute Rebsorte reift spät und liefert reichen Ertrag; die Weine sind jedoch derb und alkoholreich.

Pedro Ximénez. Die vor allem in Andalusien, wo sie für Süßweine verwendet wird, und in Montilla angebaute Rebe, wo sie trockene Weine liefert, wird in kleineren Mengen in Priorato und Terra Alta angebaut, wo ihr Most mit dem anderer Sorten verschnitten wird.

Blau

Cariñena. Ursprünglich aus Aragonien stammend, liefert die Cariñena Weine mit 11–12 Prozent Alkohol, kräftiger Statur, Farb- und Extraktfülle, aber in Duft und Aroma ohne große Auszeichnung.

Garnacha peluda. Eine Mutante der Garnacha tinta, die einen regelmäßigeren Ertrag bringt und im übrigen ähnliche Eigenschaften aufweist.

Garnacha tinta. Eine Rebsorte, die in Südfrankreich (als Grenache noir), der Rioja und anderen Teilen Spaniens weit verbreitet ist. Ihre Weine sind alkoholreich (11–14 Prozent), körperreich, fruchtig und tief in der Farbe, oxydieren jedoch schnell und nehmen bei Alterung in Holzfässern bald eine ziegelrote Farbe an.

Monastrell. Eine einheimische Rebsorte, die auch in Zentralspanien häufig angebaut wird. Der Ertrag ist gering, die Weine sind jedoch tieffarben, von beträchtlicher Eleganz und reifen gut.

Ull de Llebre (Ojo de Liebre). Dies ist die wohlbekannte Tempranillo der Rioja oder Cencibel von Valdepeñas, die Weine von 11–13 Prozent Alkohol mit gutem Säuregleichgewicht, ausgeprägtem, fruchtigem Aroma und guter Alterungsfähigkeit liefert.

Sumoll. Die einst im Penedès weitverbreitete Sumoll, die aromatische, aber ziemlich saure Weine ergibt, ist heute im Verschwinden begriffen.

Katalonien besitzt heute sieben Denominaciones de Origen, deren Überwachung vor kurzem vom INDO (Instituto Nacional de Denominaciones de Origen) auf das INCAVI (Instituto Catalán de Vino)

übergegangen ist, eine Behörde der Generalidad, der nach dem Tod von General Franco wiedereingesetzten autonomen Sonderregierung Kataloniens. Es sind dies die folgenden Gebiete (Erntemengen von 1981 in Klammern): Penedès (700000 hl); Alella (7500 hl); Tarragona (700000 hl); Priorato (12000 hl); Ampurdán-Costa Brava (62500 hl); Conca de Barberá (25000 hl) und Terra Alta (24000 hl).
Wie bereits erwähnt, sind die Jahrgänge bemerkenswert gleichmäßig, und das einzig wirklich schlechte Jahr in letzter Zeit war 1972. Die nachfolgende Tabelle für das Penedès vermittelt eine Vorstellung von den Schwankungen:

Jahr	**Rotweine**	**Weißweine**
1969	mittelmäßig	sehr gut
1970	sehr gut	mittelmäßig
1971	gut	mittelmäßig
1972	schlecht	schlecht
1973	sehr gut	gut
1974	gut	mittelmäßig bis gut
1975	gut	sehr gut
1976	sehr gut	gut bis sehr gut
1977	gut bis sehr gut	sehr gut
1978	sehr gut	gut
1979	mittelmäßig bis gut	gut
1980	gut	ausgezeichnet
1981	ausgezeichnet	sehr gut
1982	sehr gut	sehr gut
1983	gut	gut

Wenn Sie ein Auto haben, ist es nicht schwierig, einen Besuch der katalanischen Weinbaugebiete zu planen, da vier von ihnen (Ampurdán-Costa Brava, Alella, Penedès und Tarragona) längs der Achse der *autopista* A 17 von der französischen Grenze nach Barcelona und ihrer südlichen Verlängerung (der A 7) nach Tarragona und Valencia liegen. Conca de Barberá, Priorato und Terra Alta in den Hügeln des Hinterlands sind weniger leicht zu erreichen und erfordern ziemlich zeitaufwendige Abstecher; man wird jedoch reichlich entschädigt durch die zerklüftete, waldreiche Landschaft, die auf Hügel thronenden Burgen und Schlösser und die großen Klöster Montserrat und Poblet, die so eng mit der Entwicklung des Weinbaus in diesem Gebiet verbunden sind. Katalonien rühmt sich auch angenehmer Badeorte und der faszinierenden Steilküste der Costa Brava, und es wäre der ein sehr einseitiger Weinfreund, der nicht gerne eine Pause einlegen würde, um in Barcelona Antonio Gaudís verblüffende Kathedrale von La Sagrada Familia und die großartigen Museen und Galerien zu besuchen oder in Tarragona die bemerkenswerten Überreste aus der Römerzeit.
In den größeren *bodegas* wie z. B. Torres sind Besucher auch ohne Anmeldung willkommen; man arrangiert dort Führungen und lehrreiche Weinproben. Aber auch in der kleinsten Genossenschaft werden Sie den Wein verkosten und kaufen können und freundliche Aufnahme finden – Sie müssten allerdings genügend Spanisch können, damit ein Gespräch zustande kommt. Wenn Sie nicht sicher sind, ob Sie empfangen werden, bitten Sie den Hotelportier, zuvor anzurufen.
Die katalanische Küche ist interessant und vielfältig, wenn auch in Hotels und Restaurants auf dem Lande manchmal ziemlich schwer. Die Namen von Hotels in oder in der Nähe von den Weinbaugebieten sind im alphabetischen Verzeichnis angegeben.
Die Katalanen nehmen ihre wiedergewonnene Autonomie sehr ernst. Unter Franco war es verboten, katalanisch zu sprechen; heute ist es Ehrensache, dies zu tun. Viele Verkehrszeichen und Ortsschilder sind nun katalanisch (das eher eine eigene Sprache als ein Dialekt ist), wenn auch die kastilische Entsprechung häufig dabeisteht. Dies gilt auch für die Speisekarten; in kleineren Restaurants muß man allerdings damit rechnen, daß sie ausschließlich katalanisch abgefaßt sind.

In diesem Fall wird Ihnen jedoch der Kellner oder der Besitzer gerne alles auf spanisch erklären.

Alella D.O. (r. rs. br.) w. tr. oder s. **
Die Tradition der Weinbereitung reicht in diesem kleinen Gebiet bis auf die Römerzeit zurück, ist jedoch heute durch die Ausdehnung Barcelonas nach Süden in ihrer Fortsetzung bedroht. Von den 1400 ha, die 1967 noch mit Reben bepflanzt waren, sind nur noch 400 ha übriggeblieben, die überwiegend Weißwein liefern. Die vom Consejo Regulador genehmigten Rebsorten sind bei den Weißweinen Xarel-lo (oder Pansa blanca), Pansa rosada und Garnacha blanca; bei den Rotweinen Tempranillo (Ull de Llebre), Garnacha tinta und Garnacha peluda. Viele der kleinen Rebgärten, von denen keiner größer als 1,5 ha ist, gehören hauptberuflichen Winzern, die alles tun, um die Weinindustrie am Leben zu erhalten. Die Reben sind auf Granithängen gepflanzt, auf denen sie vor den vorherrschenden Ostwinden geschützt sind; auf dem Hang mit leichter Nordlage wächst ein säurereicher Wein, während der Wein vom südlicher gelegenen Hang deutlich süßer ist.

Alella, Marqués de D.O. w. tr. **→***
Alella (Barcelona). D.O. Alella. Diese vor wenigen Jahren gegründete kleine *bodega* verfügt über 50 ha Rebland und eine Kapazität von 1500 hl. Sie stellt durch gekühlte Gärung in Edelstahltanks und ohne Alterung in Eichenfässern einen leichten, eleganten und trockenen Weißwein her, der farblich eher blaß ist und sich durch seine duftige Fruchtigkeit auszeichnet. Siehe auch SCHAUMWEINE.

Alella Vinícola, Bodega Cooperativa D.O. (r. rs. br.) w. tr. oder s. **
Alella (Barcelona). D.O. Alella. Diese 1906 gegründete, gut ausgerüstete Genossenschaft mit 153 Mitgliedern erzeugt den Großteil der Weine von Alella, die sämtlich gemäß den Vorschriften des Consejo Regulador mindestens zwei Jahre gealtert sind, davon mindestens ein Jahr in Eichenfässern. Verkauft wird der Wein als «Alella Legítima» in Rheinwein-Flaschen unter dem Markennamen «Marfil» («Elfenbein»). Der Alkoholgehalt der Weine liegt zwischen 11,5 und 13,5 Prozent. Der weiße «Marfil blanco» ist charakteristisch frisch und fruchtig. Der trockenere herbe «Marfil seco» eignet sich besser als Tischbegleiter, obwohl er nicht eben rund und würzig schmeckt. Der rote «Marfil tinto» ist weich und fruchtig.

Ampurdán S.A., Cavas del D.O. r. rs. w. res. sch. *→**
Perelada (Gerona). D.O. Ampurdán-Costa Brava. Dies ist eine Schwesterfirma des bekannten Schaumweinkonzerns Castillo de Perelada (siehe SCHAUMWEINE) mit Sitz in Perelada in der Nähe von Figueras an der Ostflanke der Pyrenäen. Zu ihren lohnenden Stillweinen gehören die drei Jahre alten «Tinto Cazador», «Rosado Perelada» sowie der ansprechende «Reserva Don Miguel» (rot), der eineinhalb Jahre im Faß und fünf bis sechs Jahre in der Flasche gealtert wurde. Der trockene und perlende weiße «Pescador» wird mit nur einem Viertel des normalen Drucks in *cuves closes* hergestellt. Außerdem erzeugt die *bodega* einen Schaumwein nach dem *cuve-close*-Verfahren. Er war 1960 Gegenstand eines berühmten Rechtsstreits, den die französischen Champagnerfirmen in England anhängig machten und der in Frankreich damals als «die Zweite Marneschlacht» bekannt wurde.

Ampurdán-Costa Brava D.O. r. rs. w. tr. *→**
Eines der jüngeren D.O.-Gebiete, das in der Provinz Gerona an die Pyrenäen angrenzt und sich von der Ferienküste aus ins Landesinnere erstreckt. Ein Problem für die Winzer ist der vorherrschende Nordwind, die *tramontana*, die etwa hundert Tage im Jahr mit Windgeschwindigkeiten bis zu Orkanstärke weht. Aus diesem Grund werden die Reben an Stöcken gezogen. Die Rebfläche beträgt etwa 5000 ha;

die wichtigsten Rebsorten sind die blauen Garnacha tinta und Cariñena und die weiße Xarel-lo. Etwa 70 Prozent des überwiegend in Genossenschaften hergestellten Weins sind Rosé. Heute erzeugt das Gebiet auch einen spritzigen jungen *vi novell* in der Art des Beaujolais nouveau. Hiervon wurden 1981 etwa 2000 hl erzeugt.

l'Anoia, Comarca de r. (rs.)
Gebiet ohne D.O.-Prädikat, das sich im Westen an das PENEDÈS anschließt.

Aquila Rossa S.A. D.O. r. rs. w. tr. oder s. g. *→**
Vilafranca del Penedès (Barcelona). D.O. Penedès. 1888 gegründete größere Firma, die verläßliche Rot-, Weiß- und Roséweine unter dem Markennamen «Montgros» sowie auch eine Reihe von Wermuts herstellt.

d'Artes (Bages), Comarca (w. tr.) sch.
Gebiet ohne D.O.-Prädikat im Nordwesten von Barcelona.

Bach, Masia D.O. r. rs. w. tr. oder s. res. **→***
Sant Esteve Sesrovires (Barcelona). D.O. Penedès. Kurz nach dem Ersten Weltkrieg bauten sich zwei ältere, unverheiratete Brüder aus Barcelona, die durch Uniformenlieferungen an die Alliierten ein Vermögen gemacht hatten, im Penedès einen üppigen Landsitz im Florentiner Stil und eröffneten eine kleine Weinkellerei. Diese wuchs sehr rasch und verfügte schließlich, als sie von dem großen Schaumweinkonzern Codorníu (siehe SCHAUMWEINE) übernommen wurde, über riesige Keller und 8500 Eichenfässer mit einem Fassungsvermögen von insgesamt 31 000 hl. Die *bodega* hält ihren ausgezeichneten Ruf, und Angel Escude, der seit Jahren ihr Direktor und Önologe ist, erzeugt gute Rot- und trockene Weißweine sowie einen samtenen roten *reserva*. Der Wein, für den die *bodega* vor allem berühmt ist, ist der köstliche und vom Eichenaroma geprägte «Extrísimo Bach», einer der besten weißen Dessertweine Spaniens.

Baix Ebre-Montsià, Comarca de (r.) w. tr.
Gebiet ohne D.O.-Prädikat im äußersten Süden der Provinz Tarragona am Rande des Ebrodeltas.

Baixa Segarra (Les Garrigues), Comarca de la r. w. tr.
Gebiet ohne D.O.-Prädikat im Norden des D.O.-Gebiets CONCA DE BARBERÁ.

Barcelona
Barcelona, die Hauptstadt Kataloniens und zweitgrößte Stadt Spaniens, verdankt ihren Namen dem Karthagergeneral Hamilcar Barca, wurde jedoch lange vor dessen Zeit gegründet, wahrscheinlich von den Phöniziern. Barcelona ist nicht nur ein ausgezeichneter und zentral gelegener Ausgangspunkt für Besuche in den Weingebieten Kataloniens, sondern vor allem eine Stadt von ganz besonderem touristischem Reiz. Besuchen Sie unbedingt die Altstadt mit den Resten aus der Römerzeit, der gotischen Kathedrale, dem Palast der Generalidad (der Regierung Kataloniens) und den blumenübersäten Ramblas. Besichtigen Sie auch die vielen Bauwerke des Meisters der Art Nouveau, Antonio Gaudí, vor allem die außerordentliche, aber unvollendete Kathedrale La Sagrada Familia. Es gibt eine ganze Reihe ausgezeichneter Museen und Galerien, u.a. auch solche, die der Naiven Kunst, Picasso und Miró gewidmet sind.
Alle zwei Jahre ist Barcelona Mitte März für Gastronomen von besonderem Interesse, wenn dort der Salón Internacional de la Alimentaria, eine der größten internationalen Wein- und Lebensmittelmessen stattfindet, auf der alle spanischen Weinfirmen von einiger Bedeutung vertreten sind. Die Stadt ist seit langem für ihren hohen kulinarischen Standard bekannt, und in den letzten Jahren waren ihre

Restaurateure führende Exponenten der Nouvelle Cuisine. Von den vielen komfortablen Hotels haben das Colón in der Nähe der Kathedrale, das Regente und das altmodische und ganz traditionelle Oriente in den Ramblas angemessene Preise und einen hohen Standard.

Bombonas
Diese großen, nur lose zugestöpselten birnenförmigen Glasballons werden zur Herstellung des traditionellen sherryähnlichen katalanischen RANCIO-Weins in einem unter freiem Himmel befindlichen CAMPO DE AÑEJAMIENTO verwendet.

Bosch-Guell S.A., Bodegas D.O. r. rs. w. tr. **
Vilafranca del Penedès (Barcelona). D.O. Penedès. 1886 gegründeter Familienbetrieb, der gute Stillweine herstellt: «Blanco selecto Rómulo», «Clarete fino Rómulo» und «Rosado seco Rómulo».

Camp de Tarragona D.O. r. w. tr. oder s. *
Großes Teilgebiet der D.O.-TARRAGONA, zu der weite Teile des Zentrums der Provinz sowie die Städte REUS, VALLS und TARRAGONA selbst gehören. Die Rebgärten sind die umfangreichsten in der ganzen Provinz Tarragona. Freilich haben die Winzer in letzter Zeit entdeckt, daß Haselnüsse gewinnbringender sind, weshalb die Rebflächen, die teilweise bis zu 70 Prozent der landwirtschaftlich nutzbaren Flächen ausmachten, stark zurückgingen. Die Weine sind überwiegend derbe Weißweine aus der Macabeo (Viura) und Xarel-lo, die hier Cartuxà heißt. Die Cooperativa de Valls erzeugt daneben kleine Mengen eines runden, rubinfarbenen Weins aus der Ull de Llebre (Tempranillo) und Trepat – suchen Sie jedoch nicht danach, denn das Vorkaufsrecht für die gesamte Produktion liegt bei den Mossos d'Esquadra, der Sicherheitstruppe der katalanischen Generalidad.

Campo de añejamiento
Bezeichnung für die unter freiem Himmel angelegten Plätze, auf denen der maderisierte katalanische RANCIO in BOMBONAS nach einem Verfahren hergestellt wird, das ungefähr dem einer *solera* (siehe SHERRY) entspricht. *Campos de añejamiento* gibt es auch in anderen Teilen Spaniens, z.B. in La Seca in der Nähe von Valladolid (siehe ALTKASTILIEN UND LEÓN).

Caralt, Conde de D.O. r. rs. w. tr. oder s. res. sch. **→***
San Sadurní de Noya (Barcelona). D.O. Penedès. Dieser alte Familienbetrieb, der lange Zeit für seine nach dem Champagnerverfahren hergestellten Schaumweine bekannt war, gehörte zum ehemaligen RUMASA-Konzern und bildete eine Betriebseinheit mit SEGURA VIUDAS (siehe SCHAUMWEINE) und RENÉ BARBIER. Außer Schaumweinen wird dort auch eine Reihe sauberer Stillweine erzeugt: «Conde de Caralt» *tinto*, *rosado*, *blanco seco*, *blanco suave* usw. Die roten *reservas*, wie z.B. der leichte und geschmeidige 1971er mit seinem Hauch Zedernholz im Abgang sind Weine von erheblicher Finesse.
Siehe auch SCHAUMWEINE.

Castell del Remei r. rs. w. tr. res. **→***
Penelles (Lérida). Alteingesessene Firma mit eigenen Weinbergen in der nicht mit dem D.O.-Prädikat bezeichneten *comarca* (Bezirk) Penelles-La Noguera im äußersten Westen Kataloniens in der Nähe von Lérida. Die Firma baut seit langem kleinere Mengen Cabernet-Sauvignon und Sémillon blanc an, und ihre Weine, die an internationalen Ausstellungen im Ausland viele Medaillen gewonnen haben, reifen lange Zeit in Eichenfässern. Zu nennen sind hier vor allem der «Reserva blanco», «Reserva tinto», ein jüngerer «Castell del Remei rosado» sowie der «Extra Cep Semillon 1920» und «Extra Cep Cabernet 1921».

Compañía Vinícola del Penedès (C.V.P.) D.O. r. rs. w. tr. res. *→ [**]

Vilafranca del Penedès (Barcelona). D.O. Penedès. Diese Tochterfirma von Mascaró, dem Hersteller ausgezeichneter Schaumweine, Weinbrände und Liköre, erzeugt eine Reihe von Rot-, Rosé- und Weißweinen: «Sello Real tinto»; «Caballo Loco tinto»; «Viña Franca blanco»; «Viña Fierro tinto» sowie «Castillo de Liz rosado». Die älteren Rotweine sind etwas enttäuschend und nicht vorteilhaft gealtert. Am besten ist der fruchtige junge Weißwein «Viña Franca», der nicht wie einige der Rotweine von Genossenschaften gekauft, sondern in den *cavas* von Mascaró gekeltert wird und den typisch frischen und aromatischen Duft der Parellada ausströmt, der ausgezeichneten lokalen Weißweinrebe.

Conca de Barberá D.O. (r. rs.) w. tr.

Diese Hügellandschaft im Westen des Penedès ist eines jener Gebiete, das erst vor recht kurzer Zeit vom INCAVI (Instituto Catalán de Vino), der von der Generalidad nach ihrer Wiedereinsetzung geschaffenen Aufsichtskommission, das D.O.-Prädikat erhielt. Seine 9900 ha Rebfläche liefern im Jahresdurchschnitt 2500 hl Wein. Dabei handelt es sich überwiegend um Weißwein, der aus der Parellada und Macabeo (Viura) für den Alltagskonsum hergestellt wird. Die dort wachsenden Parellada-Reben sind außerdem in den *cavas* von SAN SADURNÍ DE NOYA für die Herstellung von Schaumweinen sehr begehrt. Aus der Ull de Llebre, Sumoll und Trepat wird auch ein wenig Rotwein und Rosé hergestellt. Der einzige Betrieb, der jedoch Wein abfüllt (in Reus, außerhalb des Gebiets), ist der große Genossenschaftsverband UNIÓN AGRARIA COOPERATIVA.

Ein wichtiges Erschließungsprojekt in dem Gebiet war der Kauf der aus dem 12. Jahrhundert stammenden Burg von Milmanda und der umliegenden Weinberge durch Bodegas TORRES, nachdem Untersuchungen ergeben hatten, daß sich der Boden ausgezeichnet für den Anbau von Cabernet-Sauvignon und Pinot noir eignet; die Bestokkung ist zur Zeit in vollem Gang.

Conca de Tremp, Comarca de la r. w. tr. (rs.)

Gebiet ohne D.O.-Prädikat ganz im Nordwesten Kataloniens in der Provinz Lérida, die eher für ihre Stauseen und Kraftwerke als für ihren Wein bekannt ist. Die besseren Weine werden von Bodegas Valeri Vila erzeugt und als «Castell d'Orcau» (rot, weiß und rosé) verkauft.

Coniusa r. rs. w. (sch.) *→**

Raimat (Lérida). Die *comarca* von El Segria im Westen Kataloniens in der Nähe von Lérida war im Mittelalter für ihre Weinberge berühmt. Der Weinbau war indes schon längst in Vergessenheit geraten, als Don Manuel Raventós Domenech von der Schaumweinfirma Codorníu vor einigen Jahren das Schloß Raimat kaufte und damit begann, das Gebiet mit ausgewählten Reben aus dem Penedès und aus dem Ausland intensiv zu bestocken. Raimat erzeugt heute saubere und sehr trinkbare Weine mit einem Anteil Cabernet-Sauvignon: den leichten Rotwein «Can Rius»; den kräftigeren roten «Can Clamor»; einen «Can Abadia» mit einem angenehmen Tempranillo-Duft, der zwei Jahre in Eichenfässern und ein Jahr in der Flasche reift, sowie Weiß- und Roséweine. Als Teil des Codorníu-Konzerns erzeugt Raimat auch etwas Schaumwein.

Dalmau Germans y Cía. D.O. r. w. tr. oder s. br. gen. *→**

Tarragona. D.O. Tarragona. Die Firma begann bereits 1830 mit dem Verschnitt und Export von Weinen, und wie viele andere der großen Häuser in Tarragona befaßte sie sich hauptsächlich mit dem Engros-Versand von Wein ins Ausland. Einige ihrer besseren Weine füllt sie ausschließlich für den Inlandsmarkt ab, und zwar den «Selecto blanco seco», «Costa Dorada blanco suave» und «Añejo selecto tinto».

De Muller S.A. D.O. r. rs. w. tr. oder s. br. gen. *→ ****
Tarragona. D.O. Tarragona, Priorato usw. Dies ist die bedeutendste Weinfirma in Tarragona. 1851 gegründet, ist sie immer noch in Familienbesitz und steht unter der Leitung des Marqués de Muller y de Abadal. Ihre malerischen alten Keller im Hafengebiet von Tarragona haben ein Fassungsvermögen von 40000 hl und bergen mehr Eichenfässer als alle andere Firmen in Tarragona zusammen; der Betrieb war auch der erste in Spanien, der Kühltechniken einführte. Während ihre Tarragona-Tischweine, die unter dem Etikett «Solimar» verkauft werden, den Standard derer aus dem PENEDÈS nicht erreichen, sind ihre verstärkten und in einer *solera* hergestellten Weine, die an sehr alte und runde Olorosos und Málagas erinnern, von hervorragender Qualität. Hierzu gehören u. a. der «Moscatel añejo», «Aureo», «Moscatel rancio» und «Pajarete». De Muller ist seit langem einer der wichtigsten Lieferanten von MESSWEIN für den Vatikan und unterhält außerdem eine kleine *bodega* in SCALA DEI, die einige beachtliche aufgespritete Weine erzeugt, u.a. einen samtigen, körperreichen «Priorato de Muller», der als Basis für den ausgezeichneten trockenen «Priorato Dom Juan Fort Solera 1865» und den süßen «Priorato Dulce Solera 1918» verwendet wird.

Falset, Comarca de D.O. r. w. tr. *
Unter-Denominación der D.O. Tarragona im Südwesten des Gebiets. Die von Genossenschaften erzeugten Weine sind hoch im Alkohol, die Rotweine samten und von angenehmem Tannin; die derben Weißweine neigen rasch zur Maderisierung.

Freixedas, Bodegas J. D.O. r. rs. w. tr. res. sch. *→**
Vilafranca del Penedès (Barcelona). D.O. Penedès. Diese 1897 gegründete große Exportfirma besitzt 80 ha Rebgärten in Cugat Sesgarrigues, kauft jedoch den größten Teil ihrer Trauben und Weine ein. Abgesehen von Schaumwein erzeugt sie Rot-, Weiß- und Roséweine der Marke «Santa Marta» sowie einen fünf Jahre alten *reserva*.

Freixenet S.A. D.O. r. rs. w. tr. sch. **
San Sadurní de Noya (Barcelona). D.O. Penedès. Die vor allem für Schaumweine bekannte Firma Freixenet hat vor kurzem mit der Erzeugung frischer Weiß-, Rosé- und Rotweine begonnen, die unter dem Etikett «Viña Carossa» in den Handel kommen. Siehe auch SCHAUMWEINE.

Gandesa, Cooperativa Agrícola de D.O. (r.) w. tr. res. *→**
Gandesa (Tarragona). D.O. Terra Alta. Dieser 1919 gegründete Betrieb ist die älteste der Genossenschaften in der vor kurzem mit dem D.O.-Prädikat ausgezeichneten TERRA ALTA und hat heute eine Kapazität von 28000 hl. Sie füllt 25 Prozent ihrer Weine selbst ab, von denen die besten der robuste, aber charaktervolle «Gandesa Blanc Gran Reserva» und der «Gandesa Blanc Especial» sind. 1938 geriet die Genossenschaft während des Spanischen Bürgerkriegs zwischen die feindlichen Linien; dadurch ließ man sich jedoch nicht von der Erzeugung abhalten. Ein Jahr später machte man eine makabre Entdeckung: In einem der Fässer fand man die Überreste zweier maurischer Wachen von General Franco.

Hill, Cavas D.O. r. rs. w. tr. hs. oder s. res. sch. **→***
Moja-Vilafranca del Penedès. D.O. Penedès. Die Familie Hill wanderte 1660 von England in das Penedès aus. Sie pflanzte dort einen kleinen Weinberg und gründete eine *bodega*, die von Don José Hill Ros 1884 erheblich erweitert wurde. Die Firma erzeugt heute Weine nach dem Champagnerverfahren sowie eine breite Skala von Stillweinen, u.a. «Viña San Manuel», (rot, weiß und rosé); «Extra Rosé», den halbsüßen «Oro Penedès» sowie einen guten Rotwein namens «Penedès reserva».

INCAVI
Nach dem Tod von General Franco und der Rückgabe der lokalen Autonomie an die vier Provinzen Kataloniens übertrug das Instituto Nacional de las Denominaciones de Origen zwischen 1978 und 1980 die Überwachung der D.O.-Gebiete und der önologischen Stationen in Katalonien an eine Behörde der wiedereingesetzten Generalidad, das Instituto Catalán de Vino (INCAVI). Unter der dynamischen Leitung von Jaume Ciurana hat die Behörde seither die neuen Denominaciones CONCA DE BARBERÁ und TERRA ALTA geschaffen und die D.O. TARRAGONA untergliedert.

León S.A., Jean r. w. tr. res. [***] 77, 78, 79
Plá de Penedès (Barcelona). Diese winzige *bodega*, die einem spanischstämmigen Restaurateur aus Los Angeles gehört, war eine der ersten, die im Penedès ausländische Reben pflanzte und, was für Spanien ungewöhnlich ist, nur eigene Trauben verarbeitet. Die Weinberge umfassen heute 10 ha mit Chardonnay und 100 ha mit Cabernet-Sauvignon. Die Jahresproduktion beläuft sich auf 10000 Flaschen Chardonnay und 200000 Flaschen Cabernet-Sauvignon, die größtenteils in die USA exportiert werden. Ein kleiner Teil wird auch in Spanien angeboten. Beides sind ausgezeichnete Weine, wenn auch der Chardonnay, der in Eichenfässern vergoren wird und nicht unter niedrigen Temperaturen in Edelstahltanks, etwas frischer sein könnte.

López Beltrán y Cía S.A. r. rs. w. tr. oder s. res. *→**
Tarragona. Großer, 1862 gegründeter Familienbetrieb, der heute über moderne Anlagen verfügt. Die Firma exportiert Wein in großem Umfang, beliefert aber auch den Inlandsmarkt. Marken: «Don Beltrán blanco selección», «Don Beltrán rosado», «Don Beltrán tinto».

Meßwein
Meßwein, der ohne chemische Zusätze eigens für die Feier der Heiligen Kommunion hergestellt wird, ist eine Spezialität von Tarragona und insbesondere der DE MULLER S.A., die bereits die Päpste Pius X., Benedikt XV., Pius XI., Pius XII. und Johannes XXIII. belieferte. Er wird häufig aus der Macabeo von CAMP DE TARRAGONA hergestellt; dem Most wird Alkohol zugesetzt, so daß man einen süßen, weißen *generoso* von etwa 15 Prozent Alkohol erhält. Seit kurzem stellt die Firma De Muller, zu der auch eine spezielle *bodega* mit bemalten Glasfenstern gehört, trockenere Weine her, die im Geschmack der jüngeren Priestergeneration eher entgegenkommen. Sie werden von Tarragona aus in kunstharzbeschichteten Stahlfässern in die ganze Welt exportiert.

Mollet de Perelada, Cooperativa de D.O. r. rs. w. tr. gen. [*→**]
Perelada (Gerona). D.O. Ampurdán-Costa Brava. Simón Serra, der in Frankreich ausgebildete Önologe dieser großen Genossenschaft, deren Lagerkapazität etwa 28000 hl beträgt, erzeugt unter der Bezeichnung *vi novell* einen spritzigen roten, weißen und roséfarbenen Wein im Stil des Beaujolais nouveau, von denen wohl der ansprechendste der rote ist. Außerdem stellt die Genossenschaft einen sehr vollmundigen und fruchtigen Dessertwein aus den Trauben der Garnacha blanca her, die man mit den Schalen einige Tage gären läßt, bevor Weingeist hinzugefügt wird, sowie kleinere Mengen eines guten Schaumweins.

Monistrol, Marqués de r. tr. oder s. rs. w. p. tr. oder s. res. **→ [***]
Dieser alte Familienbetrieb außerhalb von San Sadurní de Noya im Penedès wurde von Martini & Rossi übernommen. Er stellt seit 1882 ausgezeichneten Schaumwein her, seit 1924 auch Stillweine. Die besten sind der erfrischende und leicht perlende «Vin Natur blanc de blancs», der aus 60 Prozent Parellada und 40 Prozent Xarel-lo herge-

stellt und bereits zwei Monate nach der Traubenlese abgefüllt wird; ein fruchtiger Rosé sowie ein weicher, samtener roter *reserva*, der drei bis vier Jahre in einem kleinen Eichenfaß – der *barrica* – und 1½ Jahre in der Flasche gealtert wurde. Siehe auch SCHAUMWEINE.

Montserrat, Kloster

Das am Westrand des PENEDÈS gelegene Kloster Montserrat ist ein Muß für jeden Besucher des Gebiets. Der steil abfallende Bergklotz mit den verwitterten, wuchtig vorspringenden Felswülsten, an den sich das Kloster anschmiegt, hat durch sein pittoreskes Aussehen schon Wagners *Parsifal* inspiriert. Es paßt ins Bild, daß die im 13. Jahrhundert gegründete Escolonia die älteste Musikschule Europas ist und im Kloster der gregorianische Gesang gepflegt wird. Im Mittelalter gehörten die Weingärten des Klosters neben denen von POBLET zu den bedeutendsten Kataloniens. Die Schwarze Madonna, deren bemalte Holzstatue im Kloster aufbewahrt wird, ist die Schutzpatronin Kataloniens. Das im 11. Jahrhundert gegründete Kloster ist das Ziel zahlloser Touristen und Pilger, für deren leibliches Wohl in riesigen Restaurants mit ausgezeichnetem Rundblick über das Penedès gesorgt wird.

Penedès D.O. r. rs. w. tr. hs. oder s. br. g. res. *→****

Das Penedès mit seinen 25000 ha Reben ist ein Kalksteingebiet südwestlich von Barcelona, das vor allem für seine Schaumweine berühmt ist. Zudem kommen die besten Stillweine denen der Rioja nahe.

Das Gebiet steigt von der Mittelmeerküste bis zu etwa 700 m hohen Hügeln im Landesinneren an. Das gemäßigte Klima und eine ausreichende Niederschlagsmenge bilden ideale Voraussetzungen für den Weinbau. Das Penedès gliedert sich in drei Zonen. Das heißere Bajo Penedès an der Küste ist am besten für blaue Trauben geeignet. Das Medio Penedès mit einer durchschnittlichen Höhe von 200 m liefert etwa 60 Prozent des Weins aus dem gesamten Gebiet; er wird überwiegend aus der weißen Xarel-lo und Macabeo hergestellt und zu Schaumwein verarbeitet. Die typische Rebe des kühleren und hügeligeren Alto Penedès ist die weiße Parellada, die sowohl für die trockenen, aromatischen und erfrischenden Weißweine als auch für die schäumenden *cava*-Weine verwendet wird, die in der Gegend vielfach erzeugt werden (siehe SCHAUMWEINE). Das Consejo Regulador, das amtliche Aufsichtsorgan, dessen Maßstäbe streng sind, läßt die folgenden einheimischen Rebsorten zu: die weiße Macabeo (oder Viura), Xarel-lo, Parellada (oder Montonec) und Subirat-Parent; sowie die blauen Cariñena, Monastrell, Garnacha tinta, Samsó und Ull de Llebre (oder Tempranillo). Zusätzlich hat Bodegas TORRES in den Hügeln des Hinterlands einige Edelsorten aus dem Ausland akklimatisiert.

Aufgrund des günstigen Klimas sind die Jahrgänge bemerkenswert gleichmäßig. Die besten des letzten Jahrzehnts waren bei den Weißweinen 1969, 1973, 1975, 1976, 1977, 1978, 1979, 1980 und 1981, bei den Rotweinen 1970, 1971, 1973, 1974, 1975, 1976, 1977, 1978, 1980 und 1981. Das einzige wirkliche Katastrophenjahr während dieses Zeitraums war 1972.

Der beste Ausgangspunkt für Besuche im Penedès ist VILAFRANCA DEL PENEDÈS, wo es gegenüber dem Palast der Könige von Aragonien eines der besten Weinmuseen der Welt zu besichtigen gibt. Viele Besucher logieren lieber in einem der komfortableren Hotels des hübschen Küstenorts SITGES, das eine halbe Autostunde von Vilafranca entfernt ist, oder in BARCELONA, das man in einer Stunde über die *autopista* erreicht.

Außer den *bodegas* mit einem Eintrag auf den folgenden Seiten füllen noch nachstehende Betriebe Wein unter ihrem eigenen Etikett ab:

Aleget, J.	Masia Puigmolto
Almuzara, A.	Masia Vallformosa S.A.

Compañía Internacional de Grandes Vinos S.A.
Ferret, J.
Juve y Camps. S.A.
Lavernoya, Cavas
Llopart, J.
Lluch, Jaime
Martorell Vinícola
Miret, Hacienda
Pujadas, Pedro
Parato Vinicol S.A.
Sancho, Bodegas Manuel
Sogas, José María
Torello
Vilafranca, Bodega Cooperativa de

Siehe auch SCHAUMWEINE.

Penelles (La Noguera), Comarca de r. w. tr. sch. *
Winziges Gebiet ohne D.O.-Prädikat im Westen Kataloniens in der Nähe von Lérida. Es ist vor allem für die Weine des CASTELL DEL REMEI bekannt.

Pinord, Bodegas D.O. r. rs. w. tr. oder s. g. *→**
Vilafranca del Penedès. D.O. Penedès. Familienbetrieb mit einer großen Palette von Weinen, die u.a. mit den Etiketten «Reynal», «Chatel» und «Chatedon» auf den Markt kommen.

Poblet, Kloster
Berühmtes Zisterzienserkloster aus dem 12. Jahrhundert in den Hügeln von CONCA DE BARBERÁ und letzte Ruhestätte der Könige von Aragonien. Im Mittelalter förderten vor allem die Abteien und Klöster den Weinbau, und außer den Weinbergen von MONTSERRAT trugen vor allem die von Poblet entscheidend dazu bei, daß die Winzertradition in Katalonien lebendig blieb. Ein Hauptanziehungspunkt von Poblet sind die großartigen Kellergewölbe, in denen der Wein lagert.

Pontons
Weinlage in einer Höhe von 700 m im ALTO PENEDÈS, die von den Bodegas TORRES für den Anbau der heimischen Parellada sowie von Riesling, Gewürztraminer und Chardonnay aus den kühleren Gebieten des nördlichen Europa erschlossen wurde. Die für die Reben so gefährlichen Hagelschauer werden durch Raketen mit Silberjodid verhindert; die Ergebnisse sind so ermutigend, daß sich jetzt auch andere Erzeuger für diese Gegend interessieren.

Porrón
Dieses kegelförmige Glas-Trinkgefäß mit Ausgießer und Griff, das heute in verfälschter Form in Souvenirläden in ganz Spanien verkauft wird, ist in Katalonien seit Jahrhunderten in Gebrauch. Beim Trinken berührt der Ausgießer die Lippen nicht, so daß der *porrón* die Möglichkeit bietet, ohne Verwendung von Gläsern fröhlich miteinander zu zechen.

Priorato D.O. r. (w. tr.) br. *→**
Eine kleine, gebirgige Enklave mit 3700 ha Rebfläche und eigener Herkunftsbezeichnung innerhalb der sehr viel größeren D.O. TARRAGONA. Der Name bedeutet «Priorat» und bezieht sich auf das zerstörte Kloster SCALA DEI.
Die Reben werden in kleinen Parzellen oder auf dem terrassierten vulkanischen Boden der steil abfallenden Hänge gezogen. Die verwitterte Lava mit dem hohen Kieselerdegehalt liefert in Verbindung mit der heißen Sommersonne gute, sehr körperreiche Weine mit hohem Alkoholgehalt. Die genehmigten Rebsorten für die Rotweine sind die Garnacha tinta, die Garnacha peluda und Cariñena; für die Weißweine sind Garnacha blanca, Macabeo (Viura) und Pedro Ximénez zugelassen.
Der typische Wein ist rot, von fast schwarzer Farbe mit hohem Extrakt und einem Alkoholgehalt bis zu 18 Prozent. Ein Verschnitt ist hier fast unumgänglich. Die andere Spezialität ist ein goldgelber RANCIO.

Neben den Kellern von SCALA DEI und DE MULLER gibt es nur noch einen Erzeuger, der seine Weine selbst abfüllt und etikettiert: die UNIÓN AGRARIA COOPERATIVA (Genossenschaftsunion) mit Kellern in Reus außerhalb des kontrollierten Herkunftsgebiets.
Der beste Ausgangspunkt für einen Besuch des Priorato ist TARRAGONA an der Küste.

Rabassa Morta
Historische Form des Landbesitzes in Katalonien. Hierbei verpachtete ein Besitzer Land an einen Bauern unter der Bedingung, daß dieser es mit Reben bestockte und der Landbesitzer am Ertrag beteiligt sein sollte. Das Recht des Bauern zur Nutzung des Landes erlosch erst mit dem Zugrundegehen der erstgepflanzten Reben. Nach dem Einfall der Reblaus im Jahre 1876 und der Neubepflanzung mit Pfropfreben wurde das Leben der Rebstöcke erheblich kürzer, und die Institution der Rabassa Morta kam außer Gebrauch. Heute ist es die Regel, daß die Kleinbauern eigenes Land besitzen.

Raimat, Castillo de
Siehe CONIUSA.

Rancio
Ein maderisierter oder oxydierter Weißwein, der in vielen Teilen Spaniens beliebt ist, vor allem aber in Katalonien. *Rancios* gibt es in allen möglichen Typen und Qualitäten, von dem rauhen und sauren Erzeugnis einer Dorfbodega der ländlichen Genossenschaft, wo man den Wein ohne ausreichende Hygiene oxydieren läßt, bis hin zu den perfekten Weinen von DE MULLER in Tarragona. Diese werden mit *mistela* (einem Most, bei dem die Gärung durch Zusatz von Alkohol gestoppt wurde) oder *arrope* (eingedicktem Most) gesüßt und in der *solera* gealtert. Sie können großartig sein und in ihren verschiedenen Stilarten sehr runden und alten *oloroso*-Sherrys ähneln. Ein anderer Typ wird in großen Glasballons, sog. BOMBONAS, hergestellt und teilweise unverkorkt und offen der Sonne und dem Wind ausgesetzt. Dies ist z.B. der Fall bei Bodegas TORRES, deren verstärkter «Dry Solera» dem Gaumen sehr genehm und deutlich sherry-ähnlich ist. Allen *rancios* gemeinsam ist ihre tiefgoldene Farbe sowie ein Duft, der mehr oder weniger ausgeprägt an Sherry erinnert, und ein hoher Alkoholgehalt.

René Barbier S.A. r. rs. w. tr. oder s. res. [**]→***
Diese Firma gehörte wie CONDE DE CARALT, mit der sie in den *cavas* der Schaumweinfirma SEGURA VIUDAS in der Nähe von San Sadurní de Noya im PENEDÈS gemeinsame Keller besitzt, zum enteigneten RUMASA-Konzern. Ihr «Kraliner» ist ein spritziger und frischer junger Weißwein, während der «Tinto 1978» ein fruchtiger Rotwein von mittlerem Körper für den täglichen Konsum ist. Die *bodega* stellt außerdem einen samtenen roten *reserva* mit ausgeprägtem Bukett her.

Reus
Wichtige Weinstadt mit etwa 60000 Einwohnern im Westen von Tarragona. Hier unterhält der große Genossenschaftsverband UNIÓN AGRARIA COOPERATIVA ihre zentralen Anlagen für Verschnitt, Reifung und Abfüllung der Weine aus den umliegenden Genossenschaften. Außerdem gibt es in Reus viele Privatfirmen, die sowohl Weine als auch Wermut herstellen.

Ribera d'Ebre, Comarca Vitícola Especial r. w. tr. *
Untergeordnetes Herkunftsgebiet der D.O. TARRAGONA, das sich an die D.O. TERRA ALTA im äußersten Südwesten der Provinz Tarragona anschließt. Die Weine ähneln denen von FALSET, sind jedoch um einiges herber. Das Gebiet erzeugt einige gute Dessertweine, zu denen vor allem diejenigen aus der führenden *bodega* Pedro ROVIRA zählen.

Robert, Bodegas g. **

Sitges (Barcelona). Eine der wenigen kleinen *bodegas,* die noch klassischen weißen Dessert-SITGES aus Malvasía- und Moscateltrauben herstellt.

Rovira S.A., Pedro D.O. r. rs. w. tr. oder s. g. res. *→**

Alteingesessene Firma mit Kellern in Móra la Nova in der Ribera d'Ebre, einer *comarca* (Teilgebiet) der D.O. TARRAGONA, sowie in Gandesa in der D.O. TERRA ALTA. Robuste Konsumweine, die typisch für diese Gebiete sind, sowie in der *solera* hergestellte Aperitif- und Dessertweine. Die Firma hat auch eine Filiale in VILAFRANCA DEL PENEDÈS.

San Cugat del Vallés, Kloster

Das zwischen Barcelona und Montserrat gelegene Benediktinerkloster San Cugat mit seinen schönen romanischen Klostergängen war eines jener großen geistlichen Häuser, die so viel für die Verbreitung des Weinbaus taten. In seinem Archiv befindet sich eine Urkunde, aus der hervorgeht, daß dem Kloster im Jahre 927 ein Weinberg geschenkt wurde.

San Miguel de las Viñas, Cofradía de

Katalanische Weinbruderschaft, die ihre Feste auf dem historischen Schloß von San Martí bei Vilafranca del Penedès feiert. Bei ihren fröhlichen Inaugurationsfeierlichkeiten, bei denen auch eine Musikkapelle in historischen Kostümen erheblich beansprucht wird, wird auch aus einem PORRÓN getrunken, wobei es blind zwischen einem Weißwein und einem Rosé zu unterscheiden gilt (was gar nicht so leicht ist, wie es klingt), und zwar bei Strafe einer endlosen Fortsetzung der Verkostung.

San Sadurní de Noya (Sant Sadurní d'Anoia)

Stadt im Osten des PENEDÈS in Richtung MONTSERRAT, wo sich die meisten schaumweinerzeugenden *cavas* befinden. Da sich heute Firmen wie MONISTROL, CARALT, RENÉ BARBIER und FREIXENET auch auf andere Produkte verlegen, ist dort auch ein Zentrum für die Herstellung von Stillweinen entstanden.

Siehe auch SCHAUMWEINE.

Scala Dei, Cellers de D.O. r. res. [**]

Scala Dei (Tarragona). D.O. Priorato. Die in einem malerischen alten Steingebäude in der Nähe der Klosterruine untergebrachten Keller sind mit Gärtanks aus Edelstahl, unterirdischen, kunstharzbeschichteten *depósitos*, eichenen *barricas* und einer modernen Abfüllanlage ausgerüstet, mit der Flaschen mit Kohlensäure aufgefüllt werden können. Die *bodega* hat ein Fassungsvermögen von 9500 hl und einen jährlichen Ausstoß von 111000 Flaschen. Jaume Mussons erzeugt einen der besten der körperreichen Prioratos von fast schwarzer Farbe, mit intensivem Brombeeraroma und an die 14,5 Prozent Alkohol. Die Weine reifen 18 Monate in Eichenfässern und anschließend in der Flasche.

Scala Dei, Kloster

Beim Besuch der *bodega* sollte man sich die Mühe machen, die zehn Minuten zum großen dachlosen Kloster hinüberzugehen, das von Bäumen und intensiv duftendem Gestrüpp überwuchert ist; ein Opfer von Mendizábals antiklerikalen Reformen um 1830. Nach der Legende wurde das Kloster gegründet, nachdem man Engel auf Leitern in den Himmel auf- und absteigen gesehen hatte; das Thema der Leiter ist auch im Siegel des Consejo Regulador von Priorato wieder aufgenommen.

Serra Vinos, Jaime D.O. rs. w. tr. oder s. *→**

Alella (Barcelona). D.O. Alella. Privatfirma, von der einer der

wenigen Alellas kommt, die nicht von der BODEGA COOPERATIVA hergestellt sind: «Alellasol blanco seco», «Alellasol blanco semi» und «Alellasol rosado».

Sitges
Das südlich von Barcelona an der Küste gelegene Subur der Römer ist heute ein angenehmer, relativ unverbauter Badeort mit einer palmengesäumten Promenade, der allerdings im Sommer aus den Nähten zu platzen droht. Der berühmte Dessertwein wird dadurch hergestellt, daß man Malvasía- und Moscateltrauben vor der Lese am Stock einschrumpeln läßt, dem Most Weingeist zugibt und den Wein lange in Eichenfässern reifen läßt; die Produktion ist heute allerdings sehr gering.
In Sitges wird Anfang September ein malerisches Erntefest mit einer Erntekönigin, buntgeschmückten Wagen, fcierlichem Auspressen und Segnen der ersten Früchte und einem Brunnen gefeiert, aus dem Freiwein fließt.
Sitges ist ein guter Ausgangspunkt für einen Besuch im PENEDÈS; die besten Hotels sind das Calipolis und Terramar mit je 4 Sternen und das Antemare mit 3 Sternen, die am Meer liegen.

Tarragona
Zu den historischen Sehenswürdigkeiten des kaiserlichen Tarraco der Römer gehören die wuchtigen Mauern, die die Römer auf einem viel älteren Fundament aus monolithischen Blöcken errichteten, ein Aquädukt und ein Forum sowie eine schöne gotische Kathedrale. Tarragona ist eine wichtige Weinstadt, die auf den Verschnitt von Weinen aus der näheren Umgebung und aus anderen Teilen Spaniens sowie ihren Export in großen Tanks spezialisiert ist. In den staubigen Straßen rings um den Hafen reihen sich die großen *bodegas de exportación* dicht aneinander. Die Stadt ist vor allem berühmt für die Tarragona *clásicos*, süße rote und weiße Dessertweine mit bis zu 23 Prozent Alkohol. Was einst in den englischen Kneipen so beliebt war, war ein billiger *clásico*, der als «Tarragona» verkauft wurde und auch unter den weniger freundlichen Namen «Port des kleinen Mannes» und «Red biddy» bekannt war.
Ein anderer wichtiger Gewerbezweig in der Stadt ist die Herstellung von Wermutweinen und Likören.
Tarragona ist ein guter Ausgangspunkt für Besuche in den umliegenden Gegenden; die komfortabelsten Hotels sind das Imperial Tarraco (4 Sterne) sowie das Astari und Lauria (3 Sterne).

Tarragona D.O. r. w. tr. br. *→**
Tarragona, das größte Gebiet kontrollierter Herkunftsbezeichnung in Katalonien mit etwa 25000 ha Rebland und einem jährlichen Durchschnittsertrag von 700000 hl, ist in die Teilgebiete CAMP DE TARRAGONA, FALSET und RIBERA D'EBRE gegliedert. Die Konsumweine, die hauptsächlich in Genossenschaften hergestellt werden, sind überwiegend robust und alkoholreich und daher sehr gut für den Verschnitt geeignet, wobei ihnen jedoch die Finesse der Weine aus dem im Norden gelegenen PENEDÈS fehlt.
Weitere Betriebe, die außer den aufgeführten *bodegas* noch Weine (die in der Regel aus Genossenschaften stammen) verschneiden, ausbauen und unter eigenem Etikett abfüllen, sind u.a.:

Amigó Germans y Cía. José Oliver S.A.

Cochs S.A.
Joan Solé Bargalló
(Cellers Catalano-Aragonesas)

Ramón Mestre Serra
Tapias S.A., Cellers
Vinos Padró S.L.

Terra Alta D.O. r. w. tr. *→**
Die vor kurzem zum D.O.-Gebiet erhobene Terra Alta mit 16000 ha Rebfläche und einem durchschnittlichen Jahresertrag von 240000 hl liegt in einer gebirgigen Gegend im äußersten Südwesten von Katalonien an der Grenze zur Provinz Teruel. Sie erzeugt kräftige, dabei charaktervolle Weiß- und Rotweine, wobei die besten von der Cooperativa Agrícola de GANDESA und Pedro ROVIRA S.A. stammen.

Torres, Miguel D.O. r. rs. w. tr. hs. s. g. res. **→****

Rot: 70, 71, 73, 74, 75, 76, 77, 78, 79, 80, 81, 82, 83
Weiß: 75, 76, 77, 78, 79, 80, 81, 82, 83
Vilafranca del Penedès (Barcelona). Die Familie Torres erzeugt und verkauft Weine im Penedès schon seit dem 17. Jahrhundert. Sie ist eine der angesehensten Weinfirmen Kataloniens, die ihre Erzeugnisse in die ganze Welt exportiert: die Exporte in die USA allein erreichen jährlich eine Million Flaschen. Unter ihrem Senior Don Miguel Torres Carbó ist das Unternehmen immer noch ganz Familienbetrieb. Sein Sohn Miguel Torres Riera, der ein französisches Önologiediplom besitzt, zeichnet für die Einführung einer Reihe ausländischer Rebsorten in das Penedès verantwortlich, die neben einheimischen Sorten auf den 400 ha Weingärten der Familie Torres angebaut werden. Wie fast alle spanischen *bodegas* kauft auch Torres zusätzlich Trauben von unabhängigen Winzern, die allerdings während des Jahres unter seiner Regie arbeiten. Zu den weißen Reben aus dem Ausland gehören die Chardonnay, Gewürztraminer, Riesling und Sauvignon blanc, zu den blauen die Cabernet-Sauvignon, Cabernet franc, Petite Syrah und Pinot noir. Die Reben, die kühleres Klima gewöhnt sind, werden in den Bergen des Hinterlands angebaut.
Torres hat außerdem technische Neuerungen eingeführt. Alle Weine der Firma werden in temperaturgeregelten Edelstahltanks hergestellt, die Weißweine werden dabei unter niedrigen Temperaturen vergoren. Typisch hierfür sind die verschiedenen Arten des trockenen, frischen und fruchtigen «Viña Sol», «Gran Viña Sol» und «Gran Viña Sol Green Label» (der kurz in Eichenfässern gealtert wird); der trockene «Waltraud» aus Riesling sowie der halbtrockene «Esmeralda», der aus einer Mischung von Gewürztraminer und Muscat d'Alsace hergestellt wird. Die Rotweine der Firma verbringen weniger Zeit in Eichenfässern – üblicherweise 1½ bis 2 Jahre – und entsprechend mehr Zeit in der Flasche als jene aus der Rioja und sind daher in Bukett und Aroma weniger herb. Rotweine wie der «Sangre de Toro», «Coronas» und der fruchtige und körperreiche «Gran Sangre de Toro» werden aus einheimischen Trauben hergestellt, während der runde und vollmundige «Viña Magdala» aus Pinot noir erzeugt wird. Der Stolz der Familie Torres ist aber der prachtvoll samtene, geschmeidige, in der Frucht intensive und im Abgang lange «Gran Coronas Black Label», der aus Cabernet-Sauvignon und Cabernet

franc erzeugt wird. 1979, bei der Gault-Millau-«Olympiade» in Paris, konnte der 1970er den damals weniger voll entwickelten Château Latour 1970 knapp schlagen. An der vielbeachteten und überdurchschnittlich streng bewerteten EXPOVINA-Weinprämierung 1983 in Zürich hat Torres ebenfalls Gold geerntet, und zwar für den weißen «Viña Sol» und den roten «Gran Coronas Black Label». Torres stellt außerdem einen RANCIO und einen ausgezeichneten Weinbrand her und hat vor kurzem Weinberge und eine Kelterei in Chile und Kalifornien erworben.

Unión Agraria Cooperativa r. rs. w. tr. oder s. res. *→**
Reus (Tarragona). Dieser große, 1962 gegründete Genossenschaftsverband vertreibt Weine von allen 180 Genossenschaften der Provinz. Der Verband verkauft große Mengen Wein an Privatfirmen zum weiteren Ausbau und zur Abfüllung. Erlesenere Gewächse wie z. B. der «Priorat seco especial», «Priorat dulce» und «Priorat Centrum» von der Cooperativa de Gratallops werden in den zentralen Kellern in Reus ausgebaut und anschließend unter eigenem Etikett abgefüllt und verkauft. Zu den vielen weiteren Erzeugnissen gehören der rote und weiße «Tarragona Unión»; Rotwein, Weißwein und Rosé der Marke «Yelmo»; die trockenen, halbtrockenen und Rosé-Weine «Collar Perla», «Collar Zafiro» und «Collar Rubí»; außerdem einige *reservas*.

Vilafranca del Penedès
Vilafranca, eine kleine Stadt abseits der *autopista* zwischen Barcelona und Tarragona, ist das Zentrum der Stillweinindustrie im Penedès und Sitz vieler der bekanntesten *bodegas* des Gebiets. Daneben wird auch etwas Schaumwein nach dem Champagnerverfahren hergestellt. Außerdem befinden sich dort die spanischen Außenstellen von Cinzano und Cointreau.
Außer den *bodegas* ist der Hauptanziehungspunkt von Vilafranca ein Weinmuseum, das in einem Haus gegenüber dem aus dem 14. Jahrhundert stammenden Palast der Könige von Aragonien untergebracht ist und zu den besten der Welt gehört. Auf großen Tafeln wird die Weinbereitung vom Altertum bis heute dargestellt; überdies gibt es viele Exemplare von griechischen, karthagischen und römischen Amphoren zu besichtigen. In der Haupthalle findet man die verschiedensten Arten von landwirtschaftlichem Gerät, Pressen und Fässern, von denen viele aus alten *bodegas* der Gegend stammen. Schließlich sind auch noch Gemälde und Zeichnungen, Trinkgläser und PORRONES ausgestellt. Der Besuch endet an einer kleinen Bar, an der man die lokalen Weine verkosten kann. Montags geschlossen.
Das Museum ist auch Hauptquartier der alteingesessenen Academía de Tastavins de Sant Humbert, einer Weinbruderschaft, deren Ziel die Erhaltung der Traditionen und der Qualität der Weine aus dem Penedès ist.
Vilafranca verfügt über eine ganze Reihe hübscher Restaurants (siehe ESSEN UND TRINKEN), jedoch nur über ein einziges modernes, aber einfaches Hotel, das sich ein wenig großsprecherisch Pedro III El Grande nennt.

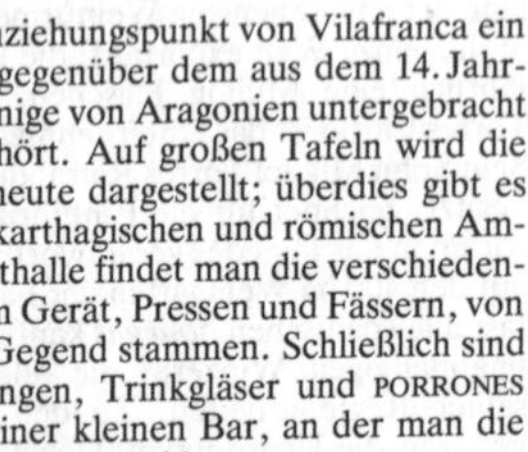

Vinícola Ibérica, La r. rs. w. tr. oder s. g. *→**
Tarragona. Eine der ältesten Firmen im Hafengebiet von TARRAGONA, die Weine aus verschiedenen Teilen Spaniens für den Export aufkauft, verschneidet und ausbaut. Sie verfügt über eine direkte Rohrleitung vom Zentrum

der *bodega* zum Kai. Zu ihren Spezialitäten gehören ein *sangría* in Flaschen (den man besser selbst aus Rotwein, Brauselimonade, Orangen- und Zitronenscheiben sowie einem Schuß spanischen Weinbrand herstellt) sowie der traditionelle verstärkte «Tarragona», der «Portwein des kleinen Mannes».

Essen und Trinken

Katalonien kann auf eine lange gastronomische Tradition zurückblikken, und die Hauptspeisen, vor allem Fisch, Weich- und Schalentiere und frisches Gemüse, sind von erster Qualität. Es gibt fünf berühmte Saucen: *ali-oli* (oder *aïoli* in der Provence) sowie die pikanten *picada*, *chanfaina*, *sofrito* und *romesco*. Man besitzt dort einen gesegneten Appetit, und in den kleineren regionalen Restaurants sind schon die Suppen und Vorspeisen Mahlzeiten für sich. Einige der feineren Restaurants in Orten wie Barcelona und der Provinz Gerona sind stark von der *nouvelle cuisine* beeinflußt.

Bolets
Frisch gesammelte Pilze, die häufig auf der Holzkohlenglut mit Knoblauch und Petersilie gegart werden.
**Torres «Viña Sol», **C.V.P. «Viña Franca» oder ein anderer trockener Weißwein.

Butifarra catalana
Weiße, der boudin blanc *ähnliche Wurst, die man roh oder gekocht als eigenständiges Gericht ißt oder zu anderen Gerichten verwendet.*

Calcotada
Für dieses Frühlingsgericht halbiert man zarte Frühlingszwiebeln und grillt sie über dem Holzfeuer. Dazu reicht man eine Sauce, die der romesco *ähnelt.*
**Monistrol «Vin Natur blanc de blancs» oder ein anderer leichter und trockener Weißwein.

Conejo con caracoles
Junge Kaninchen mit Schnecken, Kräutern, Zimt, Mandeln und Biskuitkrumen.
Leichtere Rotweine von René Barbier, Hill, Caralt, Torres usw.

Costillas con ali-oli
Gegrillte Lammrippchen mit ali-oli.
Mittelschwerer Rotwein wie z. B. ***Torres «Magdala».

Crema catalana
Die lokale Variante der Karamelcreme, die aus Eigelb, Milch und Zimt hergestellt und mit Karamelsauce übergossen wird.
*** Bach «Extrísimo».

Embutidos de Vich
In dem Gebirgsort Vich nahe der französischen Grenze wird eine Reihe ausgezeichneter Wurstwaren hergestellt, u.a. chorizo *(Paprikawurst)*, morcilla *(Blutwurst)*, butifarra *(Weißwurst)* und Jamón serrano *(stark luftgetrockneter Schinken). Bis auf die* morcilla, *die gekocht werden muß, werden diese Würste häufig als Vorspeise gegessen und dürfen bei einem spanischen Picknick nicht fehlen.*

Escudella i Carn d'olla
Dieses typischste aller katalanischen Gerichte wird in zwei Teilen serviert. Zuerst kommt die escudella, *eine Fleischbrühe mit Nudeleinlage, und dann das* carn d'olla, *ein üppiger Eintopf mit Kalbfleisch, Huhn, gesalzenem und gemahlenem Schweinefleisch, Blutwurst, Ei, Paniermehl und frischem und getrocknetem Gemüse.*

Körperreicher Rotwein wie z. B. **«Cartoixa Scala Dei» oder weniger robuster **Bach «Tinto».

Espinacas a la catalana
Gekochter Spinat mit Pinienkernen und Weintrauben.
Versuchen Sie einen der leichteren *rancios.*

Habas a la catalana
Gemüsegericht aus frischen dicken Bohnen, butifarra negra *(katalanische Schwarzwurst) und Schweinebauch sowie Frühlingszwiebeln, frischer Minze, einem Lorbeerblatt und Petersilie.*
**Monistrol rosé oder **Torres «De Casta».

Langosta a la catalana
Gekochte Languste mit Zwiebeln, Karotten, Knoblauch, Kräutern, Petersilie, Safran, Pfeffer, süßem Paprika, Schokolade, Muskatnuß und Weinbrand.
Dazu trinkt man einen charaktervollen Wein, z.B. den **Torres «Gran Viña Sol Green Label» mit seinem hohen Extraktgehalt und der Spur Eichenholz.

Mel y mató
Frischkäse mit Honig.
**Torres «San Valentin» oder ein anderer süßer oder halbsüßer Wein.

Menja blanc
Ein Dessert aus gemahlenen Mandeln, Sahne, Kirschwasser und Zitrone.
Dazu wäre der ****De Muller «Moscatel Muy Viejo, Solera 1926» ideal.

Pan con tomate y jamón
Katalanisches Landbrot, das mit frischen Tomaten, Öl und Salz eingerieben wird. Es kommt zu Beginn der Mahlzeit auf den Tisch; dazu gibt es manchmal einige Scheiben luftgetrockneten Schinken.
Vollmundiger trockener Weißwein mit mediterranem Charakter.

Panellets
Eine Süßigkeit aus Mandeln, Zucker und Eiern, die manchmal auch mit Pinienkernen in Marzipanform hergestellt wird.

Parrillada de pescado con salsa romesco
Grillteller mit Meeresfrüchten, zu dem die typische katalanische romesco-*Sauce und Mayonnaise gereicht wird.*

Perdiz a la catalana
Mit Kräutern und Zitrone gegartes Rebhuhn.
***Torres «Gran Coronas» oder ***Monistrol «Gran Reserva».

Pollo en chanfaina
Mit Auberginen, grünem Paprika, Tomaten, Wein und Kräutern geschmortes Huhn, zu dem Toastscheiben gereicht werden.
***Bosch-Guell «Clarete» oder ein anderer leichter Rotwein.

Postre de músico
Nachspeisenteller mit Mandeln, Weinbeeren, Haselnüssen, Walnüssen, Feigen oder anderen Trockenfrüchten.

Rape a la Costa Brava
Mit frischen Erbsen, roten Pfefferschoten, Miesmuscheln, Safran, Knoblauch, Petersilie und Weißwein sowie ein wenig Zitrone gegarter Seeteufel.
**Cavas del Ampurdán «Pescador».

Sopa catalana con albondiguillas
Hühnerbrühe mit kleinen Fleischbällchen, die mit Zimt, Knoblauch und Kerbel gewürzt ist.
***Trockener Sherry.

Sopa de mejillones catalana
Mit Tomaten, aguardiente, *Knoblauch, Petersilie und Zimt gewürzte Muschelsuppe.*
**Torres «Dry Solera», ein trockener Sherry oder Montilla oder ein aromatischer Weißwein aus Valencia, Jumilla oder Alicante.

Tortilla de butifarra y mongetes
Ein kräftiges Omelett mit katalanischer Wurst, zu dem grüne Bohnen gereicht werden, die zuerst gekocht und dann gebacken wurden.
**Alella «Marfil tinto», *Perelada «Tinto Cazador» oder ein anderer ehrlicher Rotwein.

Zarzuela de mariscos
Die zarzuela *(wörtlich «Singspiel»), das berühmteste aller katalanischen Gerichte, besteht aus Weich- und Schalentieren und festem weißem Fisch in einer Sauce, die aus Safran, Knoblauch, Weißwein und Petersilie zubereitet wird.*
Zu Fischgerichten wie diesem trinken die Spanier oft lieber Rot- als Weißwein. Die Wahl besteht zwischen einem guten Rotwein von mittlerem Körper wie etwa einem **Caralt oder René Barbier tinto oder einem trockenen Weißwein wie dem ***Torres «Gran Viña Sol», der ausreichend Charakter besitzt, um mit der reichen Geschmacksfülle mithalten zu können.

Restaurants

Barcelona besitzt eine Fülle guter Restaurants, von denen u.a. zu empfehlen sind: ****Jaume de Provença* (für Kenner der katalanischen Küche und der *nouvelle cuisine)*; ***Agut d'Avignon* (in der Nähe der Kathedrale, elegant, für seine Leistung preisgünstig, spanische und internationale Küche); ***Neichel* (in Barcelona erste Adresse für *nouvelle cuisine)*; ***Reno* (alteingeführt und so gut wie eh und je); **Florian* (klein und erfindungsreich, mit jungen Weinen zu attraktiven Preisen); **Casa Costa* (im Hafengebiet, frische Meeresfrüchte, katalanische Küche)

Cambrils in der Nähe von Tarragona. **Can Gatel*; **Casa Gatell*; **Eugenia* (alle auf Fisch und Meeresfrüchte spezialisiert)

Figueras. ****Ampurdán* (im Motel Ampurdán ausserhalb Figueras; exquisites Restaurant, das von Joseph Mércader gegründet wurde, dem Begründer der neuen katalanischen Küche); **Hotel Durán* (gute katalanische Gerichte und lange Weinliste mit Weinen aus Ampurdán)

Lérida. **Forn de Nastasi*

S'Agaro. ***La Gavina* (raffinierte internationale Küche in einem der elegantesten und teuersten Hotels der Costa Brava)

Sitges. **Mare Nostrum; * El Greco; *Vivero*

Tarragona. **Meson del Mar; *Sol Ric*

Vilafranca del Penedès. **Airolo; Casa Juan.* Außerhalb, an der Straße nach Sitges: *Celler de Penedès; Masia Segarulls* (beides einfache Restaurants mit typischer und kräftiger katalanischer Kost)

Malaga (Málaga)

Süßweine aus Málaga waren schon in der Römerzeit berühmt und erreichten den Höhepunkt ihrer Beliebtheit im 19. Jahrhundert, als die Vereinigten Staaten der wichtigste Exportmarkt waren. Der Málaga-Wein teilt das Schicksal aller süßen Dessertweine, deren Popularität gesunken ist, und auch die stürmische Entwicklung des Tourismus an der Costa del Sol hat ihren Tribut an Rebflächen und *bodegas* gefordert. 1829 belief sich die Erzeugung auf etwa 175000 hl, während 1981 nur noch 40000 hl für die Denominación de Origen in Frage kamen. Trotzdem ist ein guter Málaga immer noch ein ausgezeichneter Wein, und im übrigen ist ja nicht aller Málaga süß.

Die Reben werden in zwei Gebieten auf den umliegenden Hügeln angebaut, von denen der eine im Norden der Stadt liegt und an die D.O. Montilla-Moriles angrenzt, während der andere im Osten liegt. Wegen der gebirgigen Landesnatur, vor allem im östlich gelegenen Gebiet Axarquia, wo man häufig nur über schmale Pfade zu den kleinen Weinbergen gelangt, wird der Wein meist an Ort und Stelle produziert; damit er jedoch die Denominación de Origen erhält, muß er in einer der großen *bodegas* von Málaga selbst ausgebaut werden. Im geschützten Süden des Gebiets ist das Klima mild, warm und vorhersehbar; im Norden gibt es im Winter rauhe Fröste, und die Sommer sind kurz und sehr heiß. Die Niederschläge fallen überwiegend im Winter, und zwar meist wolkenbruchartig; ideale Bedingungen für Reben und zum «Backen» von Trauben, die für Dessertweine bestimmt sind.

Ehedem gab es in Málaga eine Fülle von Rebsorten, u.a. die Moscatel, Pedro Ximénez, Airén, Moscatel Morisco, Romé, Jaén blanco, Jaén tinto und Jaén doradillo. 1876 jedoch fiel in Málaga als einem der ersten Gebiete in Spanien die Reblaus ein, die wahrscheinlich direkt aus Amerika eingeschleppt wurde, so daß viele der alten Rebsorten verschwanden. Heute werden vom Consejo Regulador nur die Pedro Ximénez und die Moscatel für Neubestockung genehmigt. Der Most gärt üblicherweise in Betontanks, die den tönernen *tinajas* von Montilla oder Valdepeñas ähneln (siehe NEUKASTILIEN UND LA MANCHA), jedoch größer, von zylindrischer Gestalt und mit Eisenge-

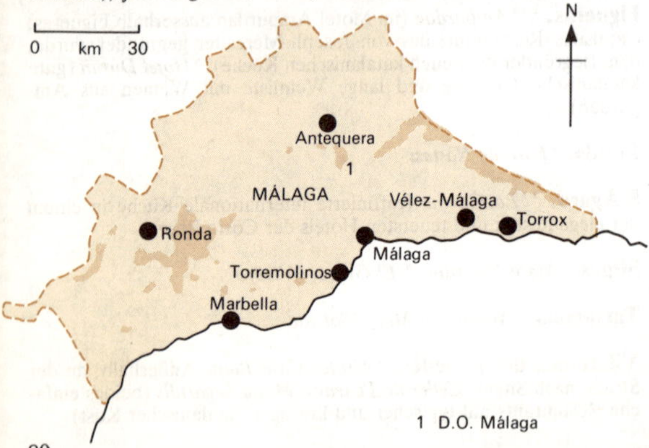

flecht verstärkt sind. Der Most wird mit Tankwagen nach Málaga gebracht, wo er typgemäß verschnitten, zum Ausfällen der Tartrate (Weinsteinkristalle) gekühlt und danach in *soleras* ausgebaut wird, die denen von Jerez (siehe SHERRY) ähneln, wobei die älteren Weine mit jüngeren aufgefrischt werden. Obwohl einige der Trauben so süß sind, daß nach dem Ablauf der Gärung noch Restzucker im Most verbleibt, wird häufig noch *arrope* hinzugefügt, ein Traubensirup, der durch Einkochen von nichtvergorenem Most gewonnen wird.

Es gibt viele verschiedene Arten von Málaga, die in der folgenden alphabetischen Liste einzeln beschrieben werden. Der häufigste ist der *dulce color*, von tiefem Bernsteingelb, körperreich und (manchmal fast aufdringlich) süß bis zum Ende des Abgangs; es gibt aber auch andere, die eher einem gelbbraunen Port ähneln und ein bittersüßes Aroma sowie einen leicht trockenen Abgang aufweisen.

Eine Reihe der führenden *bodegas* und Weine sind unter einem eigenen Stichwort beschrieben; vorerst aber die vollständige Liste der Firmen, die Weine mit Denominación de Origen exportieren:

Barceló S.A., Hijos de Antonio
Barceló S.A., Luis
Campos Sanchez, Manuel
Campos Sanchez, Rafael
Flores Hermanos S.A.
García Gomara S.L.
Garijo Ruiz, José
I.B.A. S.A.
Larios S.A.
López García, Salvador
López Hermanos S.A.
López Madrid, Antonio
Montealegre S.L., Bodegas
Mory & Cía., S.A. Juan
Pedra-Za Olmedo S.L., Augustín
Pérez Texeira S.A.
Rein Segura, Guillermo
Romero S.L., Casa
Sanchez Ajofrin S.L., José L.
Sanchez Sanchez y Cía., Juan
Scholtz Hermanos S.A.
Suárez Villalba, Hijos de José
Tinoco, Bodegas
Vinícola Andalucía S.A.

Antequera

Die alte Stadt Antequera liegt im Norden von Málaga an der sich in die Berge hineinwindenden Straße nach Córdoba und Sevilla am südlichen Rand eines der beiden Hauptweinbaugebiete der D.O. MÁLAGA. Dieses nördliche, etwa 500 m hoch gelegene Gebiet hat kalkhaltigen Untergrund; die vorherrschende Rebe ist die Pedro Ximénez.

Das Albergue Nacional de Carratera, das wie die Paradores unter staatlicher Leitung steht, jedoch einfacher geführt wird, bietet für eine Nacht dennoch einen angenehmen Aufenthalt; die Küche ist dort abwechslungsreich und zugleich regional.

Arrope

Ein für manche Málagas verwendeter Traubensirup, der durch Einkochen von nichtvergorenem Most in einem Kupferkessel und Hinzufügen von Alkohol zur Vermeidung einer anschließenden Gärung gewonnen wird. Er hat eine dunkle Melassefarbe und schmeckt nach Karamel.

Axarquia

Das zweite und größere der Weinbaugebiete der D.O. MÁLAGA. Es liegt im Osten der Stadt und zieht sich von Vélez-Málaga und Torrox an der Küste in die Berge hinein, die steil bis zu einer Höhe von etwa 2000 m ansteigen. Die Böden bestehen aus verwittertem Schiefer und Kalklehm; die 12773 ha Rebfläche sind zu 90 Prozent mit Moscatel bepflanzt. Das Gebiet gliedert sich in drei Zonen. Etwa 4000 ha an der Küste werden hauptsächlich zum Anbau von Desserttrauben verwendet; auf einem Mittelstreifen von 7000 ha werden Weinbeeren erzeugt, und auf einem höhergelegenen Streifen im Norden von 2000 ha werden die Trauben überwiegend zu Wein gemacht. Bei der Nutzung der Früchte gibt es gewisse Überschneidungen; insgesamt dienen etwa 10 Prozent der gesamten Ernte zur Weinherstellung.

Barceló S.A., Luis
Málaga. D.O. Málaga. Eine Firma, die auf *vinos quinados* (siehe BRANNTWEINE, AROMATISIERTE WEINE UND LIKÖRE) spezialisiert ist, tonisierende oder Medizinalweine, die in Spanien sehr beliebt sind und Chinin enthalten.

Barceló S.A., Hijos de Antonio
Málaga. D.O. Málaga. Großer, 1876 gegründeter Familienbetrieb und größter Exporteur von Málaga-Weinen nach Europa sowie Nord- und Südamerika. Die Weine werden unter dem Namen «Bacarles» vertrieben und umfassen die Marken «Cream», «Lágrima», «Moscatel», «Gran Vino Sanson», «Gran Vino de Honor» (Pedro Ximénez), «Muscat Minerva», den sehr alten «Muscat Los Frailes» sowie einen weiteren süßen und schweren Wein aus der Pedro Ximénez, den «Gran Málaga Solera Vieja». Auch diese Firma erzeugt *vinos quinados* (siehe BRANNTWEINE, AROMATISIERTE WEINE UND LIKÖRE) und erzeugt seit kurzem auch Tafelweine in der Ribera del Duero und der Rioja.

Baumé-Grade
Da die Málagas Süßweine sind, muß man mit Baumé-Graden arbeiten, einer Maßeinheit für den Zuckergehalt von Weinen. Zur Erläuterung einige Zahlenangaben: 2° Baumé entsprechen 20,3 g Zucker pro Liter, 4° 54,6 g pro Liter, 6° 91,4 g pro Liter, 8° 144,6 g pro Liter und 10° 169,8 g pro Liter.

Blanco Seco
Diese am wenigsten bekannte Málaga-Art wird aus durchgegorenem Pedro Ximénez-Most erzeugt. Der je nach Alter gelbe oder blaßgoldene Wein ähnelt bestimmten Montillas, ist trocken und aromatisch mit dem Nußton eines guten *amontillado* (siehe SHERRY) und hat etwa 15–22 Prozent Alkohol.

Borge
Eines der Hauptrebengebiete der Region AXARQUIA im Nordosten von Málaga mit einer Rebfläche von 1175 ha.

Cono
Ein großes Holzfaß, so genannt wegen seiner Kegelstumpfform, in dem der Wein, der nach Málaga gebracht wird, zuerst gelagert wird.

Dulce color
Eine der bekanntesten Málaga-Arten. Dieser Málaga ist mit *arrope* gesüßt, dem er seine dunkle Bernsteinfarbe, den Duft nach Karamel und 8–12 Baumé-Grade verdankt. Der Alkoholgehalt reicht von 14–23 Prozent.

Lágrima
Das Wort bedeutet «Träne» und dient zur Beschreibung des erlesensten und köstlichsten Málaga. Er wird aus dem Saft hergestellt, der ohne mechanische Hilfsmittel und nur durch den Druck des Gewichts der oben liegenden Trauben abläuft. Der Saft stammt daher aus dem Fruchtfleisch unter der Haut der reifsten Beeren und wird von der *yema* («Eigelb»), die man durch weiteres leichtes Pressen erhält, getrennt vergoren. Die Weine haben eine goldene Farbe, sind überaus körperreich, aromatisch wie ein *oloroso* und haben einen langen, süßen Abgang. Die Baumé-Grade liegen zwischen 6–10, der Alkoholgehalt zwischen 14–23 Prozent.

Lágrima Cristi
Süßere Variante der LÁGRIMA mit 8–12 Baumé-Graden und 15–18 Prozent Alkohol.

Larios S.A.
Málaga. D.O. Málaga. Obwohl Larios in Spanien fast ein Synonym für Gin ist, stellt die Firma auch gute Málaga-Weine her, vor allem den aromatischen, fruchtigen und honigartigen «Colmenares Moscatel».

Málaga D.O.
Die Stadt Málaga liegt in einiger Entfernung von den Weinbergen im Hinterland an der Küste, jedoch müssen die Moste, die die Denominación de Origen erhalten wollen, entweder in einer der *bodegas* der Stadt ausgebaut werden oder – was häufiger der Fall ist – zum Verschnitt und Ausbau dorthin gebracht werden. Die historischen Gebäude sind nicht sonderlich interessant, und auf den ersten Blick scheint es, daß von der romantischen Stadt, die Lorca vor etwa 50 Jahren besang, wenig übriggeblieben ist. Unter dem unerbittlichen Druck des Tourismus sind rings um die Stadt Appartementhäuser emporgewachsen, und die alten *bodegas* sind in das Niemandsland außerhalb der Stadt verdrängt worden. Geblieben ist der Hafen, und um den Markt dahinter das Gewirr enger Gassen, die teilweise für den Verkehr gesperrt sind. Dort stehen die Tische der Restaurants auf dem Pflaster, und dort gibt es dunkle Bars, in denen man im Schummerlicht und in aller Ruhe Málagas aller Schattierungen verkosten kann. Die meisten Hotels der Stadt sind fest in der Hand von Pauschalreiseveranstaltern, und seit es das großartige Miramar nicht mehr gibt, logiert man am ruhigsten im Parador Nacional de Gibralfaro, der zwischen Pinien und Eukalyptusbäumen auf einem Hügel über dem Zentrum liegt.

Mollina
Das wichtigste Weinbaugebiet in der nördlichen Zone jenseits von ANTEQUERA mit 732 ha Rebland.

Moscatel
Wie der Name schon sagt, ein Málagatyp, der ausschließlich aus gelben Muskateller-Trauben hergestellt wird. Erzeugt wird er in AXARQUIA. Die Farbe reicht je nach Alter von Goldgelb bis zum hellen Goldbraun. Die Weine sind geschmeidig und süß mit einem intensiven und fruchtigen Muskateller-Bukett. Sie haben zwischen 6–16 Baumé-Grade, der Alkoholgehalt schwankt zwischen 15–20 Prozent.

«Mountain Wine» (Bergwein)
Spitzname für den Málaga auf dem Höhepunkt der Viktorianischen Zeit. Gelegentlich findet man noch silberne Weinetiketts mit dieser Aufschrift in Antiquitätenläden.

Pajarete
Ein trockener oder halbtrockener Málaga von klarem bis dunklem Bernsteingelb mit einem rötlichen Einschlag. Er enthält 15–20 Prozent Alkohol, die Baumé-Grade liegen zwischen 2–6.

Pedro Ximénez
Ein Málaga-Typ, der ausschließlich aus den Pedro-Ximénez-Trauben der nördlichen Zone hergestellt wird. Voll ausgereift hat der Wein eine dunkle, sirupartige Farbe mit gelbem Rand, ein intensives *oloroso*-Aroma sowie einen vollen und sehr geschmeidigen Körper mit bittersüßem Abgang. Die Baumé-Grade liegen zwischen 6–13, der Alkoholgehalt zwischen 16–20 Prozent.

Pérez Texeira S.A.
Málaga. D.O. Málaga. Der Spitzenwein dieser *bodega* ist der «Lágrima Viejo». Dieser wird aus dem Most hergestellt, der ohne mechanisches Pressen der Trauben abläuft.

Romé
Diese aus der Romé-Traube hergestellten Weine können eine rote oder eine goldene Farbe besitzen, bei 2–8 Baumé-Graden und 15–20 Prozent Alkohol.

Semi-dulce
Wie der Name schon sagt, eine der trockeneren Málaga-Arten. Die Farbe ist entweder goldgelb oder rubinrot. Die Weine sind bittersüß mit einem vollen, trockenen Abgang und einem intensiven *oloroso*-Aroma. Die Baumé-Grade reichen von 2–4, der Alkohol von 16–23 Prozent.

Scholtz Hermanos S.A.
Málaga. D.O. Málaga. Dies ist einer der besten und berühmtesten *bodegas*. Die Firma wurde 1807 gegründet, änderte jedoch 1885, als sie unter deutsche Leitung kam, ihren Namen und kam nach dem Zweiten Weltkrieg wieder in spanische Hände. Der Kelterbetrieb befindet sich in MOLLINA, aber der Wein wird zum Ausbau in die *bodega* selbst gebracht. Diese befand sich früher im Zentrum der Stadt, ist mittlerweile indes in einen Neubau am Rande Málagas umgezogen, der für einen Jahresausstoß von 20000 hl angelegt ist,

wovon die Hälfte in den Export geht. Zu den 18 Málaga-Arten gehören der trockene «Seco Añejo 10-year-old», «Moscatel Pálido», «Málaga Dulce Negro» und «Lágrima 10-year-old»; der bekannteste ist der «Solera Scholtz 1885». Das Datum hat keine besondere Bedeutung; tatsächlich ist der Wein aus 10 Prozent fast schwarzer Solera 1787 Pedro Ximénez «Lágrima Bisabuelo», 10 Prozent «Montilla Añejo» und 80 Prozent «Amontillado Viejo» hergestellt. Von altgoldener Farbe mit Obertönen von gutem Tawny Port und *oloroso*, ist dieser komplexe Wein von intensiver Fruchtigkeit mit bittersüßem Geschmack und langem, trockenem Abgang sowie 18 Prozent Alkohol.

Tintillo
Ein roter Málaga mit 6–10 Baumé-Graden und 15–18 Prozent Alkohol.

Vélez-Málaga
Größte Stadt im Weinbaugebiet AXARQUIA im Osten von Málaga, hinter der Küste am Fuße der Hügel gelegen. Den angenehmsten Aufenthalt bietet der herrlich über dem Meer gelegene Parador in Nerja.

Essen und Trinken

Auf gastronomischen Karten von Spanien wird Andalusien häufig als *Zona de Fritos* bezeichnet. Ganz oben auf der Liste dieser Gerichte muß der gebratene Fisch stehen, der in der Gegend um Málaga oder

in Cádiz und im Sherry-Gebiet überall gleichgut schmeckt. Weich- und Schalentiere gibt es in großer Fülle und Vielfalt, und als zweite große Spezialität sind die *gazpachos* oder Kaltschalen zu nennen, die immer Knoblauch und etwas Olivenöl und Essig enthalten und mit den verschiedensten gehackten oder pürierten Gemüsen angerichtet werden.
Den Málaga trinkt man natürlich nicht zu Speisen, sondern danach; der *blanco seco* dagegen ist eine interessante Alternative zum *amontillado* als Aperitif.

Ajo blanco con uvas de Málaga
Kaltschale aus Mandeln, Knoblauch, Essig und Olivenöl sowie enthäuteten und entkernten weißen Trauben.

Dulce malagueño
Süßspeise aus Weizengrieß, Eigelb, Zucker, Rosinen und membrillo, *einer Quittenpaste.*

Frito de pescados a la andaluza
Kleine Fische, die mit gewürztem Mehl paniert oder auch in Ei und Paniermehl gewälzt und anschließend in heißem Olivenöl ausgebacken werden. Fische wie chanquetes *(ähnlich dem Weißfisch)*, boquerones *(frische Sardellen) oder Tintenfisch, der in Ringe geschnitten wurde, werden ebenfalls ausgebacken und als eigenständige Gerichte serviert.*

Moraga de sardinas Motril
Frische Sardinen mit Salz, Olivenöl, Weißwein, Zitronensaft, Petersilie und Knoblauch.

Raya en pimentón
Glattrochen, der mit süßem Paprika gegart wird.

Salsa andaluza
Sauce aus Kürbissen, Tomaten, Pfeffer und Knoblauch.

Sopa al cuarto de hora
Die wegen der Kochzeit von fünfzehn Minuten so genannte Suppe enthält gehackten Schinken, Muscheln, hartgekochte Eier, Zwiebeln, Petersilie, Knoblauch und Brot.

Sopa de almendras de Ronda
Süße Suppe, die zerstoßene Mandeln, Zucker, eine Zimtstange und geriebene Zitronenschale sowie dünne Brotschnitten enthält.

Tarta helada
Süßspeise aus Schichten von Sandkuchen und Eiscreme.

Tortilla al Sacramonte
Ein Omelett aus dem Zigeunerviertel von Granada, das aus Lammhirn, Kalbsbries, frischen Paprikaschoten, Kartoffeln und angeröstetem Paniermehl zubereitet wird.

Restaurants

Antequera. *Albergue Nacional de Carretera* (originell zubereitete andalusische Speisen)

Málaga. **Escorpio* (in der Nähe des Parador, raffinierte französische Küche mit lokalen Zutaten); *Casa pedro* (am Meer, gemischter gebratener Fisch und erstklassige Schalentiere)
Außerdem gibt es Dutzende guter, teilweise hervorragender Restaurants in Orten wie Marbella und Torremolinos, den Badeorten der Costa del Sol.

Montilla-Moriles

Montilla-Moriles, eine der heißesten und sonnenreichsten Gegenden Spaniens, liegt in der Hügellandschaft südlich von Córdoba. Dort wird in der *solera* ausgebauter Wein des Sherry-Typs erzeugt, und bevor die Gegend 1945 das D.O.-Prädikat erhielt, wurde ein großer Teil davon zum Verschneiden nach Jerez versandt. Große Mengen von süßem Pedro Ximénez-Wein werden auch heute noch ganz legal an die Sherry-*bodegas* geliefert, die süße *olorosos* und Cream-Sherrys herstellen.

Der beste Boden ist der kreidige weiße *albero*, der der *albariza* von Jerez ähnelt; die bei weitem vorherrschende Rebe ist jedoch nicht die Palomino, sondern die Pedro Ximénez, die hier vollreif, aber noch wächsern weiß gelesen und ohne weiteres Auslegen in der Sonne vergoren wird. Andere, in kleinerem Umfang verwendete weiße Trauben sind die Airén, Baladí und Moscatel. Der Ertrag von den stark zurückgeschnittenen Reben ist gering, und mit einer bestockten Fläche von 18245 ha, 75 Prozent der Rebfläche von Jerez, erzeugt das Gebiet nur 50 Prozent der Menge des Sherrygebiets.

Der Hauptunterschied zwischen der Herstellung von Sherry und Montilla besteht darin, daß in Montilla-Moriles der Most in den birnenförmigen, tönernen *tinajas* vergoren wird, die man auch in MÁLAGA und La Mancha (siehe NEUKASTILIEN UND LA MANCHA) verwendet. Wenn sich der Wein einige Monate nach Abschluß der zweiten Gärung klärt, wird er in eine *solera* gebracht, die in fast der gleichen Art gehandhabt wird wie die in Jerez, mit dem einzigen Unterschied,

daß die ungemein zuckerreichen Moste etwas alkoholreichere Weine ergeben und nur selten aufgespritet werden müssen.
Wie in Jerez werden die Moste vom Kellermeister klassifiziert und zu einem der Typen ausgebaut, wie man sie in Jerez kennt: *fino*, *amontillado*, *palo cortado*, *oloroso* usw. (Einzelheiten in der alphabetischen Auflistung). Der Typ, für den das Gebiet am bekanntesten ist, ist der leichte, aromatische und sehr trockene *fino*, der aus der ersten Pressung der Trauben hergestellt wird und einen kräftigen *flor* entwickelt. Die *olorosos* werden aus einem Most hergestellt, den man aus einer zweiten und stärkeren Pressung erhält.
Obwohl die Weine von ausgezeichneter Qualität sind und zu interessanten Preisen angeboten werden, hatte der Montilla im Ausland schon immer einen schweren Stand gegenüber den besser eingeführten Sherrys, und drei der bekanntesten Firmen – Cobos, Cruz Conde und Montialbero – mußten 1981 schließen. Dies ist um so bedauerlicher, als der Cobos lange als einer der besten Montillas galt.
Die größte der Firmen, Alvear, exportiert etwa 25 Prozent ihrer Erzeugung, und Montecristo, eine Firma des ehemaligen RUMASA-Konzerns, etwa 50 Prozent. Die wichtigsten Auslandsmärkte sind Großbritannien und die Niederlande; in diese Länder gehen 62 bzw. 29 Prozent der Exporte.
Da Montilla sowohl als Gebiet als auch als Wein typisch und unverwechselbar ist, sind in diesem Kapitel die Symbole in der Titelzeile weggelassen.

Albero
Der beste der Böden mit 30–60 Prozent Kreide. Man findet ihn überwiegend in den *sierras* von Montilla und Alto Moriles, wo die meisten größeren *bodegas* Weinberge besitzen. Die Produktion ist in den tiefergelegenen Gebieten größer, doch haben die Weine nicht den gleichen Alkoholgrad und auch nicht die gleiche Qualität.

Alvear S.A.

Montilla (Córdoba). D.O. Montilla-Moriles. Diese größte Firma des Gebiets wurde von der Familie Alvear gegründet, die sich 1729 in Montilla niederließ, Weinberge anlegte und die ursprüngliche *bodega* errichtete. Stark vergrößert wurde die Firma zu Beginn unseres Jahrhunderts von Don Francisco de Alvear y Gómez de la Cortina, Conde de la Cortina. Heute liegen in den *soleras* 17000 amerikanische Eichenfässer; die gesamte Lagerkapazität beträgt 50000 hl. Man erzeugt Montillas in etwa zwölf verschiedenen Arten, u.a. zwei exzellente trockene *finos*, den geschmeidigen und zarten «Fino Festival» sowie den «Fino C.B.», der nach Carlos Billanueva, einem früheren Kellermeister, benannt wurde; «Amontillado Carlos VII», fruchtig, duftend und knochentrocken, der eher einem *fino* als einem *amontillado* aus Jerez ähnelt; «Oloroso Pelayo Seco», von leichterem Körper als das Gegenstück aus dem Sherry-Gebiet; den bittersüßen «Oloroso Asman Abocado»; einen süßen «Cream» sowie den weichen, körperreichen «Pedro Ximénez 1927» mit einem Duft von Feigen. Alvear erzeugt außerdem große Mengen eines aus *holandas* hergestellten Weinbrands (siehe BRANNTWEINE, AROMATISIERTE WEINE UND LIKÖRE).

Amontillado
Dies war die ursprüngliche Art von Montilla, den zuerst der Conde de la Cortina im 18. Jahrhundert herstellte, freilich noch ohne Reifung in der *solera.* Später erzeugten die Jerezanos einen Wein ähnlicher Art, ließen ihn aber in der *solera* altern; die *bodegueros* von Montilla machten es ihnen später nach. *Amontillados* aus Montilla haben 16–22 Prozent Alkohol, sind bernsteinfarben, vollmundig und weisen ein starkes nußartiges Aroma auf.

Aragón y Cía. S.A.
Lucena (Córdoba). D.O. Montilla-Moriles. Sehr bekannte Firma mit den Marken «Moriles 47», «Pacorrito», «Boabdil», «Moriles» *palo cortado* und «Araceli» Pedro Ximénez.

Benavides
Die dortigen Rebgärten zählen zu den besten im Moriles-Gebiet.

Carbonell y Cía. S.A.
Córdoba. D.O. Montilla-Moriles. Diese große Firma, die auch zu den größten Erzeugern von Olivenöl in Spanien gehört, stellt ihre Weine im D.O.-Gebiet Montilla-Moriles her, baut sie jedoch in den *soleras* ihrer *bodega* in Córdoba aus.
Zu ihren Marken gehören: «Moriles», «Serranía», «Monte Corto» *(finos)*; «Moriles Superior» *(amontillado fino)*; «Flor de Montilla» *(amontillado pasado)*; «Néctar» *(oloroso)* sowie ein «Pedro Ximénez».

Córdoba
Das im Norden der D.O. Montilla-Moriles gelegene Córdoba ist Sitz eines guten Dutzend Firmen, die in der Stadt *bodegas* und *soleras* für den Ausbau ihrer Weine unterhalten. 300 Jahre lang, bis zum Ende des Kalifats im Jahre 1031, war Córdoba die Hauptstadt des maurischen Spanien. Die große Moschee (heute die Kathedrale), die mit ihren unzähligen Bögen und Säulen die faszinierende Illusion eines kühlen Palmenhains schafft, war die wichtigste Moschee des westlichen Islams und nach jener von Mekka die zweitgrößte überhaupt. Weitere maurische Sehenswürdigkeiten sind der aus dem 14. Jahrhundert stammende Alcázar, eine Palastfestung mit Mosaiken und Gärten, sowie die Judería, das ehemalige Judenviertel, ein Labyrinth schmaler, scheinbar wirr durcheinander laufender Gäßchen, die durch ihre Enge Schutz vor der Sonne bieten.
Das nur eine halbe Autostunde von Montilla entfernt gelegene Córdoba ist mit seinen historischen Sehenswürdigkeiten und Restaurants der geeignetste Ausgangspunkt für einen Besuch in der Gegend. Die Stadt besitzt eine Reihe guter Hotels, u.a. das Grand Capitán und das Meliá Córdoba (je 4 Sterne) und das Maimónides (3 Sterne) gegenüber der Moschee; die ruhigste und erholsamste Unterkunft ist vielleicht aber der geräumige, bequeme und moderne Parador Nacional de la Aruzafa, der im Norden der Stadt auf einer Anhöhe liegt.
Außer den alphabetisch aufgeführten Firmen gibt es in Córdoba noch folgende Betriebe, die einen D.O. Montilla-Moriles erzeugen:

Alarcón Constant, Antonio
Campos de Córdoba S.A.
Carmen Flores S.A.
Miguel Velasco Chacón S.A.
Moreno S.A.
Quintela Luque, Bodegas
Ramiro Rodríguez, Alfonso
Raya Raya y Hnos., F. Jesús
Sánchez Aroca S.A.

Doña Mencia
Kleiner Ort im Südosten von Montilla mit drei Betrieben, die D.O.-Weine herstellen:

Crismona S.A., Bodegas
Luque S.A., Bodegas
Miguel Lama S.A.

El Bombo
Eines der besten Weinbaugebiete in der Nähe von MORILES.

El Naranjo
Ein weiteres renommiertes Weinbaugebiet in der Nähe von MORILES.

Fino
Fahlgolden und trocken mit einer grünlichen Schattierung, ein klein bißchen bitter, dabei leicht und aromatisch am Gaumen, ist der nichtverstärkte *fino* mit einem Alkoholgehalt zwischen 14–17,5 Prozent der bekannteste unter den Montillas.

Gálves
Ort in der Sierra de Montilla, der für seine Weinberge berühmt ist.

Gracia Hermanos S.A.
Montilla (Córdoba). D.O. Montilla-Moriles. Familienbetrieb, der traditionelle Montillas guter Qualität herstellt, die unter den Etiketten «Kiki Pale Dry», «Montiole Medium Dry» und «Ben Hur Rich Cream» erhältlich sind.

La Tercia
Bekanntes Rebengebiet in der Nähe von Moriles.

Lucena
Auf halbem Wege zwischen Córdoba und Antequera gelegene hübsche Kleinstadt im Südosten von MONTILLA. Außer Wein wird dort auch Olivenöl erzeugt; bekannt ist der Ort auch für seine dekorativen Metallarbeiten. Außer der ARAGÓN Y CÍA gibt es in Lucena noch sieben weitere *bodegas*, die D.O.-Weine herstellen:

Aguilar Ecija, Laureano
Castroviejo y del Campo S.L.
Mora Chacón S.A.
Mora Cuenca, Ma. del Carmen
Mora Romero, José
Moran Cabrera, José
Torres Burgos S.A.

Monte Cristo S.A.
Montilla (Córdoba). D.O. Montilla-Moriles. Große, der ehemaligen RUMASA-Gruppe eingegliederte Firma, deren Erzeugnisse im Ausland sehr bekannt sind. Die Sorten sind «Dry», «Medium», «Pale Cream» und «Cream».

Montilla D.O.
Das Munda Betica der Alten und Geburtsort von Gonzalo Fernández de Córdoba (1453–1515), genannt El Gran Capitán. Zu den Sehenswürdigkeiten der ruhigen, in den Hügeln gelegenen Stadt zählt das hübsche, aus dem 18. Jahrhundert stammende Haus der Familie Alvear mit dem herrlichen Arkadenpatio. Montilla ist das Weinzentrum der Gegend und Sitz von etwa zwanzig *bodegas*, die D.O.-Weine herstellen. Außer den alphabetisch genannten und den bekannten Firmen Cobos und Montialbero, die leider nicht mehr bestehen, sind dies die folgenden:

Bellido y Carrasco S.A.
Cía. Vinícola del Sur S.A.
Conde de la Cortina S.A.
Cooperativa Agrícola Ntra. Sra. de la Aurora
Espejo S.A., Bodegas
José Jaime Ruz S.A.
Laguna Naranjo, Enrique
Luquc Ruz Bodegas
Marquez Panadero S.A., Bodegas
Mendez y Cobos S.A.
Miguel Baena S.A.
Montimor S.A.
Montisol S.A.
Ortiz Ruiz y Ortiz, Luis
Pérez Barquero y Manjón, Carmen
Robles Carbonero, Francisco
Tomas García S.A.

Es gibt ein 3-Sterne-Hotel, das Don Gonzalez, etwas außerhalb von Montilla an der Straße nach Antequera.

Montulia S.A., Bodegas
Montilla (Córdoba). D.O. Montilla-Moriles. Alteingesessener und

sehr bekannter Hersteller eines guten Dutzends von Montillas, u.a. «Montilla J.R. Fino» *amontillado*, Pedro Ximénez sowie eines exzellenten *palo cortado*. Die Firma stellt außerdem Weinbrand und *anís* her.

Moriles D.O.
Trotz der großen Berühmtheit seiner Weine ist Moriles nur ein kleines Dorf an einer Nebenstraße etwa 20 km südlich von Montilla. Obwohl der Ort im Zentrum einiger der besten Rebgärten der Region liegt, gibt es in Moriles selbst nur zwei *bodegas:*

Fernándo Varo y Hnos.	F. Ojeda López, Antonio y J.Y.F. Ojeda Corpas

Navarro S.A., Bodegas
Montilla (Córdoba). D.O. Montilla-Moriles. Bedeutender Exporteur u.a. der folgenden Weine: «Navarro Amontillado», «Montilla Fino Solera Especial», «Moriles Fino», «Fino Andaluz», «Solera Fina», «Solera Flor», «Oloroso», «Pedro Ximénez» sowie «La Aurora», «Viejo Navarro», «Selecto Navarro» und «Solera 1830».

Oloroso
Ein Weintyp, der seinem Namensvetter aus Jerez (siehe SHERRY) ähnelt. 16–18 Prozent Alkohol, der bei sehr alten Flaschen bis 20 Prozent ansteigen kann, mahagonifarben, körperreich, geschmeidig und sehr aromatisch; er kann entweder trocken sein oder eine Spur Süße aufweisen.

Palo cortado
Dieser mit 16–18 Prozent Alkohol ausgestattete Typ vereint das nußartige Bukett des *amontillado* mit dem unverwechselbaren Aroma des *oloroso*.

Pedro Ximénez
Ein Süßwein von hohem Alkoholgehalt, so genannt nach der gleichnamigen Rebe. Er wird teilweise aus in der Sonne getrockneten Trauben hergestellt, hat eine dunkle Rubinfarbe und enthält die ansehnliche Menge von mindestens 272 g Zucker pro Liter.

Pérez Barquero S.A.
Montilla (Córdoba). D.O. Montilla-Moriles. Eine weitere Erwerbung der inzwischen enteigneten RUMASA in Montilla. Die Weine sind in Großbritannien als «Don Roger» fine dry, medium dry, pale cream und cream im Handel.

Pozo Baena, Juan de
Córdoba. D.O. Montilla-Moriles. Eine der Firmen, die in Córdoba *soleras* für den Ausbau ihrer Weine unterhalten. Beispiele: «Filigrana Moriles», «Filigrana Montilla», «Los Timbales», «Oloroso Viejo» sowie «Pedro Ximénez».

Puente Genil
Kleine Stadt im Südwesten von Montilla. Außer für ihre Weine ist sie auch als Hauptproduzent des *membrillo* bekannt, der in Spanien so beliebten Quittenpaste. Puente Genil ist Sitz von sechs *bodegas*:

Conde de los Moriles, Bodegas	Melero Muñoz, Damaso
Cooperativa Vitivinícola de la Purísima	Hijos de Enrique Reina S.R.C.
Delgado Hermanos S.L.	Varo Campos, Antonio

Raya
Eine Montilla-Art, die dem OLOROSO ähnelt, jedoch weniger Duft und Aroma aufweist.

Ruedo
Dies ist kein Montilla im eigentlichen Sinne, sondern ein trockener, heller und leichter Weißwein mit etwa 14 Prozent Alkohol, der nicht in einer *solera* gereift wird.

Los Ruedos de Montilla
Die von dort stammenden Trauben zählen zu den besten der Sierra de Montilla.

Solera
Ein System von 500-Liter-Fässern, in denen der Wein ausgebaut wird. Wie in Jerez (siehe SHERRY) sind die Fässer nur lose verspundet und in «Etagen» angeordnet, die von oben nach unten zunehmend älteren Wein erhalten. Wenn Wein für den Versand bzw. die Abfüllung abgezogen wird, wird die unterste Reihe sofort wieder mit jüngerem Wein aufgefüllt; dann folgt die zweitunterste Reihe etc. Eine Montilla-*solera* umfaßt in der Regel für die *finos* fünf und für die *olorosos* vier Etagen. Die *soleras* werden praktisch genauso gehandhabt wie in Jerez. Die Moste werden allerdings nur in Ausnahmejahren gespritet, wenn sie zu wenig Alkohol haben.

Tinajas
Die großen, birnenförmigen irdenen Gefäße, die zum Vergären des Weins dienen. Während der ersten Gärungsstufe bleiben die Gefäße oben offen und werden erst später mit Holzdeckeln abgedeckt. Wenn sich der Wein nach Beendigung der zweiten Gärung klärt, wird er abgezogen und zur Reifung in eine SOLERA gebracht. In den größeren, moderneren *bodegas* benützt man heute anstelle der *tinajas* größere zylindrische Gefäße aus Stahlbeton.
Siehe auch NEUKASTILIEN UND LA MANCHA und MÁLAGA.

Zona del Albero
Name der Gegend um MORILES, deren Böden besonders reich an kreidehaltigem ALBERO sind.

Essen und Trinken

Mit geringen lokalen Abweichungen kocht man in der Gegend um Córdoba und Montilla-Moriles nicht anders als im übrigen Andalusien, und viele der typischen Gerichte sind unter MÁLAGA und SHERRY beschrieben. Obwohl Córdoba nicht wie die beiden anderen Gebiete küstennah gelegen ist, werden in den Restaurants eine Vielzahl von Weich- und Schalentieren serviert. Sehr beliebt sind auch Grillteller mit gemischtem Fisch. Man beginnt die Mahlzeit üblicherweise mit einem Glas gekühltem Montilla *fino*, zu dem häufig *aceitunas aliñadas* (große Oliven) gereicht werden, und trinkt den Wein auch noch während der ganzen Mahlzeit.

Brazo de gitano
Beliebte Süßspeise, die aus Eiern, Mehl und Marmelade hergestellt wird und in etwa einer Biskuitrolle ähnelt.

Callos a la andaluza
Mit Kalbsfüßen und Kichererbsen geschmorte Kutteln.

Caracoles a la andaluza
Mit Knoblauch, gerösteten Mandeln, süßem Paprika, Tomaten, Zwiebeln, weißem Pfeffer und Zitronen zubereitete Schnecken.

Huevos a la flamenca
In irdenem Geschirr mit Zwiebeln, Schinken und Tomatenscheiben gebackene Eier, die mit Garnelen, chorizo-*Scheiben, Spargelspitzen und roten Paprikaschoten garniert werden.*

Membrillo
Eine süße Quittenpaste, die entweder als eigenständige Süßspeise oder zu Käse gereicht wird.

Perdices a la torera
Dieses «Rebhuhn nach Stierkämpferart» wird mit Schinken, Sardellen, grünen Paprikaschoten und Tomaten garniert.

Polvorones
Eine trockene, pulverige Süßigkeit, eine Spezialität von Estepa, das im Westen von Montilla-Moriles liegt. Sie besteht aus Mehl, Schweineschmalz, Puderzucker und Zimt.
Dazu wird häufig Sherry oder Montilla gereicht.

Rabo de toro
In Córdoba beliebter Eintopf aus Ochsenschwanz und Gemüsen.

Revuelto de aspárragos trigueros
Rühreier mit jungem Spargel.

Salmorejo
Eine breiähnliche Cordobeser Variante des gazpacho (siehe SHERRY), *die aus Knoblauch, Olivenöl und Paniermehl, jedoch ohne Paprikaschoten oder Tomaten zubereitet wird.*

Salsa de patatas
Eine Sauce aus der Sierra Morena im Norden von Córdoba, die aus fritiertem Kartoffelpüree, Paprikaschoten, Lorbeerblättern, Kümmel, Olivenöl und Gewürzen hergestellt und zu Fisch gereicht wird.

Ternera con alcachofas a la cordobesa
Kalbfleisch, das nach der Art von Córdoba mit Artischocken serviert und mit Montilla und Gewürzen zubereitet wird.

Tocino de cielo
Eine in ganz Andalusien beliebte Süßigkeit aus Eiern und Zucker, gewürzt mit einer Vanillestange.

Restaurants

Córdoba. *** *El Caballo Rojo* (gegenüber der Moschee, raffinierte andalusische Küche); *Almudaima* (Cordobeser Küche, deren Reiz mit dem des Ambiente nicht ganz mithält); *Pepe «El de la Judería»* (kleiner Stierkämpfertreff im ehemaligen Judenviertel mit köstlichen *tapas* zu vernünftigen Preisen)

Montilla. *Las Carmachas* (das Restaurant gehörte früher der Familie Cobos und war für die regionale Küche bekannt; es befindet sich nun unter neuer Leitung)
Siehe auch MÁLAGA/Antequera.

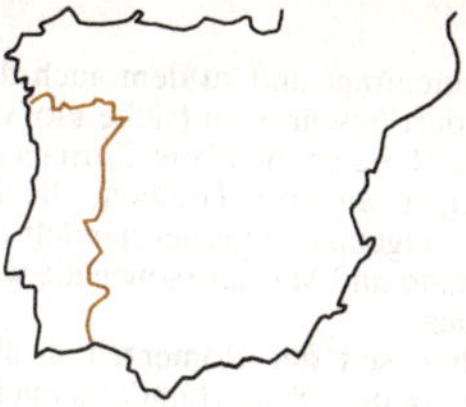

Navarra

Das im Westen von Katalonien und von den Pyrenäen bis zum Ebro-Becken sich erstreckende Navarra war ein selbständiges Königreich, bis es 1512 an Ferdinand den Katholischen fiel. Einstmals erstreckte es sich bis über die Pyrenäen, und der heute in Frankreich liegende Teil heißt «Navarre».
Die Provinz weist große klimatische Unterschiede zwischen dem halbfeuchten gebirgigen Norden auf und dem trockenen, mittelmeerischen Klima des zentralen und südlichen Spanien, das auch im Ebrotal im Süden von Navarra vorherrscht.
Die Böden sind im allgemeinen kreidig mit Ablagerungen von Schlamm und Kies längs der Flußtäler; für den Weinbau sind sie bestens geeignet.
Die Weinbaugebiete erstrecken sich von der Provinzhauptstadt Pamplona aus nach Süden und erhielten 1967 die kontrollierte Herkunftsbezeichnung. Die D.O. Navarra ist in die *comarcas* Baja Montaña, Valdizarbe, Tierra de Estella, Ribera Alta und Ribera Baja unterteilt. Die gesamte Rebfläche beträgt 19528 ha; die Produktion lag 1981 bei 502000 hl Wein. Das kleine Gebiet der Rioja Baja, das in die

Provinz Navarra hineinragt und zu dem auch die Stadt San Adrián gehört, wird gesondert beschrieben (siehe RIOJA).
Die vorherrschende Rebe ist die blaue Garnacha tinta, doch werden auch kleinere Mengen anderer Trauben, die für die benachbarte Rioja typisch sind, angebaut. Hierbei handelt es sich um die blaue Tempranillo, Graciano und Mazuelo sowie die weiße Viura, Malvasía und Garnacha blanca.
Navarra liefert schon seit der Römerzeit große Mengen robuster Rotweine, die Anfang des 18. Jahrhunderts auch die Lieblingsweine von Katharina der Großen von Rußland gewesen sein sollen. Im allgemeinen ähneln sie den rustikaleren und wuchtigeren Garnacha-Weinen aus der Rioja Baja; diejenigen aus der Ribera Baja im Süden sind sogar noch kräftiger und derber und ähneln denen aus Borja (siehe ARAGONIEN). Die Weine aus den besten *bodegas* im kühleren Norden, die immer noch 13–14 Prozent Alkohol aufweisen, können durchaus mit gutem Rioja verglichen werden.
Wie Aragonien kann man auch dieses Gebiet auf dem Weg in die Rioja besuchen. Man erreicht es von Barcelona aus über die *autopistas* A 2 und A 68. Die A 15 nach Pamplona, die hinter Tudela abzweigt, führt Sie mitten durch die Weinbaugebiete.

Baja Montaña, Comarca rs. *→**
Teilgebiet der D.O. NAVARRA im Osten der Provinz an der Grenze zu Aragonien. Dies ist das höchstgelegene und feuchteste der Weinbaugebiete und erzeugt einige vorzügliche Rosé-Weine mit 12–15 Prozent Alkohol.

Beaumont y Cía. S.A., H.
Siehe SARRÍA, SEÑORIO DE.

Las Campanas
Dorf im Süden von Pamplona und Sitz der bekannten Weinfirma LA VINÍCOLA NAVARRA, die diesen Namen für einige ihrer Weine benutzt.

Cantabria
Gebiet im Norden Spaniens, das vom Golf von Biskaya und im Süden vom Kantabrischen Gebirge begrenzt wird. Dies ist eines der feuchtesten Gebiete des Landes und liefert als einzigen Wein den perlenden und adstringierenden (gerbstoffreichen) CHACOLÍ.

Cayo Simón, Bodegas D.O. r. rs. w. tr. *→**
Murchante (Navarra). D.O. Navarra. Eine der besten Privatfirmen in der RIBERA BAJA, die für ihre in verschiedenen Typen hergestellten Weine «Monte Cierzo» und «Viña Zarcillo» bekannt ist.

Chacolí (r.) w. * jung trinken
Ein «grüner», spritziger Wein aus dem äußersten Norden Spaniens, der nur etwa 9–11,5 Prozent Alkohol enthält. Es gibt zwar einen vor allem in der Gegend selbst hochgepriesenen «Chacolí tinto de Ezcaba» aus dem Norden von Navarra, aber die bekanntesten dieser Weine kommen von außerhalb der Provinz, nämlich aus Guérnica im Baskenland sowie vor allem aus Guetaria und Zaraúz an der Küste bei San Sebastián. Es gibt zwei Typen, einen roten *txacoliñ zuri* und den weißen *txacoliñ gorri,* die aus der weißen Ondarrubi zuria-Rebe – die mit der Courbut blanc verwandt ist – bzw. der roten Ondarrubi beltza hergestellt werden. Beide sind dünn, adstringierend und ziemlich säuerlich, jedoch einigermaßen duftig. Am besten trinkt man ihn wie die Basken in großen Schlucken zu den ausgezeichneten lokalen Meeresfrüchten.

Chivite, Bodegas Julián D.O. r. rs. w. tr. res. **
Cintruénigo (Navarra). D.O. Navarra. Dieser 1860 gegründete Familienbetrieb ist der größte in Navarra mit einer Gesamtkapazität von 187500 hl und Weinbergen und *bodegas* in anderen Distrikten von Navarra sowie in den Provinzen Logroño und Aragonien. Die kraft-

vollen Rotweine des Hauses sind geschmeidig, körperreich und fruchtig; vor allem der zwei Jahre alte «Chivite» besitzt eine schöne Balance und ein feines Blütenaroma. Die älteren *reservas* sind der fünf Jahre alte «Cibonero» und der zehn Jahre alte «Parador».

Cintruénigo
Weinstadt im Süden des Ebro in der RIBERA BAJA.

Corella w. s. *→**
Aus dem in der Nähe von CINTRUÉNIGO gelegenen Ort Corella kommen kleine Mengen eines üppigen Moscatel.

Ebro
Nach seinem Lauf durch die Rioja fließt der Río Ebro durch die RIBERA BAJA, den äußersten Süden von Navarra. Die übrigen, weiter nördlich gelegenen Weinbezirke liegen in den Tälern seiner Nebenflüsse Ega, Arga, Zidacos und Aragón.

Ezcaba, Chacolí tinto de r. tr. p. *
Einer der wenigen Weine, die im gebirgigen Norden von Navarra wachsen. Dieser Wein ist wie die bekannteren CHACOLÍS aus Kantabrien adstringierend und spritzig.

Falces r. rs. *→**
Weinbaugebiet im Süden der RIBERA ALTA, aus dem gute Rotweine und Rosés kommen. Falces hat als Besonderheit eine der wenigen Kloster*bodegas* aufzuweisen, die es in Europa noch gibt, diejenige von Nuestra Señora de la Oliva.

Funes
Dieses Dorf zwischen FALCES und Calahorra ist Fundort einer gut erhaltenen römischen Kelterei aus dem 1. Jahrhundert v. Chr. Die Böden sind gepflastert, und es gibt Kammern für Ausbau und Lagerung des Weins. Die Kellerkapazität lag bei 750 hl.

Irache, Bodegas D.O. r. rs. w. tr. res. *→** 64, 66, 70, 73, 78, 81
Estella (Navarra). D.O. Navarra. Der zweijährige Rotwein aus dieser *bodega* in der *comarca* TIERRA DE ESTELLA ist pflaumenfarben und körperreich; mit seinem Weinhefe-Duft liegt er nicht viel über dem Standard des *vino corriente*. Es gibt auch reifere *reservas*, die indes nur in Spanien verkauft werden.

Ochoa, Bodegas D.O. r. rs. w. tr. *→** 75, 78, 80, 81
Olite (Navarra). D.O. Navarra. Bekannte private *bodega* in der RIBERA ALTA, die saubere Rotweine und Rosés erzeugt.

Olite
Das im Süden von Pamplona in einem der besten Weinbaugebiete der RIBERA ALTA gelegenen Olite besitzt eine Burganlage, die einst der bevorzugte Wohnsitz der Könige von Navarra war. Der von König Karl III. 1403 begonnene Bau war nach seiner Vollendung der größte in Spanien. Viel davon ist erhalten geblieben, und als Parador Nacio-

nal Príncipe de Viana ist neues Leben in die altehrwürdigen Mauern eingekehrt. Mehr oder weniger zentral im Rebengebiet gelegen, ist dies ein idealer Ausgangspunkt für Besuche in den Weinbergen und *bodegas*, und das zugehörige Restaurant bietet eine gute Auswahl regionaler Gerichte und lokaler Weine.

Pamplona
Hauptstadt von Navarra, von Hemingway geliebt und für den Stierlauf (Encierros) berühmt, bei dem an der Feria de San Fermín Anfang Juli Kampfstiere durch die Straßen getrieben werden. Auch von hier aus hat man guten Zugang zu den nördlicheren Weingebieten. Pamplona ist eine elegante Stadt mit einer schönen Kathedrale und einem weitläufigen Hauptplatz; man findet dort zahlreiche gute Restaurants und kann in einem überaus komfortablen Hotel logieren, dem Los Tres Reyes (5 Sterne).

Pérez Lahera, Bodegas D.O. r. rs. w. tr. *
Tudela (Navarra). D.O. Navarra. Die in Tudela, der größten Stadt der RIBERA BAJA, gelegene *bodega* erzeugt ein breites Angebot von Weinen unter den Etiketten «Castillo de Barillas», «Viña Santi», «Navin» u.a.

Puente la Reina
Kleiner Ort im Südwesten von Pamplona, nur wenige Kilometer von der berühmtesten *bodega* von Navarra entfernt gelegen, der SEÑORIO DE SARRÍA. Puente la Reina war eines der Etappenziele auf dem mittelalterlichen Pilgerweg von Frankreich nach Santiago de Compostela; an seiner mittelalterlichen Brücke laufen die beiden Hauptstraßen über die Pyrenäen zusammen. Einen Besuch unbedingt wert sind die uralte, nach Art der Römer gebaute steinerne Brücke über den Río Arga sowie die honigfarbenen Kirchen, vor allem die Kreuzkirche (Crucifijo) und die Sankt Jakobskirche (Santiago), die mit den Schalen der Jakobs- oder Pilgermuschel verziert ist.

Ribera Alta, Comarca r. rs. (w. tr.) *→**
In der Mitte zwischen VALDIZARBE und BAJA MONTAÑA im Norden und der RIBERA BAJA im Süden gelegen, ist die Ribera Alta das größte Teilgebiet; der Anteil an der Gesamtrebfläche der Provinz liegt bei 30 Prozent. Die besten Weine sind die geschmeidigen und fruchtigen Rotweine und Rosés aus der Gegend um OLITE mit einem Alkoholgehalt von 11,5–15 Prozent.

Ribera Baja, Comarca r. (w. tr.) *
Die Ribera Baja liegt zu beiden Seiten des Ebro im äußersten Süden der Provinz. Das Klima ist heißer und erheblich trockener als in den nördlicheren *comarcas;* bei den Böden handelt es sich weitgehend um Schwemmland. Beides begünstigt die Bildung großer Mengen von Zucker in den Trauben. Aus Cascante und CINTRUÉNIGO kommen die Hauptmengen des rustikalen, körperreichen Weins mit bis zu 16 Prozent Alkohol.

San Roque, Cooperativa D.O. r. rs. w. tr. [*]
Murchante (Navarra). D.O. Navarra. Beste Genossenschaft in der RIBERA BAJA, die überwiegend junge Rotweine von robuster, stabiler Natur erzeugt.

Sanguesa (r.w.) rs.
Gebiet in der hügeligen BAJA MONTAÑA im Tal des Aragón-Flusses. Die Böden bestehen aus einer Mischung von Kies und Kreide, und die besten Weine sind die frischen und süffigen Rosés.

Sarría, Señorío de D.O. r. (rs. w. tr.) res. ⌈**→***⌉ 64, 70, 73, 75, 78, 82

Puente la Reina (Navarra). D.O. Navarra. Die Domäne erzeugt schon seit dem Mittelalter Wein und zählt heute mit seinen Produkten, die teilweise guten Rioja-Standard erreichen, zu den besten von Navarra. Die *bodega* befand sich ursprünglich in PUENTE LA REINA, doch sind die heutigen Weinberge und die Modellkelterei das Werk von Sr. Huarte von der großen spanischen Baufirma, der das verwaiste Gut 1952 kaufte. Der 1200 ha große Besitz umfaßt ein *château* in französischem Stil, Obstgärten, Landwirtschaft, eine Rebenzuchtanstalt, 60 km zypressengesäumte Privatstraßen und 100 ha Rebgärten, die mit Tempranillo (60%), Garnacha (20%), Mazuelo (10%) und Graciano (10%) bestockt sind. Dazu kommen kleinere Mengen Cabernet-Sauvignon für die Rotweine und Malvasía, Viura und Garnacha blanca für die Weißweine.

Die Weine werden wie in der Rioja ausgebaut und reifen in der *bodega* in 6000 *barricas*, die zu 70 Prozent aus Armagnac-Eichen hergestellt sind, während der Rest aus Amerika und Jugoslawien kommt.

Zu den Weinen gehören ein neuer Typ eines leichten Weißen, der nicht in Eichenfässern gealtert wird; ein frischer junger Rosé; ein junger Roter ohne Faßlagerung, der sich durch seine Fruchtigkeit, sein sauberes, pflaumenähnliches Aroma und einen langen Abgang auszeichnet; ein tadelloser drei Jahre alter Rotwein «Viña Ecoyen»; ein reiferer, sehr geschmeidiger und fruchtiger «Viña del Perdon» mit etwa 13 Prozent Alkohol sowie die exzellenten roten *reservas* «Gran Vino del Señorio de Sarría», die bei guten Ernten erst nach zehn Jahren oder mehr ihren Höhepunkt erreichen.

Tierra de Estella, Comarca *→**

Teilgebiet der D.O. Navarra nordöstlich der Rioja Alavesa. Zentrum ist die alte Stadt Estella, deren Zierde romanische Kirchen und balkongeschmückte Häuser sind, die sich malerisch über dem Fluß erheben. Im 12. Jahrhundert befand sich hier der Hof der Könige von Navarra. Die Weine ähneln in ihrer Art sehr denen aus dem östlich gelegenen VALDIZARBE. Einige körperreiche, robuste Rotweine sowie feinere *reservas*.

Valdizarbe, Comarca *→***

Dieses im Süden von PAMPLONA im Tal der Arga gelegene Teilgebiet der D.O. Navarra liefert aufgrund seiner kreidigen Böden und des milderen Klimas wohl die besten Weine der ganzen Region; hierzu gehören diejenigen der Señorio de SARRÍA und VINÍCOLA NAVARRA.

Vinícola Navarra S.A. D.O. r. (rs. w. tr.) res. ⌈*→***⌉

Las Campanas (Navarra). D.O. Navarra. Die 1880 gegründete Firma reift heute noch einen Teil ihrer Weine in riesigen Eichenfässern aus Frankreich. Sie ist der größte Exporteur von Navarra-Weinen. Zu ihren Etiketten gehören der rote «Las Campanas Extra», ein herzhafter Wein für den täglichen Genuß; der feinere rote und weiße «Castillo de Olite» (früher mit dem Etikett «Las Campanas» versehen) und der ganz ausgezeichnete, körperreiche, fruchtige Rotwein «Castillo de Tiebas», der als fünfjähriger Wein wie auch als älterer Jahrgang, z.B. von 1964 erhältlich ist.

Vinícola Navarra, Cooperativa r. rs. w. tr. * Biurrun (Navarra). Genossenschaft bei Las Campanas, die ihre Weine unter dem Etikett «Castillo de Monjardín» abfüllt.

Essen und Trinken

Die Küche von Navarra weist sowohl mit der des im Osten gelegenen Aragonien wie auch mit der des Baskenlandes, das es im Norden teilweise einschließt, Ähnlichkeiten auf. Die Bergregion im Norden ist berühmt für das Lamm, das als *espárragos montañeses* («Bergspargel») serviert wird. In Wirklichkeit handelt es sich um Lammschwänze, die in einer Sauce geschmort werden. Man bekommt sie auch als *cochifrito,* ein Frikassee (siehe EXTREMADURA), oder in einer würzigen *chilindrón*-Sauce (siehe ARAGONIEN).
Eine weitere Spezialität ist die Forelle, die manchmal mit Schinken gereicht wird.
Die Vielfalt der lokalen Weine ist so groß, daß man bei der Suche nach Begleitern für diese Gerichte nicht in die Ferne schweifen muß. Die Gemüsegerichte und der Fisch verlangen nach Weißwein. Probieren Sie einen Rosé zu den Schnecken, und wählen Sie zum Lamm einen guten Rotwein.

Caracoles a la corellana
Mit Knoblauch, Petersilie, Gewürznelken, Lorbeerblättern, Thymian und Zitronensaft zubereitete Schnecken.

Caracolillas de Navarra
Kleine Schnecken, die im irdenen Geschirr mit Olivenöl, Tomaten, grünem Paprika, Pfefferschoten, Paniermehl und Gewürzen gekocht werden.

Cardón a la Navarra
Gekochte Kardenartischocke in einer weißen Sauce mit Schinken.

Menestra de habas de Tudela
Frische Saubohnen, die mit Knoblauch, Minze, Safran, Mandeln, Artischockenherzen, gekochten Eiern, Weißwein, Thymian und Gewürzen gekocht werden.

Ternasco asado
Gebratene Lammkeule, die mit Zitronensaft und Weißwein übergossen wird.

Tortilla de Tudela
Omelett mit dem ausgezeichneten lokalen Spargel.

Truchas a la Navarra
Die Forelle wird zunächst in eine Marinade aus Zwiebeln, Rotwein, Pfeffer, Minze, Thymian und Lorbeerblättern gelegt und anschließend in der Marinade gegart.

Truchas con jamón
Gebackene Forelle, die entweder auf Schinkenscheiben oder mit einer Schinkenfüllung serviert wird.

Restaurants

Pamplona. ** *Josetxo* (vor allem bekannt für sein Wild und die *foie gras* mit Weintrauben; gute Weinliste); ***Rodera* (raffinierte französische und lokale Küche); * *Shanti* (rein traditionelles Restaurant, in dem regionale Gerichte serviert werden)

Puente la Reina. *Mesón del Peregrino* (angenehm rustikal)

Tudela. **El Choko* (gute lokale Gerichte, erfreulicher roter Hauswein)

Neukastilien und La Mancha (Castilla la Nueva y la Mancha)

Die beiden Kastilien teilen sich das weite zentrale Hochland von Spanien. Altkastilien (Castilla la Vieja), das so genannt wurde, weil es als erstes Gebiet wieder von den Mauren zurückerobert wurde, umfaßt die Gegend nördlich von Madrid. Im Süden der Landeshauptstadt wird die Landschaft zunehmend trockener; der mittlere und südlichere Teil Neukastiliens wird La Mancha genannt.
Das Klima ist mediterran mit langen, sehr heißen Sommern und geringen Niederschlägen; aus diesem Grund enthalten die Trauben große Mengen Zucker und liefern körperreiche Weine mit hohem Alkoholgehalt und geringer Säure. Da das Land trotz der durchschnittlichen Höhe von 500–800 m weitgehend eben ist, erstrecken sich die Weinberge scheinbar endlos in die Ferne. In Wahrheit handelt es sich um die zersplitterten Parzellen vieler kleiner Winzer. Dies ist das Land der Genossenschaften, von denen es im ganzen Kernland nicht weniger als 485 gibt. Wegen ihrer enormen Größe und trotz des niedrigen Ertrags von etwa 16–18 l pro ha liefert die Region etwa 35 Prozent der Weinmenge des Landes. Der größte Teil geht zum Verschnitt in andere, weniger fruchtbare Gegenden; der Rest wird destilliert.
Die typische Rebe ist die weiße Airén (oder Lairén), deren dicke Schale einen gewissen Schutz gegen die sengende Sonne bietet, die

hier durchschnittlich an 200 Tagen des Jahres scheint. Diese Rebe ist vor allem bei den Kleinbesitzern sehr beliebt, da sie einen dreimal so hohen Ertrag bringt wie die zweitwichtigste Rebe des Gebietes, die blaue Cencibel (die in der Rioja als Tempranillo und in Katalonien als Ull de Llebre oder Ojo de Liebre bekannt ist).
Etwa 90 Prozent der Weine aus der zentralen Region sind weiß. Der beste dürfte freilich der rote Valdepeñas aus dem äußersten Süden der Mancha an der andalusischen Grenze sein. Er wird mit einem Zusatz von blauer Cencibel hergestellt und ist seit den Tagen Philipps II. und seines Vaters, Kaiser Karls V., berühmt. Dieser ließ ihn während seiner Feldzüge in den Niederlanden im 16. Jahrhundert auf Mauleseln quer durch Europa schicken.
Die übrigen D.O.-Gebiete neben Valdepeñas sind Almansa, Mancha, Manchuela und Méntrida. Der nicht mit D.O.-Prädikat versehene Distrikt Tierra de Madrid liefert ebenfalls lohnende Weine, allerdings in sehr viel geringeren Mengen.

Almansa D.O. r. w. *

Zentrum dieses an die Levante und im Süden an die D.O.-Gebiete Yecla und Jumilla (siehe VALENCIA UND MURCIA) angrenzenden Gebietes ist die Stadt Almansa mit ihrer Bilderbuchburg. Die Böden sind kreidig, und die vorherrschende Rebsorte in den 10640 ha Weinbergen ist die blaue Monastrell (43,5 Prozent); die Garnacha tinta und Tintorera stehen für weitere 33,1 Prozent, während der Rest etwas weiße Forcallat, Airén und Bobal sind. Da das Gebiet von der Reblaus kaum betroffen war, sind 83 Prozent der Rebstöcke, die alkohol- und extraktreiche Weine liefern, nicht gepfropft.
Die typischen Weine sind tieffarben, körperreich bei geringer Säure und haben 12–14 Prozent Alkohol. Ihre Qualität hängt von dem Anteil der Monastrell ab; das meiste wird jedoch en gros zum Verschneiden verkauft. Nur drei Betriebe in der Gegend füllen ihren Wein ab, u.a. Bodegas Miguel CARRIÓN in Alpera, die als die beste gilt.

Aloque r. tr. **
Die leichteste Art VALDEPEÑAS, die aus einer Mischung von blauen und weißen Trauben hergestellt wird, üblicherweise Cencibel und Airén. Die Weine sind trocken und tieffarben bei einem Alkoholgehalt von 13–15 Prozent. Trotz ihres Alkoholreichtums liegen die Weine überraschend leicht und frisch auf der Zunge. In Madrid erfreuen sie sich großer Beliebtheit.

Arganda-Colmenar de Oreja r. w. tr. **→***
Nicht mit dem D.O.-Prädikat ausgezeichnetes Gebiet im Norden der Landeshauptstadt in der *Tierra de Madrid.* Die Hauptrebsorten sind die blaue Tinto Madrid und die Tempranillo sowie die weiße Malvar und Jaén. Gemischt liefern sie geschmeidige Rotweine. Außerdem

wird in der Gegend ein angenehmer, strohfarbener Weißwein mit 12–13,5 Prozent Alkohol erzeugt.
Auf dem Höhepunkt ihres Ruhms waren die Weine im 17. Jahrhundert, als der Hof von Valladolid nach Madrid übersiedelte. Zu jener Zeit war der heutige Flughafen Barajas ein fruchtbarer Weingarten, der angeblich einen würzigeren und feineren Weißwein hervorbrachte als Rueda, während in Carabanchel, wo heute das große Gefängnis steht, ein köstlicher Moscatel gedieh. Heute werden die besten Weine des Gebiets von Bodegas HIJOS DE JESÚS DIAZ erzeugt.

Ayuso D.O. r. w. tr. *
Villarobledo (Albacete). D.O. Mancha. Familienbetrieb, der seine Weine unter den Etiketten «Ayuso», «Estola» und «Armiño» verkauft.

Carrión, Bodegas Miguel D.O. r. *→**
Alpera (Almansa). D.O. Almansa. Kleiner Familienbetrieb, der den besten ALMANSA-Wein erzeugt, den weichen und bukettreichen «Tinto Selecto», der 3–4 Jahre in riesigen Eichenfässern reift.

Calatrava, Campo de
Teilgebiet der D.O. MANCHA, zwischen der D.O. VALDEPEÑAS und CIUDAD REAL gelegen.

Campo La Daimielana, Cooperativa de D.O. (r. rs.) w. tr. *
Daimiel (Ciudad Real). D.O. Mancha. Große und bekannte Genossenschaft, die ihre Weine, hauptsächlich Weißweine, unter dem Namen «Clavileño» verkauft.

Ciudad Real
Bedeutende weinerzeugende Stadt und Hauptstadt der gleichnamigen Provinz in LA MANCHA.

Ecusa D.O. (r. rs.) w. tr. *
D.O. Mancha. Großer Familienbetrieb in La Mancha, der seine Weine als «Taray» anbietet.

Hijos de Jesús Diaz, Bodegas r. **→***
Colmenar de Oreja (Madrid). Die Rotweine dieser *bodega* wurden vom CLUVE (Club de Selección de Vinos) entdeckt und werden seither in einem Atemzug mit denen aus der Rioja und aus Katalonien genannt.

La Invencible, Cooperativa D.O. r. rs. w. cl. tr. *→**
Valdepeñas (Ciudad Real). D.O. Valdepeñas. Beste Genossenschaft in VALDEPEÑAS mit dem größten Weinlager. Besondere Aufmerksamkeit verdient der leichte rote *clarete*.

López Tello, Bodegas D.O. r. cl. w. tr. *→**
Valdepeñas (Ciudad Real). D.O. Valdepeñas. Eine der ältesten *bodegas* von VALDEPEÑAS, die typische Weine nach traditionellen Methoden in irdenen TINAJAS herstellt.

Madrid
Madrid liegt im Zentrum der TIERRA DE MADRID, eines Weinbauge-

biets von einigem Interesse. Angesichts des Mangels an Unterkünften in der weiten Ebene von La Mancha ist ein Zwischenaufenthalt in der Landeshauptstadt bei einem Besuch in dieser Gegend mehr oder weniger unvermeidlich. Für den Weinfreund dürfte die Tatsache am wichtigsten sein, daß die Hunderte von Restaurants der Stadt regionale Weine und Gerichte aus ganz Spanien anbieten. Abgesehen vom Wein ist für denjenigen, der zum ersten Mal in der Stadt weilt, zumindest ein Besuch des großartigen Prado, der arkadengesäumten, aus dem 16. Jahrhundert stammenden Plaza Mayor und des Palacio Real ein absolutes Muß.

Mancha D.O. (r.) w. tr. *→**
La Mancha, die die Provinz Ciudad Real und Teile der Provinzen Toledo, Albacete und Cuenca einschließt, bedeckt den größten Teil der großen zentralen *meseta* Spaniens und erstreckt sich auf einer durchschnittlichen Höhe von etwa 700 m vom Río Tajo im Norden bis zur Sierra Morena, die die Grenze zu Andalusien bildet, im Süden. Dies ist das Land von Don Quijote, eine trockene, baumlose, endlos sich hinziehende Fläche mit strengen Wintern und gnadenlos heißen Sommern, bedeckt mit unübersehbaren Weizenfeldern, Olivenwäldern und Weingärten.
Die D.O. Mancha im Zentrum dieses Gebiets ist mit 126000 ha Rebland und einer hauptsächlich von Genossenschaften stammenden Jahresproduktion von 4,23 Millionen hl (1981) bei weitem die größte Spaniens. Der Unterboden ist kreidig und mit einer Tonschicht bedeckt, und die vorherrschende Rebe ist mit einem Anteil von etwa 90 Prozent die weiße Airén (oder Lairén). Die typischen Weine haben eine hellgelbe Farbe, einen angenehmen, aber nicht sehr fruchtigen Duft, enthalten sehr wenig Säure und etwa 13–14 Prozent Alkohol. Wegen ihres etwas neutralen Charakters werden sie in großen Mengen zum Verschnitt in andere Gebiete geliefert; ein weiterer großer Teil wird destilliert.

Manchuela D.O. r. rs. w. tr. *
Die im Osten der D.O. MANCHA gelegene und an die Gebiete Utiel-Requena (siehe VALENCIA UND MURCIA) und ALMANSA angrenzende Manchuela hat 74172 ha Rebfläche und erzeugte 1981 1,5 Millionen hl Wein. Die Weine sind weder besonders ausgezeichnet noch charaktervoll. Sie ähneln teils den *claretes* und *vinos de doble pasta* von Utiel-Requena, teils den Weißweinen von LA MANCHA. Auf Flaschen gezogen wird nichts.

Megía S.A., Luis D.O. r. rs. w. *→**
Valdepeñas (Ciudad Real). D.O. Valdepeñas. Bemerkenswert an dieser *bodega* sind vor allem ihre Größe und die moderne Ausstattung, zu der eine Einrichtung für die kontinuierliche Kelterung und riesige, stickstoffverschlossene *depósitos* mit einem Fassungsvermögen von 15000 hl gehören. Weniger bemerkenswert ist die Qualität des Endprodukts.

Méntrida D.O. r. *→**
Méntrida, das 1979 auf seiner Rebfläche von 32820 ha 1,5 Millionen hl erzeugte, liegt im Südwesten von Madrid im Norden der Provinz Toledo. 85 Prozent der Reben sind Garnacha tinta, die robuste Rotweine mit einem Alkoholgehalt von 14–15 Prozent liefern. Das Gros geht zum Verschnitt; gelegentlich kann man in den Bars von Madrid bessere Weine finden, z.B. diejenigen von Bodegas La Cerca.

Montiél, Campo de
Teilgebiet der D.O. MANCHA an der Grenze zur D.O. VALDEPEÑAS.

Morenito, Bodegas D.O. r. rs. w. tr. res. [**]
Valdepeñas (Ciudad Real). D.O. Valdepeñas. Großer und bekannter, 1896 gegründeter Familienbetrieb mit einer Jahresproduktion

von etwa 120000 hl, wovon 90 Prozent abgefüllt werden. Er gehört zu den drei Firmen in Valdepeñas, die ihre besten Weine in Eichenfässern reifen. «Especial» *blanco*, *rosado* und *tinto*; «Fino Tres Pistolas»; «Fino Morenito»; «Reserva 72».

Navalcarnero r. *
Im Süden der Landeshauptstadt gelegenes Teilgebiet der nicht mit dem D.O.-Prädikat versehenen TIERRA DE MADRID. Die dunkelroten und leicht adstringierenden Weine (wegen der Gerbsäure) sind vor allem in der Gegend selbst und in Madrid recht beliebt, haben aber wegen ihres hohen Garnacha-Anteils die Tendenz, rasch zu oxydieren und ihre Frische zu verlieren.

Nuestro Padre Jesús del Perdón, Cooperativa D.O. (r. rs.) w. tr. [*→**]
Manzanares (Ciudad Real). D.O. Mancha. Eine Genossenschaft mit einer Lagerkapazität von 400000 hl, die ihre Weine unter dem Namen «Yuntero» abfüllt. Besonders gut ist der trockene Weißwein.

San Roque, Bodegas D.O. w. tr. [*→**]
Villanueva de Alcardete (Ciudad Real). D.O. Mancha. Hersteller von einigen der besten Weißweine der Mancha.

San Martín de Valdeiglesias r. *
Kleines, nicht mit D.O.-Prädikat versehenes Gebiet in der TIERRA DE MADRID zwischen den D.O.'s MÉNTRIDA und CEBREROS (siehe ALTKASTILIEN UND LEÓN). Die aus der Garnacha tinta, der Tinto Navalcarnero und der weißen Albillo hergestellten kräftigen Rotweine ähneln denen von Cebreros.

Sánchez Rustarazo, Bodegas D.O. r. [**]
Valdepeñas (Ciudad Real). D.O. Valdepeñas. Dieser im Jahre 1900 gegründete Familienbetrieb erzeugt einige der bemerkenswertesten VALDEPEÑAS. Der Wein gärt in den traditionellen irdenen TINAJAS, und ein Teil davon wie der «Solar de Hinojosa» altert in Eichenfässern.

Tierra de Madrid r. *
Kleines Weinbaugebiet in unmittelbarer Nähe von Madrid, das seit langem für seine kraftvollen Rotweine bekannt ist. Es schließt die Teilgebiete SAN MARTÍN DE VALDEIGLESIAS, NAVALCARNERO und ARGANDA-COLMENAR DE OREJA ein.

Tinajas
Diese großen birnenförmigen Gefäße, die aus dem lokalen Ton hergestellt werden und auf die römischen *orcae* zurückgehen, werden in La Mancha, Málaga und Montilla-Moriles traditionell zum Vergären der Weine benutzt. In VALDEPEÑAS werden die teilweise 3 m hohen und bis zu 1600 l fassenden Krüge auch zum Ausbau der Weine verwendet. Die *tinajas* werden indes mehr und mehr durch sehr viel größere zylindrische Gefäße aus Stahlbeton ersetzt.

Toledo
Mit ihrer großartigen mittelalterlichen Kathedrale und den Gemäldesammlungen ihres Adoptivsohns El Greco ist die dramatisch sich über dem Río Tajo erhebende Stadt Toledo bei weitem der interessanteste Ort der MANCHA. Es ist auch der einzige, an dem es eine gewisse Auswahl bequemer Hotels gibt: Carlos V., Alfonso VI. und Hostal del Cardenal (je 3 Sterne) sowie den Parador Nacional Conde de Orgaz (4 Sterne), der auf einem Hügel über der Stadt thront und einen herrlichen Rundblick bietet.

Valdepeñas
Stadt im Süden der Provinz Ciudad Real, die seit langem für ihre Rotweine berühmt ist und der dortigen D.O. ihren Namen gegeben hat. Sie ist Sitz des Consejo Regulador. In fast jeder Straße gibt es

bodegas in Gestalt von Höfen, die von hohen, weißen Mauern umgeben sind und in die man durch einen hohen Torbogen mit Doppeltoren gelangt. Viele von ihnen dienen heute anderen Zwekken, und doch hat die Stadt immer noch 80 *bodegas* aller Größen aufzuweisen, in denen Wein hergestellt wird. Es ist ein bescheidener Ort mit niedrigen Häusern und sonnendurchglühten Straßen, und es gibt nicht einmal ein Hotel. Die einzige Unterkunft ist das Meliá El Hidalgo (3 Sterne) außerhalb der Stadt an der N IV in Richtung Madrid.

Valdepeñas D.O. r. (w. tr.) **
Das D.O.-Gebiet liegt im südlichsten Teil der Provinz Ciudad Real und verfügt über 35101 ha Rebflächen, von denen 1979 etwa 15 Millionen hl Wein kamen. Der Boden ist eine Mischung aus Kies, Ton und Kreide, und die durchschnittliche jährliche Niederschlagsmenge beträgt nur 400 mm. Obwohl die typischen Weine rot sind, sind etwa 93 Prozent der Reben weiße Airén, während der Rest aus der blauen Cencibel (oder Tempranillo) und der Garnacha Tintoreta besteht. Die Weine werden mit 90 Prozent Airén gekeltert, jedoch ist der Farb- und Extraktgehalt der blauen Trauben so hoch, daß die Weine schließlich ein tiefes Rubinrot zeigen. Traditionell werden die Weine in irdenen TINAJAS ausgebaut, aus denen sie üblicherweise jung in ihrem ersten oder zweiten Jahr verkauft werden. Es gibt zwar ein oder zwei *bodegas*, die ihre besseren Gewächse in Eichenfässern reifen lassen, doch ist dieses Verfahren nicht üblich, da die Moste der Airén leicht oxydieren und es zu teuer wäre, einen höheren Anteil Cencibel zu verwenden.
Die Airén verleiht dem fertigen Wein ein intensives Bukett, ist aber auch für die geringe Säure verantwortlich; die Farbe, der Körper, das fruchtige Aroma stammen dagegen von der Cencibel. Der Alkoholgrad liegt zwischen 12,5–14 Prozent. Aus Valdepeñas kommen auch Weißweine, die denen der D.O. MANCHA ähneln.
Von den 249 *bodegas* der D.O. Valdepeñas füllen nur 41 ihren Wein ab. Neben den gesondert aufgeführten Betrieben sind an vorderster Stelle noch Ramón Hidalgo Peñuelas, Guerola und Videva zu nennen. Einige der besten und frischesten Valdepeñas sind allerdings namenlos und werden aus den Karaffen der Bars und Restaurants in Madrid getrunken.

Villarrobledo
Aus Villarrobledo in der Nähe der Straße von Madrid nach Albacete kamen einst die Hauptmengen des Tons, aus dem die TINAJAS hergestellt werden.

Vinícola de Castilla S.A. D.O. r. w. tr. *
Manzanares (Ciudad Real). D.O. Mancha. Dies ist eine der modernsten Weinkellereien der Region, gegründet 1977 und früher zur RUMASA-Gruppe gehörig. Ihr bekanntestes Erzeugnis ist der weiße, trockene «Castillo de Manza», dem in Spanien Prämierungen zugesprochen wurden.

Virgen de las Viñas, Cooperativa D.O. r. w. tr. res. *→**
Tomelloso (Ciudad Real). D.O. Mancha. Diese Genossenschaft, deren Tanks 460000 hl fassen, verkauft ihre Weine unter dem Etikett «Tomillar». Der beste ist der rote «Gran Reserva de Cencibel».

Visan S.A. D.O. r. (w. tr.) *→**
Santa Cruz de Mudela, Valdepeñas (Ciudad Real). D.O. Valdepeñas. Privatfirma, die angenehme Weine herstellt, vor allem den «Castillo de Mudela» und den «Viña Tito».

Essen und Trinken

Mit ihren Braten, ihren nahrhaften *potajes* (dicken Suppen) und *cocidos* oder *ollas* (Eintöpfen) ähnelt die Küche von Neukastilien in

vielerlei Hinsicht der von Altkastilien, ist freilich wegen des beschränkten Angebots insgesamt etwas derber.
Man kann daher kaum eine Empfehlung geben, außer der, die kraftvollen Rotweine zu den kräftigeren Fleischspeisen und Suppen zu trinken und die Weißweine zu leichterer Kost.

Atascaburras
Mit Knoblauch geschmortes Kaninchen.

Bizcochos borrachos
Ringförmige, mit Wein und Sirup getränkte Sandkuchen.

Caldereta de cordero
Lammragout mit Tomaten, Paprikaschoten und Gewürzen.

Callos a la madrileña
Kutteln nach Madrider Art, stark gewürzt und das Vorbild für die Kuttelgerichte anderer Länder.

Ensalada manchega
Salat mit Stockfisch, Thunfisch, hartgekochten Eiern, Oliven und Zwiebeln.

Espárragos de Aranjuez
Das südlich von Madrid gelegene Aranjuez mit seinem Königspalast erzeugt einen der köstlichsten frischen Spargel (sowie die besten Erdbeeren) in Spanien.

Lágrimas de aldea
Ein Eintopf aus Schweinefleisch, Kartoffeln, Blutwurst oder chorizo.

Marmita de verduras
Ein Gemüseeintopf.

Miel con hojuelas
Pfannkuchen mit Honig.

Mojete
Ein der ratatouille *ähnliches Gemüsegericht.*

Morteruelo
Stark gewürzte regionale Variante der Leberpastete.

Perdices estofadas
In Weißwein mit Schinkenwürfeln und Gewürzen geschmortes Rebhuhn.

Pisto manchego
Gemüsegericht nach Art der ratatouille *mit Rühreiern.*

Queso frito
In Ei und Semmelbröseln gewälzte und ausgebackene Käseecken.

Queso manchego
Der bekannteste spanische Käse, der in großen Laiben aus Schafsmilch hergestellt wird.

Tortilla a la magra
Omelett mit gebratenen Lendenstreifen vom Schwein.

Restaurants

Madrid. Riesige Auswahl. Das Nonplusultra an raffinierter Küche und erlesener Weine findet man im ****_Zalacain_ und ****_Jockey_. Von den anderen hier nur eine persönliche Auswahl: **_Valentín_ (beliebt bei Schauspielern, Stierkämpfern und Touristen, lange Weinliste); **_Bajamar_ (frische Meeresfrüchte, die täglich aus Galicien eingeflogen werden); **_Lhardy_ (eines der ältesten und traditionellsten); *_Luarqués_ (einfache Speisen, gut zubereitet, sehr preiswert)

Manzanares. _Parador Nacional de Manzanares_ (eine gastronomische Oase)

Toledo. *_Hostal del Cardenal;_ *_Venta de Aires_

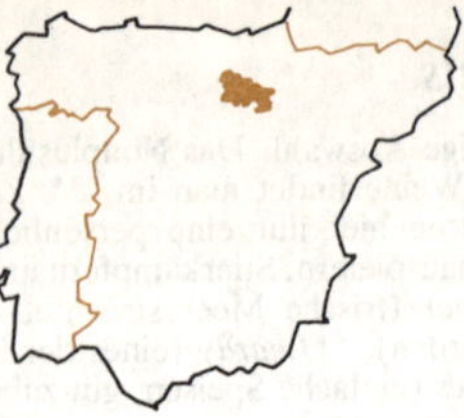

Rioja

Neben dem Sherry ist der Rioja der bekannteste spanische Wein, und dank der guten Qualität und der zivilen Preise hat der Absatz im Ausland sprunghaft zugenommen. Allein in Großbritannien ist der Umsatz von 1800 hl im Jahre 1970 auf heute 32000 hl gestiegen; das ist etwa der gleiche Verbrauch wie in den USA. Bester Rioja-Kunde ist freilich die Schweiz mit einer Einfuhr von 73000 hl im Jahr 1983; die Bundesrepublik Deutschland importierte im gleichen Jahr 19000 hl. Weitere wichtige Märkte sind Dänemark, die Niederlande und Kanada. Die Masse der Weine ist rot und traditionell durch das lange Faßlager und das Eichenaroma gekennzeichnet, während in jüngster Zeit aus der Rioja auch ein neuer Typ Weißwein kommt, der leicht, frisch und fruchtig ist und nicht in Holzfässern reift.
Die Rioja war 1926 das erste Gebiet, welches das D.O.-Prädikat erhielt; damals wurde ein Consejo Regulador eingesetzt, der die

Erzeugung und die Qualität überwacht. Das Gebiet umfaßt 45000 ha Rebland, das in den Provinzen La Rioja (früher als Logroño bekannt), Álava und Navarra liegt; die durchschnittliche Erzeugungsmenge liegt bei 1,1 Millionen hl Wein. Die Weinberge erstrecken sich etwa 120 km weit zu beiden Seiten des Ebro, der von den felsigen Conchas de Haro im hügeligen Westen des Gebiets nach Alfaro im Osten fließt. Das Tal wird zu beiden Seiten von Bergen begrenzt und hat eine größte Breite von 40 km. Die Böden sind eine Mischung von Kalklehm, eisenhaltiger Tonerde und Schwemmland, wobei der Kalklehm in der Rioja Alavesa nördlich des Flusses vorherrscht.

Im Westen des Gebiets ist das Klima gemäßigt und ziemlich gleichmäßig mit milden, feuchten Frühlingen, kurzen, heißen Sommern, langen, warmen Herbsten und ein wenig Schnee und Frost im Winter. Die heißere und mehr dem Mittelmeerklima angenäherte Rioja Baja im Osten wird als halbtrocken eingestuft.

Die D.O. Rioja wird in die drei Teilgebiete La Rioja Alta, La Rioja Alavesa und La Rioja Baja eingeteilt, von denen die beiden erstgenannten die besseren Weine erzeugen. In diesem Kapitel wird in Klammern das Teilgebiet, nicht die Provinz oder der D.O.-Bezirk genannt.

In der Rioja wurde schon lange vor den Römern, die das Land eroberten, Wein hergestellt. Bei dem traditionellen Kelterverfahren, das auch heute noch in den *bodegas* der kleinen Winzer praktiziert wird, werden die Trauben mit den Stielen und allem in offene Steintröge oder *lagos* gekippt. Die Gärung läuft dann in Stufen ab, wobei die Trauben fortschreitend stärker gequetscht werden. Die Produktion von Rioja des heutigen Typs begann nach der doppelten Katastrophe des Mehltaus und der Reblaus in Frankreich gegen Ende

des 19. Jahrhunderts, als französische Weinhändler in das Gebiet einwanderten und die damals in Bordeaux üblichen Verfahren mitbrachten, vor allem das Abbeeren der Trauben und das Altern der Weine in Eichenfässern mit 225 l Inhalt. Während die Franzosen schon längst das Faßlager abgekürzt hatten, legten die Winzer der Rioja ihre Weine – und zwar die roten wie die weißen – immer noch lange Jahre auf Holz (siehe EICHE); daher der charakteristische Vanille-Ton in Duft und Aroma. Erst in neuerer Zeit wurde der Alterung in Flaschen mehr Beachtung geschenkt. Mit der Erzeugung der gekühlt vergorenen Weißweine ohne jede Faßreife scheint nun alles auf den Kopf gestellt zu sein, und man kann nur hoffen, daß die Umstellung nicht zu rasch und stürmisch fortschreitet, denn die traditionellen weißen Riojas sind Weine von ganz eigenem Stil und Charakter.
Zum ersten großen Rioja-Boom kam es während der letzten Jahrzehnte des letzten Jahrhunderts, und die *bodegas*, die damals entstanden – Riscal, Murrieta, López de Heredia, CVNE, La Rioja Alta usw. – gehören immer noch zu den besten Produzenten. Die zweite Expansionsphase, die von Banken, Sherryfirmen, spanischen Industriellen und ausländischen Weinkonzernen finanziert wurde, trat während der 70er Jahre ein. Typisch für die neuen *bodegas* sind ihre Größe und die Modernität ihrer Ausstattung. Sie bauen indes alle gemäß den Vorschriften des Consejo Regulador ihre besseren Rotweine in den traditionellen 225 l-Fässern aus Eiche aus.
Obwohl die meisten alteingeführten *bodegas* über beträchtliche eigene Rebenbestände verfügen und einige der neueren wie z. B. Berberana und Pedro Domecq umfangreiche Neubepflanzungen in Angriff genommen haben, haben sich die traditionellen Landwirtschaftsstrukturen erhalten, nach denen ein Großteil der Trauben von Kleinbesitzern auf kleinen Parzellen angebaut wird, zwischen denen Weizen, Kartoffeln und Gemüse wächst. Alle großen Konzerne kaufen beträchtliche Mengen Traubengut von den selbständigen Winzern; einige greifen auch auf den Wein von Genossenschaften zurück, von denen es etwa dreißig in der Gegend gibt. Im Gegensatz zu Bordeaux werden die Reben normalerweise niedrig erzogen, ohne unterstützende Pfähle und Drähte, und *en vaso* (im Gobeletschnitt) mit drei *brazos* oder Schenkeln geschnitten, von denen jeder zwei Triebe trägt, an denen wiederum zwei Trauben wachsen; insgesamt erhält man also zwölf Trauben pro Rebstock.

Rebsorten

Von den vielen Rebsorten, die früher in der Rioja angebaut wurden, läßt der Consejo Regulador nur noch sieben zu.

Blau

Tempranillo. In anderen Teilen Spaniens auch als Ull de Llebre oder Cencibel bekannt, ist die Tempranillo die Rioja-Rebe par excellence, aus der mindestens 50 Prozent der Rotweine der Rioja Alta und gut 80 Prozent derjenigen der Rioja Alavesa erzeugt werden. Die dickschaligen und tiefdunklen Beeren liefern Weine von 10,5–13 Prozent Alkohol mit guter Säurebalance und Alterungsfähigkeit, wobei jedoch reine Tempranillo-Weine kurzlebig sind.

Graciano. Die kleinen, runden und dunkelblauen Trauben liefern frische und aromatische Weine. Die Rebsorte wird allerdings in zu geringen Mengen angebaut und liefert Weine mit zu wenig Alkohol (10–12 Prozent), als daß sie allein verwendet werden könnten.

Mazuelo. Die großen und spitzkegeligen Trauben erbringen farb-, extrakt- und gerbsäurereiche Moste, die die Grundlage für Weine sind, die lange Zeit in Eichenfässern gealtert werden.

Garnacha/Garnacho. Diese mittelgroße, dünnschalige und mehltau-resistente Traube ist typisch für die Rioja Baja und wird in vielen anderen Teilen Spaniens sowie unter der Bezeichnung Grenache noir in Südfrankreich angebaut. Die Moste enthalten zwischen 15–16 Prozent Alkohol und werden mit anderen verschnitten, um diese alkohol- und körperreicher zu machen. Reine Garnacha-Weine oxydieren sehr leicht, und es ist schwierig, ihr Alter anhand der Farbe zu beurteilen, da sie sehr schnell eine ziegelrote Farbe annehmen.

Weiß

Viura. Die in anderen Teilen Spaniens auch als Macabeo bekannte Rebe liefert Moste von etwa 11 Prozent Alkohol und mit viel Weinsäure. Da sie oxydationsfest sind, eignen sie sich besonders gut für die Herstellung leichter und fruchtiger Weißweine nach dem Verfahren der gekühlten Gärung.

Malvasía. Diese robuste und großblättrige Rebe zeigt eine gewisse Anfälligkeit für Mehltau. Die weißen Trauben, die vollreif eine Spur Röte aufweisen, liefern frische Weine von etwa 11 Prozent, die häufig mit einem Zusatz Viura hergestellt werden.

Garnacha blanca. Die in der Rioja nicht so häufig wie die beiden anderen Weißweinreben angebaute Garnacha blanca liefert angenehme Weißweine, die jedoch mehr Alkohol und weniger Säure aufweisen als die beiden anderen.

Es hält sich hartnäckig der Irrglaube, daß rote Riojas in einer *solera* hergestellt werden (siehe SHERRY). Daran ist nichts Wahres; wahr ist dagegen, daß Riojas aus einem Verschnitt verschiedener Rebsorten hergestellt werden, die häufig aus unterschiedlichen Bereichen des Gebiets kommen. Manchmal werden auch Weine aus verschiedenen Jahrgängen miteinander verschnitten; in diesem Fall bezieht sich das Datum auf dem Etikett auf den vorherrschenden Jahrgang. Es war in der Vergangenheit – und in Spanien auch heute noch – üblich, auf dem Etikett eine Angabe wie 4° oder 5° año anzubringen, was bedeutete, daß der Wein im 4. bzw. 5. Kalenderjahr nach der Ernte abgefüllt wurde. Wenn man nicht wußte, wie lange der Wein sich schon in der Flasche befand, konnte man unmöglich sagen, wie alt er war oder in welchem Jahr er erzeugt wurde. Heute sind jedoch alle Weine, die in EG-Länder exportiert werden, mit Jahrgangsangaben versehen.

Jahrgänge

Aufgrund des gleichmäßigeren Klimas und der Tatsache, daß häufig etwas besserer Wein den schlechteren Gewächsen zugemischt wird, sind die Erntejahre nicht so unterschiedlich wie in Bordeaux, aber immer noch wichtig, weil der Consejo Regulador die Vorschriften immer mehr verschärft. Herausragende ältere Jahrgänge sind die folgenden:

1915	1922	1925	1934	1947	1949	1955	1964
1920	1924	1931	1942	1948	1952	1958	1968

Nachstehend folgen die Beurteilungen für die jüngeren Jahrgänge. Hierbei ist anzumerken, daß in einigen generell schlechten Jahren, wenn die Reben infolge von Hagel oder anhaltendem Regen von echtem oder falschem Mehltau befallen wurden – den beiden einzigen Krankheiten in der Rioja –, einzelne *bodegas* trotzdem gute Weine erzeugten. Beispiele sind der rote Riscal 1971 oder der «Cune» 1977.

Jahr	Erntemenge	Beurteilung
1970	1140000	ausgezeichnet
1971	550000	schlecht
1972	990000	sehr schlecht
1973	1280000	gut
1974	1310000	mittelmäßig
1975	840000	mittelmäßig
1976	930000	gut

1977	650000	sehr schlecht
1978	810000	ausgezeichnet
1979	1400000	mittelmäßig
1980	1250000	gut
1981	1300000	sehr gut
1982	1050000	ausgezeichnet
1983	950000	gut

Wie beim Besuch der meisten Weingebiete erweist es sich auch hier als großer Vorteil, wenn man ein Auto hat. Freilich gibt es in Logroño einen entzückenden Bummelzug, der gemächlich über Fuenmayor, Cenicero und Briones nach Haro dampft und Sie fast an der Türschwelle einer ganzen Reihe von *bodegas* absetzt. Auf der Fahrt haben Sie dazu noch bessere Aussicht auf den Ebro und die Rebgärten als von der Hauptstraße aus. Am schnellsten kommt man in die Rioja, wenn man nach Bilbao fliegt, dort einen Wagen mietet und nach Haro oder Logroño fährt, was auf der *autopista* A 68 eineinhalb bis zwei Stunden dauert. Als Alternative kann man die Autofähre nach Santander nehmen und bei Bilbao wieder auf die A 68 fahren. Die dritte Möglichkeit besteht darin, von Barcelona aus die A 2 über Saragossa (Zaragoza) zu nehmen. Auf dieser Route kommen Sie durch das Herz der Rioja Baja. Es ist kein Problem, die Rioja Alta und die Rioja Alavesa in einem Tag gemütlich zu durchfahren, wenn Sie auf der N 232 von Logroño über Fuenmayor, Cenicero und Briones nach Haro fahren und über die Straße nördlich des Ebro, die ebenfalls als N 232 ausgeschildert ist, über Labastida, Abalos und Laguardia zurückkehren. Besonders lohnende Ziele sind Briones und Laguardia gleich neben der Straße, zwei der malerischsten Städte der Rioja, die hoch auf einem Hügel liegen.

Wenn Sie in die Rioja Alta und die Rioja Alavesa wollen, machen Sie am besten in Logroño oder Santo Domingo de la Calzada Station; für die Rioja Baja empfiehlt sich Calahorra (Hotels siehe unter den einzelnen Eintragungen). In den Dörfern und Städten der ganzen Region gibt es überall zahlreiche Restaurants mit guten regionalen Speisen und Weinen (siehe ESSEN UND TRINKEN).

Weitere Auskünfte über Rioja-Weine sind in Spanien erhältlich bei: Grupo de Exportadores de Vinos Rioja, Gran Via 14,3°, Logroño (Spanien); in der Bundesrepublik bei der Gesellschaft für Europäische Kommunikation mbH, Heimhuder Straße 70, 2000 Hamburg 13; in der Schweiz bei der Spanisch-Schweizerischen Handelskammer, Bleicherweg 18, 8002 Zürich.

Ábalos

Malerisches Dorf östlich von Haro in einer kleinen Enklave der RIOJA ALTA im Norden des Ebro. Der von den Bergen der Sierra Cantabrica beherrschte und von Rebgärten umgebene Ort besitzt einen alten Palast und eine beeindruckende, aus dem 15. Jahrhundert stammende Kirche. Ábalos ist Sitz der Bodegas REAL DIVISA.

AGE, Bodegas Unidas S.A. D.O. r. (rs.) w. tr. res. *→** 73, 74, 78

Fuenmayor (Rioja Alta). Diese große *bodega* entstand 1964 aus der Fusion drei viel älterer Betriebe, nämlich Azpilicueta, Cruz García und Entrena und gehört heute zu gleichen Teilen der amerikanischen Firma Schenley und der Banco Español de Crédito. Die Weine werden in Navarrete gekeltert und in der Hauptbodega in Fuenmayor abgefüllt. Die besten von ihnen sind die roten reservas «Marqués de Romeral», «Fuenmayor» und «Siglo»; beim letzteren steckt die Flasche in dem charakteristischen Jutesack. Die älteren Jahrgänge des «Romeral» waren sehr gut. Die *bodega* erzeugt daneben auch Weißweine der Marke «Romeral» und «Siglo» sowie den halbsüßen «Blanco Parral».

Alambrado

Ein feines Drahtgeflecht um *reserva*-Flaschen, das heute nur noch dekorativen Zwecken dient. Ursprünglich hatte es jedoch die Aufgabe, den betrügerischen Austausch des Inhalts zu verhindern.

Alavesas S.A., Bodegas D.O. r. (rs.) w. tr. res. **→*** 68, 70, 73, 74, 75, 78, 81, 82
Laguardia (Rioja Alavesa). Ein relativ junger Betrieb mit 400 ha Reben und einer modernen *bodega* mit einer Lagerkapazität von 180 000 hl in 10 000 eichenen BARRICAS, die sich aufgrund der Qualität ihrer Weine rasch einen Namen gemacht hat. Die ausschließlich von Trauben aus der näheren Umgebung erzeugten Rotweine (90% Tempranillo und 10% Viura) sind leicht in Farbe und Körper, aromatisch, geschmeidig, schnell reifend und sehr typisch für die RIOJA ALAVESA. Die Weißweine, die auch als «Solar de Samaniego» (nach einem aus der Gegend stammenden Dichter) etikettiert werden, sind angenehm spritzig und erfrischend.

Alfaro
Stadt im äußersten Osten der RIOJA BAJA und Sitz zweier *bodegas*. Der Name geht auf El Faro («Der Leuchtturm») zurück, der an dem Punkt stand, den die Phönizier auf dem Ebro mit ihren flachen Schiffen noch erreichten. Der hübsche Ort besitzt einige schöne Herrschaftshäuser sowie eine großartige Kirche aus dem 17. Jahrhundert.

Altern
Roter wie weißer Rioja wurde seit jeher weitaus länger als Bordeaux- oder Burgunderweine im Faß gealtert, weshalb gelegentlich sein ausgeprägtes Eichenbukett beanstandet wurde (siehe EICHE). Heute geht der Trend dahin, die Zeit im Faß abzukürzen und dafür den besseren Rotweinen mindestens ein oder zwei Jahre in der Flasche zu gönnen. Siehe auch CRIANZA.

Arnedo
Das malerisch in dem tiefen Tal des Río Cidacos mit seinen roten Sandsteinhängen gelegene Arnedo ist eine der hübschesten Städte der RIOJA BAJA und hat zwei Hotels, das Victoria (3 Sterne) und das Virrey (2 Sterne), sowie ein sehr individuelles Restaurant, das Sopitas (siehe ESSEN UND TRINKEN).

«Banda Azul» D.O. r. [**]
Der von Federico PATERNINA erzeugte Rotwein ist einer der meistverkauften Riojas der Gruppe 3° año. Nach der Übernahme in die große moderne *bodega* in Haro machte er eine schwierige Zeit durch, aber dank massiver Investitionen in neue Eichenfässer ist er nun ein angenehmer und zuverlässiger junger Wein.

Barrica
Das 225 l-Eichenfaß, ein Erbe der *vignerons* aus Bordeaux, die sich während der Reblausepidemie gegen Ende des 19. Jahrhunderts in der Rioja niederließen. In diesen Fässern müssen alle CRIANZA-Weine von Gesetzes wegen reifen.

Berberana S.A., Bodegas D.O. r (w. tr.) res. *→ [***] 64, 66, 70, 73, 74, 75, 76, 78, 82
Cenicero (Rioja Alta). Die Firma, heute eine der größten in der Rioja, wurde 1877 von der Familie Berberana in Ollaurí gegründet, wo sie heute noch Keller für die Flaschenalterung der Weine unterhält. Sie wurde 1972 beträchtlich erweitert und gehörte zur ehemaligen RUMASA-Gruppe. Im neuen Kellerbetrieb in Cenicero gibt es moderne Gärtanks aus Edelstahl und ein enormes Alterungslager mit 40 000 eichenen BARRICAS. Die Firma Berberana, die in der RIOJA ALTA Weinberge besitzt, hat ehrgeizige neue Bestockungsprojekte (900 ha) in Monte Yerga bei Aldeanueva del Ebro in der RIOJA BAJA in Angriff genommen, wo sie neben der für das Gebiet typischen

Garnacha auch einen hohen Anteil Tempranillo und Viura anbaut. Der rote «Carta de Plata» ist einer der meistverkauften Weine der Gruppe 3° año. Außerdem erzeugt die Firma einen preiswerten «Preferido» *sin crianza* (siehe CRIANZA) sowie körperreiche und samtene ältere Weine wie z. B. den «Carta de Oro» (5° año) nebst einem *reserva* und einem «Gran Reserva». Berberana hat außerdem einen aromatischen, frischen und fruchtigen Weißwein neuen Stils eingeführt, der ohne Faßlager auskommt.

Beronia, Bodegas D.O. r. res. **→*** 73, 77, 78, 80, 81

Ollaurí (Rioja Alta). Diese kleine Firma, die in einem der besten Gebiete der RIOJA ALTA über 10 ha Weinberge verfügt, nahm 1970 in einer kleinen *bodega* in dem Dorf Ollaurí den Betrieb auf. Vor kurzem wurde in den Weinbergen ein umfangreicher und eleganter Betriebskomplex mit einer Kapazität von 20000 hl und etwa 4000 Eichenfässern vollendet. Die Weine, die mit ungefähr 85 Prozent der am Ort angebauten Tempranillo und ein wenig weißer Viura erzeugt werden, werden in temperaturüberwachten Edelstahltanks bei sehr genau eingehaltenen 21°C vergoren, damit das volle Aroma erhalten bleibt. Anschließend altern die Weine zwei Jahre in BARRICAS und mindestens weitere zwei Jahre in Flaschen. Don Javier Bilbao Iturbe, dessen Weine von Gonzalez Byass vertrieben werden, ist äußerst penibel in der Auswahl der Verfahren und läßt z. B. den Wein mit Eiweiß schönen. Auch auf die Hygiene achtet er streng: Die Wände der *bodega* sind mit einer Farbe gestrichen, die er eigens aus England kommen ließ.
Beronia erzeugt nur zwei Weine, einen Rotwein «Beronia» 5° año und einen *reserva,* die beide eine tiefe, rubinorange Farbe mit fruchtigem Bukett aufweisen sowie eine ausgezeichnete Balance und einen langen Abgang. Die Weine gehören zu den besten der neueren *bodegas.*

Bilbainas S.A., Bodegas D.O. r. (rs.) w. tr. oder s. sch. res. ** → *** 66, 70, 73, 74, 75, 76, 78, 82
Haro (Rioja Alta). Die 1901 gegründete Firma Bilbainas war eine der ersten, die neben der neueröffneten Eisenbahnstrecke nach Bilbao eine *bodega* eröffnete. Sie verfügt über 275 ha Weinberge, die überwiegend in der Gegend von Haro liegen, sowie eine kleinere Besitzung bei Leza in der Rioja Alavesa. Zu ihren Weinen gehören der trockene weiße und rote «Viña Paceta» und der süßere «Cepa de Oro»; ein leichter erstklassiger «Viña Zaco»; der körperreichere rote «Viña Pomal», hauptsächlich mit Trauben aus Leza hergestellt, sowie gute *reservas* der Marke «Vendimia Especial». Die Firma erzeugt außerdem Weine nach dem Champagnerverfahren (siehe SCHAUMWEINE).

Bordelesa
Ein anderer Name für die 225 l-Eichenfässer, der auf ihren französischen Ursprung (Bordeaux bzw. Bordelais) hinweist. Siehe auch BARRICA.

Briones
Mit ihren aus Stein erbauten herrschaftlichen Häusern, der stattlichen Kirche und dem weiten Blick über den Ebro ist die im Osten von Haro auf einem Hügel gelegene Stadt Briones eine der attraktivsten in der RIOJA ALTA.

Calahorra
Diese größte Stadt der RIOJA BAJA, Geburtsort des Rhetorikers Quintilian (1. Jahrhundert n. Chr.) und berühmt für die lange Belagerung durch Pompejus, eignet sich gut als Zwischenaufenthalt auf dem Weg von Saragossa nach Logroño und als Ausgangspunkt für Besuche im Teilgebiet. Es gibt einen komfortablen Parador, den Marco Fabio Quintiliano.

Campo Viejo S.A. Bodegas D.O. r. (rs. w. tr.) res. *→ [***] 61, 63, 64, 66, 70, 71, 73, 78, 81, 82
Logroño (Rioja Alta). Dieser zur allgegenwärtigen Firma SAVIN gehörige und in Logroño selbst ansässige Betrieb ist mit einem Gesamtumsatz von 500 000 hl einer der größten der Rioja. Der laufend in Anzeigen erscheinende «San Asensío» gehört zu den meistverkauften roten 2° año Riojas *sin crianza* (siehe CRIANZA). Außerdem erzeugt die *bodega* einige großartige, fruchtige rote *reservas,* u. a. den erstklassigen 1970er und 1973er.

Carlos Serres S.A., Bodegas D.O. r. (rs. w. s.) res. *→*** 70, 73, 75, 79
Haro (Rioja Alta). Bekannte Firma aus Haro, zu deren jüngeren Weinen der «Rioja Fino Clarete» und der halbsüße «Rioja Fino Blanco Topacio» gehören. Die besten Weine sind die roten *reservas* «Carlomagno».

«Carta de Oro» r. [**]
Geschmeidiger und samtener Rotwein 5° año von BERBERANA.

«Carta de Plata» r. *
Ein Rotwein 3° año von BERBERANA. In Spanien wurde die mangelnde Gleichmäßigkeit kritisiert, während die Qualität der ins Ausland versandten Weine immer zuverlässig ist.

Casa del Vino
Siehe LAGUARDIA.

Castillo de Cuzcurrita D.O. r. res. tr. **→***
Río Tirón (Rioja Alta). Dieses aus dem 14. Jahrhundert stammende Schloß verfügt über eine eigene kleine *bodega,* in der gute, aber etwas adstringierende (gerbsäurereiche) Rotweine aus eigenen Reben hergestellt werden. Sie tragen die Etikette «Señorio de Cuzcurrita», «Castillo Cuzcurrita» und «Reserva Conde de Alacha».

«Castillo de Ygay» r. 1934 **** 60 ***
Gran reserva des MARQUÉS DE MURRIETA, die nur in langen Abständen und in außergewöhnlichen Jahren hergestellt wird. Der 1934er war einer der vollständigsten und schönsten Riojas, die ich jemals verkostet habe. Der 1960er ist ein tiefer, vom Eichenholz geprägter und sehr fruchtiger Wein, wenn auch mit einer Spur flüchtiger Säuren. Er sollte jetzt getrunken werden, da es sich höchstwahrscheinlich nicht lohnen wird, ihn noch länger zu lagern.

Cenicero
Stadt am Ebro westlich von Logroño in der RIOJA ALTA und Sitz von

fünf großen *bodegas*. Hier war die Begräbnisstätte der in diesem Gebiet stationierten römischen Legionen; daher der Name, der auf spanisch «Aschenbecher» bedeutet. In Cenicero findet jedes Jahr im September ein interessantes Weinfest statt, das in der großen, überdachten *pelota*-Arena abgehalten wird.

Compañía Vinícola del Norte de España (CVNE) D.O r. (rs.) w. tr. oder s. res. **→*** 66, 68, 70, 73, 74, 75, 76, 78, 80, 81 82
Haro (Rioja Alta). Die CVNE wurde 1879 gegründet, als die Rioja-Begeisterung des 19. Jahrhunderts am höchsten schlug. Sie hat seither immer ausgezeichnete Weine hergestellt – einstmals auch nach dem Champagnerverfahren erzeugte Schaumweine und einen Weinbrand. Der «Cune» 3° año ist einer der zuverlässigsten jungen roten Riojas; ausgezeichnet sind auch die *reservas* «Imperial» und «Viña Real», letzterer ein körperreicher, aromatischer Alavesa aus Elciego. Die CVNE stellt heute einen modernen weißen Rioja ohne Faßlager her, doch ist ihr «Monopole», der in Spanien mit seiner Spur Eichenholz so beliebt ist, nach wie vor einer der besten traditionellen weißen Riojas.
Einen Neuanfang bedeutet der «Contino», ein vorzüglicher Rotwein, der von einem 40 ha großen Rebgelände in La Serna kommt; der Ort liegt in der RIOJA ALAVESA westlich von Oyón. Der 1975er ist ein großer, weicher und körperreicher Wein mit einem Brombeeraroma und einem langen Abgang.

Corral S.A., Bodegas D.O. r. (rs. w. tr.) *→** 71, 73, 75, 76, 78, 80, 81, 82
Navarrete (Rioja Alta). Eine der jüngsten *bodegas*, die sich in Navarrete niedergelassen haben. Ihre Weine, deren bester der rote *reserva* «Don Jacobo» ist, können bisher noch nicht mit der Modernität der Geräte mithalten und neigen gelegentlich zu einem übermäßigen Eichenton und einer gewissen Adstringenz.

Crianza
Eigentlich «Aufzucht», und im Hinblick auf Wein bedeutet das Wort den Ausbau im Eichenfaß. Die Vorschriften des Consejo Regulador sind streng, und für die Bezeichnung *«con crianza»* muß ein roter oder weißer Rioja zwei Jahre gereift haben, davon mindestens ein Jahr in einem 225 l-Eichenfaß (siehe BARRICA). *Reservas* brauchen üblicherweise sechs Jahre vom Faß bis zur Flasche, und *Gran Reservas* acht (siehe jedoch GLOSSAR). Für die *Denominación de Origen* müssen Riojas nicht unbedingt auf Eiche gealtert werden, und bezüglich von Weinen *sin crianza* (ohne Alterung) gibt es keine Regeln. Ein Wein mit der Bezeichnung 2° año kann tatsächlich nie mit Eiche in Berührung gekommen und weniger als ein Jahr alt sein, da die Bezeichnung lediglich besagt, daß der Wein im Kalenderjahr nach der Ernte abgefüllt wurde.

«Cumbrero» D.O. r. w. tr. **
Etikett, das von Bodegas MONTECILLO für ihre ausgezeichneten roten und weißen Rioja 3° año verwendet wird.

CVNE
Abkürzung für COMPAÑÍA VINÍCOLA DEL NORTE DE ESPAÑA, deren Weine in Spanien auch als «Cune» bezeichnet werden.

De la Torre y Lapuerta S.A., Bodegas D.O. r. res. *
San Adrián (Rioja Baja). Die als «Campo Burgo» etikettierten Weine der Firma werden in einem einzigen riesigen Faß hergestellt, das interessanterweise in einer Zuckerraffinerie liegt. Sie sind typisch für die derben, rustikalen Garnacha-Gewächse aus dem äußersten Südosten der Rioja und ähneln eher den wuchtigen Weinen, die in der Ribera Baja (siehe NAVARRA) erzeugt werden, als den delikaten Weinen aus dem Norden der Region.

«Domecq Domain» D.O. r. w. tr. **→ *** 75, 76, 78, 82
Etikett, das die ehemalige SOCIEDAD GENERAL DE VINOS S.A. für ihre tadellosen Weine verwendet, soweit sie ins Ausland gehen; in Spanien wird der gleiche Wein als «Privilegio del Rey Sancho» verkauft.

Domecq S.A., Pedro D.O. r. (rs.) w. tr. **→ *** 73, 76, 78, 81, 82
Elciego (Rioja Alavesa). Die Ursprünge der bis vor kurzem als Sociedad General de Vinos S.A. bekannten Firma datieren aus den frühen 70er Jahren, als der Sherry-Konzern Pedro Domecq und die kanadische Firma Seagram gemeinsam die Bodegas PALACIO übernahmen. Die Wege der Partner trennten sich später, und Pedro Domecq baute seine eigene *bodega* mit modernen Gärtanks aus Edelstahl und einer Kapazität von etwa 13 000 eichenen BARRICAS für den Ausbau der Weine. Domecq hat außerdem 571 ha neue Weinberge in einer der besten Gegenden der RIOJA ALAVESA angelegt, ein Unternehmen, das ebenso bemerkenswert ist wie der Versuch, die Reben nach Bordoleser Art zu erziehen, anstatt sie niedrig zu schneiden, wie es in der Rioja üblich ist.
Neben einem gefälligen und preisgünstigen «Viña Eguia» sind die bekanntesten Weine der *bodega* die trockenen weißen und roten «Domecq Domain» (die in Spanien als «Privilegio del Rey Sancho» verkauft werden). Nach dem vielversprechenden Beginn mit dem roten 1973er ist auch der 1976er ein erstklassiger Alavesa-Wein geworden, harmonisch, tief und fruchtig.

Ebro
Der Río Ebro fließt vom Westen nach Osten durch die Rioja. Er tritt in der Felsenschlucht der Conchas de Haro in das Gebiet ein und verläßt es wieder bei Alfaro in der Rioja Baja. Die Rebgärten erstrecken sich zu beiden Seiten des Flusses hügelan oder liegen in den Tälern der sieben Nebenflüsse Tirón, Oja, Nájerilla, Iregua, Leza, Cidacos und Alama.

Eiche
Der Pionier des Eichenfasses als Reifebehältnis für den Wein, heute das «Warenzeichen» der Rioja, war Manuel Quintano, der 1787 eine Gruppe von Winzern in LABASTIDA ermutigte, ihre Weine nach französischem Vorbild herzustellen. Die Versuche wurden kurzsichtigerweise wieder abgebrochen; erst nach der Reblausepidemie im ausgehenden 19. Jahrhundert und durch den Einfluß von *négociants* aus Bordeaux wurde die Alterung im Eichenfaß zum üblichen Verfahren. Wegen ihrer dichten und gleichmäßigen Struktur, die den langsamen Durchtritt von Sauerstoff ermöglicht, wird die amerikanische Eiche bevorzugt; daneben wird auch Holz aus dem Limousin verwendet. Die Reifung erfolgt in neuen Fässern erheblich schneller, und obwohl die Fässer nach jedem Abzug der Weine (Abtrennung des Hefegelägers) gescheuert, ausgewaschen und entkeimt werden, verschließen sich die Poren des Holzes mit der Zeit. Dies ist ein Punkt, über den sich Besucher von *bodegas* meist nicht genügend im klaren sind, wenn sie ungläubig hören, wie lange ihre *reservas* auf Holz liegen. Aufgrund der hohen Wiederbeschaffungskosten sind die Fässer in älteren *bodegas* bis zu fünfzig Jahre alt.
Der Ursprung des Schauermärchens über die «Eichenessenz» ist vermutlich darin zu suchen, daß die Fässer in neueren *bodegas* erheblich reicher an essentiellen Ölen und Harzen sind und daher den Weinen ein starkes «eichiges» Bukett verleihen. Es gibt in der Tat solch künstliche Extrakte, aber jede *bodega*, die etwas auf sich hält, wird sich vor ihrer Verwendung hüten. Sie würde auch schwere Strafen riskieren, wenn sie erwischt würde. Schließlich spricht auch die Tatsache, daß die neuen Betriebe Millionen in die Anschaffung eichener BARRICAS investiert haben, gegen eine verbreitete Verwendung dieser Extrakte.
Während die Reifung in Eichenfässern in Verbindung mit einem angemessenen Flaschenlager für die Erzeugung guter Rotweine uner-

läßlich ist, ist man bei der Erzeugung von weißem Rioja wieder davon abgekommen, da die Erzeuger zu der Ansicht gelangt sind, daß es erheblich billiger ist, die frischen jungen Weißweine, die im Ausland so beliebt sind, ohne Faßlager auszubauen.

El Coto, Bodegas D.O. r. w. tr. **→*** 73, 76, 78, 79, 81, 82

Oyón (Rioja Alavesa). Große, neue *bodega,* die 1973 mit einer Kapazität von 65 000 hl und 7000 eichenen BARRICAS gegründet wurde. Die aus etwa 85 Prozent Tempranillo aus der RIOJA ALAVESA hergestellten Rotweine, die das Etikett «Coto de Imaz» tragen, sind leicht, sehr geschmeidig und reich im Bukett. Zu den besten gehört der harmonische 1978er mit seinem intensiven Himbeeraroma.

Elciego
Hoch über dem Ebro in der RIOJA ALAVESA auf einem Hügel gelegener Ort mit steilen, schmalen Gassen, dessen am höchsten Punkt errichtete Kirche die umgebenden Weinberge beherrscht. Berühmt ist Elciego als Sitz der *bodegas* des MARQUÉS DE RISCAL.

Estación de Viticultura y Enología
Amtliches Labor in Haro, das mit dem Consejo Regulador zusammenarbeitet. Seine Haupttätigkeit besteht in der Analyse von Weinen, mit der sichergestellt werden soll, daß diese mit den Normen des *reglamento* übereinstimmen. Es werden auch weitergehende Forschungen bezüglich der Herstellung und der Eigenschaften der Rioja-Weine angestellt.

Faustino Martínez, Bodegas D.O. r. (res.) w. tr. [**]→*** 64, 68, 70, 73, 74, 75, 76, 78, 81, 82
Oyón (Rioja Alta). Die Familie Martínez stellt schon seit mindestens 1860 in dem nördlich von Haro gelegenen Oyón gute Weine her und füllt diese seit 1931 selbst ab. Die immer noch als Familienbetrieb geführte Firma verfügt über 250 ha Rebgärten in einem der besten Gebiete der RIOJA ALAVESA. In den Kellern liegen etwa 10 000 BARRICAS. In der *bodega* hält man allerdings nichts von überlanger Faßlagerung. Der *gran reserva* «Faustino I», dessen Jahrgänge 1964, 1968, 1970 und 1975 überragend sind, verbrachte nur zwei Jahre im Faß, gefolgt von mehreren Flaschenjahren. Die anderen Rotweine heißen «Faustino V» und «Faustino VII». Die *bodega* war eine der ersten in der Gegend, die einen weißen Rioja neuer Art herausbrachte, den «Faustino VII». Er wird nicht in Eichenfässern gealtert und ist leicht und frisch mit einem interessanten zitronenartigen Abgang.
Vor kurzem hat die *bodega* den jungen roten «Vino de Cosechero» in den Handel gebracht, bei dem die Trauben nach herkömmlicher Art ganz in einem *lago* vergoren werden. Der Jahrgang 1982 hat eine dunkle, pflaumenartige Farbe, riecht leicht nach Hefe und hat ein gutes Brombeeraroma, das an den Beaujolais nouveau erinnert.

Franco Españolas S.A., Bodegas D.O. r. (rs.) w. tr. oder s. res. *→*** 62, 64, 68, 73, 74, 76
Logroño (Rioja Alta). Große, alteingesessene Firma mit *bodegas* im Herzen von Logroño, gleich an der Ebrobrücke, die 1973 von der

inzwischen enteigneten RUMASA übernommen worden war. Der halbsüße weiße «Diamante» ist in Spanien seit langem sehr beliebt und paßt gut zu Desserts. Die *bodega* stellt außerdem einen trockenen «Viña-Sole» mit Eichenaroma sowie einen gutgehenden jungen Rotwein «Sin Rival» her. Ihr «Rioja Bordón» ist ein körperreicher Rotwein, während vielleicht die elegantesten Weine die leichteren *reservas* «Royal» und die *gran reservas* «Royal Tête de Cuvée» sind.

Fuenmayor
Das an der Hauptstraße von Logroño nach Haro unweit des Ebro gelegene Fuenmayor ist neben CENICERO und nach HARO die zweitgrößte Weinstadt der Rioja.

Gómez Cruzado S.A., Bodegas D.O. r. (rs.) w. tr. oder s. *→** 64, 76, 78, 82
Haro (Rioja Alta). Eine der älteren *bodegas* in Haro, die einst zu Carbonell gehörte, den bekannten Erzeugern von Olivenöl und Montilla. Hergestellt werden die preisgünstigen «Predelicto»-Weine, der rote «Viña Dorana» und die *gran reserva* «Regio Honorable» sowie der weiße «Viña Dorana» und die *reserva* «Viña Motulleri».

Gurpegui, Bodegas D.O. r. (rs. w. tr.) res. ** 70, 73, 75, 76, 78, 82
San Adrián (Rioja Baja). Der auf das Jahr 1872 zurückgehende Familienbetrieb gehört zu den bemerkenswertesten in der Rioja und verfügt über ausgedehnte Rebgärten und eine ansehnliche Produktion von 140 000 hl mit 12 000 BARRICAS aus Eiche. Die besten Weine werden unter dem Etikett «Berceo» verkauft, so z. B. ein neuer Typ eines spritzigen und fruchtigen Weißweins sowie fruchtige rote *tintos* und *reservas* in der Tradition der Rioja Baja. Zu den sehr ansprechenden Erzeugnissen zählt auch ein frischer Rosé, der aus blauen Garnacho-Trauben gekeltert und ohne Schalen vergoren wird.

Haro
Das fast im Westzipfel der Region gelegene Haro, eine geschäftige Kleinstadt mit etwa 9000 Einwohnern, ist die Weinhauptstadt der RIOJA ALTA und Sitz von mindestens einem Dutzend *bodegas.* Der an und auf dem Hügel über dem Ebro gebaute Ort hat enge Gassen und elegante alte Häuser mit einem weitläufigen Hauptplatz, an dem sich als einer der Hauptanziehungspunkte das Weingeschäft von Juan González Muga befindet, der sich auf alte und seltene Jahrgänge sowie Sonderangebote von Riojas aus den lokalen *bodegas* spezialisiert hat. Haro ist Sitz eines amtlichen Weinlabors, der ESTACIÓN DE VITICULTURA Y ENOLOGÍA. Es gibt kein Hotel, dafür aber eine Reihe guter Restaurants (siehe ESSEN UND TRINKEN). In Briñas an der Straße nördlich nach Vitoria gibt es gegenüber den felsigen Conchas de Haro ein Weinmuseum, in dem Flaschen der meisten *bodegas* in der Rioja ausgestellt sind.

Hormilleja
Dorf in der Nähe von Nájera im Zentrum der Weinberge, aus denen der größte Teil der in der RIOJA ALTA angebauten Garnacha-Trauben kommt.

Labastida
Dorf in der RIOJA ALAVESA im Nordosten von Haro und Sitz einer der besten Genossenschaften in der Region.

Labastida, Cooperativa Vinícola de D.O. r. (rs.) w. tr. res. *→*** 66, 70, 75, 78, 81, 82
Labastida (Rioja Alavesa). Die 1956 und 1965 erweiterte Genossenschaft hat 158 *socios* (Mitglieder), die in drei der besten Gebiete der Region (Labastida, Samaniego und Villalba) Reben anbauen. Die Genossenschaft verfügt über eine Gesamtkapazität von 30 000 hl und ist die einzige in der Rioja, die Eichenfässer besitzt und ihre Weine selbst abfüllt. Die Qualität der Früchte findet ihre Entsprechung in

der der Weine. Der frische junge Weißwein, der nicht in Eichenfässern gealtert wird und fast ausschließlich aus Viura und einem kleinen Teil Blanquirroja hergestellt wird, ist der beste seiner Art in der Rioja. Der Wein, der ein bleiches Strohgelb aufweist und in Duft und Aroma rund, intensiv und fruchtig ist, wird nicht, wie man annehmen könnte, durch gekühlte Gärung gewonnen; vielmehr werden die Trauben über Nacht in einem *depósito* aus Beton gelagert, aus dem man den Most, der unter dem Eigengewicht der Trauben abläuft, abzieht und zur Gärung in ein eigenes Faß verbringt. Auch die Rotweine, die mit 13,5–14 Prozent Alkohol stärker sind als die meisten Alavesas, sind von erster Güte. Hierzu gehören ein angenehmer junger «Manuel Quintano», ein ausgewogener «Montebuena», die ausgezeichneten *reservas* und *gran reservas* «Gastrijo» und «Castillo Labastida» mit ihrem fruchtigen Tempranillo-Duft, dem Himbeergeschmack und dem langen Abgang.

La Granja Remelluri D.O. r. rs. res. *** 76, 78
Labastida (Rioja Alavesa). Die kleine *bodega* mit einer Rebfläche von 40 ha wurde 1970 von Jaime Rodriguez Salis etabliert und stellt auf überlieferte Art ausnahmslos gute rote Qualitätsweine her.

Laguardia
Alte, auf einem Hügel im Herzen der RIOJA ALAVESA gelegene und mit Festungsmauern umgürtete Stadt, die die weite Umgebung als Wahrzeichen beherrscht. Überall in den engen Gassen findet man zwischen den alten, dunklen Häusern *bodegas,* die einst kleinen Winzern gehörten und heute überwiegend nicht mehr benutzt werden. Am Stadtrand gibt es drei große, moderne Keltereien. Während es unter der Woche ziemlich ruhig ist, strömen an Wochenenden und an Feiertagen Ausflügler aus Bilbao und San Sebastián herein, die hier essen und dem lokalen Wein zusprechen.
Im alten Herrschaftshaus des Dichters Samaniego, der im 18. Jahrhundert eher unbedeutende Fabeln schrieb, war früher ein angenehmes Hotel untergebracht; nun befindet sich dort ein Zentrum für das Studium der Alavesa-Weine, die Casa del Vino. Abgesehen von den interessanten Ausstellungen über die lokale Geschichte sowie über Weinbau und Önologie unterhält es auch moderne Labors und berät die kleinen Winzer oder *cosecheros.*

Lagunilla S.A., Bodegas D.O. r. (rs.) w. tr. res. *→** 70, 73, 75, 80
Fuenmayor (Rioja Alta). Die 1885 gegründete Firma war eine der ersten, die nach der Reblausepidemie zu Ende des 19. Jahrhunderts amerikanische Pfropfreben einführte. Sie besitzt heute eine große, moderne *bodega* außerhalb von Fuenmayor und wurde zwischenzeitlich von Crofts übernommen, der zur I.D.V.-Gruppe gehört. Die besten Weine sind die roten *reservas* «Viña Herminia».

Lan S.A., Bodegas D.O. r. (rs.) w. tr. res. ** 70, 73, 75, 78, 81, 82
Fuenmayor (Rioja Alta). 1969 gegründeter und von der ehemaligen RUMASA übernommene große *bodega.* Der mit modernstem und technisch ausgeklügeltem Gerät ausgestattete Betrieb verfügt über 25 000 BARRICAS für die Alterung der Weine. Dies sind unter anderem ein frischer weißer «Lambros», der nicht in Eichenfässern gealtert wird; ein lebendiger und fruchtiger, jedoch etwas säurereicher «Landa» sowie die *reservas* «Viña Lanciano» mit gutem Duft, Kirschenaroma und leicht herbem Abgang.

Logroño
Die 108 000 Einwohner zählende Hauptstadt der Provinz Logroño ist die einzige Großstadt der Rioja und das kommerzielle Zentrum der Weinindustrie. In der hübschen Stadt am Ebro gibt es einen weitläufigen, von Bäumen gesäumten Platz, den Espolón, der alljährlich vom 21. September an Schauplatz der Fiesta de San Mateo ist, mit der der

Beginn der Weinlese gefeiert wird. Logroño ist Sitz des Consejo Regulador und der Grupo de Exportadores sowie von drei der größten Rioja-*bodegas,* FRANCO ESPAÑOLAS, CAMPO VIEJO und OLARRA. In der Stadt gibt es zahlreiche gute Restaurants (siehe ESSEN und TRINKEN). Die Hotels sind das Los Bracos und Carlton Rioja (je 4 Sterne) sowie das Gran Hotel (3 Sterne). Favorit der Weingemeinde ist jedoch das Murrieta (3 Sterne), das über eine gute *cafetería* und ein ebensolches Restaurant verfügt.

López Agos y Cía. S.A., Bodegas D.O. r. w. tr. res. *→** 73, 76
Fuenmayor (Rioja Alta). Eine seit 1973 bestehende *bodega* mit einer Kapazität von 22500 hl und 2000 eichenen BARRICAS. Erzeugt werden ein junger roter «Agos» und ein «López Agos» *sin crianza* (siehe CRIANZA); ein leichter roter «Señorio Agos» und ein trockener weißer «Agos Oro», die beide in Eichenfässern gealtert werden.

López de Heredia Viña Tondonia S.A., Bodegas R. D.O. r. (rs.) w. tr. oder s. res. **→**** 68, 70, 73, 75, 76, 78, 81, 82

Haro (Rioja Alta). López de Heredia wurde 1877 auf dem Höhepunkt der Reblausepidemie in Frankreich gegründet und ist eine der ursprünglichsten *bodegas.* Alle Gebäude sind aus Bruchstein errichtet; die Behälter für Herstellung und Ausbau der Weine sind aus amerikanischer Eiche, und die Keller, darunter der berühmte El Calado, sind 17 m unter der Erde in den Sandstein gehauen, so daß dort ganzjährig eine gleichmäßige Temperatur von 12°C bei einer relativen Luftfeuchtigkeit von 80 Prozent herrscht. Die Weine, die kompromißlos «traditionell» hergestellt werden, sind zu Anfang relativ gerbstoffreich, machen jedoch in langen Faßjahren eine großartige Entwicklung durch. Zu ihnen gehört u.a. ein wunderbarer weißer «Tondonia» 1971 mit einer subtilen Mischung von Eiche und Frucht sowie der legendäre 1953er, eine Offenbarung für Menschen, die glauben, daß Weine dieses Alters notwendigerweise flach und oxydiert sein müssen. Der jüngste der Rotweine ist der elegante junge «Cubillo»; zu den älteren Rotweinen zählen der «Tondonia» und der «Bosconia» 5° año und 6° año, wobei der «Bosconia» eher weicher und körperreicher ist. Einige der *reservas,* z.B. der «Bosconia» 1942, können nur als Klassiker bezeichnet werden.

Marqués de Cáceres, Bodegas D.O. r. (rs.) w. tr. res. **→*** 70, 71, 73, 78, 81, 82
Cenicero (Rioja Alta). Die *bodega* wurde 1972 von Don Enrique Forner gegründet, der mit seinem Bruder im Haut-Médoc ein Château besitzt. Die Verfahren der *bodega* gleichen denjenigen von Bordeaux mehr, als dies bei den meisten anderen Betrieben in der Rioja der Fall ist, da bei der Planung Professor Emile Peynaud von der Universität Bordeaux als Berater zugezogen wurde. Der Betrieb bezeichnet sich selbst als «Unión Vitivinícola», da der Rotwein von einer Gruppe tonangebender lokaler Winzer oder in der benachbarten Genossenschaft von Cenicero hergestellt wird und später in der *bodega* selbst verschnitten und ausgebaut wird. Die preisgünstigeren

Rotweine werden als «Rivarey» etikettiert, die übrigen als «Marqués de Cáceres». Die *reservas* sind fruchtig, harmonisch und weniger gerbstoffreich als die typischen roten Riojas und haben ein Himbeeraroma mit langem Abgang. Diese Firma stellte als erste einen weißen Rioja neuen Stils her, den «Marqués de Cáceres», der gekühlt vergoren wird und nicht im Faß reift. Der außergewöhnlich leichte, frische und fruchtige Wein ist wahrscheinlich immer noch der beste seiner Art.

Marqués de Murrieta S.A., Bodegas D.O. r. (rs.) w. tr.
→ 60, 68, 70, 74, 76, 78, 81, 82
Ygay (Rioja Alta). Diese nach der MARQUÉS DE RISCAL zweitälteste *bodega* wurde 1870 vom Marqués de Murrieta in Ygay, einem Dorf östlich von Logroño, gegründet. Die *bodega* gilt neben Riscal als Aristokratin der Riojas und baut ihre Weine streng traditionell aus. 40 Prozent der Trauben werden in den umliegenden Rebgärten angebaut; der Rest kommt von regelmäßigen Zulieferern, die sorgfältig überwacht werden. Die Weine werden in Betontanks vergoren und lange in Eichenfässern gealtert; das Abziehen der Weine erfolgt mit Hilfe der Schwerkraft und nicht durch Pumpen. Zumindest bis vor kurzem wurden sie in der BARRICA belassen und erst unmittelbar vor dem Versand auf Flaschen gezogen.
Der jüngste Rotwein ist der geschmeidige fruchtige «Etiqueta Blanca» 4° año; außerdem gibt es auch einen sehr runden, fruchtigen Weißwein von gleichem Alter. König der *reservas* ist der erlesene «CASTILLO DE YGAY», einer der gesuchtesten und teuersten spanischen Weine. Er wird nur in langen zeitlichen Abständen erzeugt, und nach dem ruhmreichen 1934er folgte erst wieder der 1960er. Für die Liebhaber alter und seltener Weine nennt die *bodega* als beste Jahrgänge 1920, 1925, 1931, 1934, 1935, 1942, 1948 und 1949.

Marqués de Riscal S.A., Herederos de D.O. r. (rs.) res.
→ 64, 65, 68, 70, 71, 73, 76, 78, 81, 82
Elciego (Rioja Alavesa). Die *bodega,* die 1860 von einem Trio Aristokraten gegründet wurde, zu denen auch der Marqués de Riscal gehörte, wurde von einem *vigneron* aus Bordeaux geplant und war die erste in der Rioja, die für die Herstellung der Weine französische Verfahren anwandte. Damals wie heute wurde ein Teil Cabernet-Sauvignon verwendet, während die überwiegende Rebe wie auch in der übrigen RIOJA ALAVESA die Tempranillo ist.
Riscal hat heute etwa 20 ha Rebgärten mit Cabernet, von denen die Hälfte alte und die Hälfte junge Stöcke sind, und verwendet für alle Rotweine etwa 5 Prozent von diesen Reben. Die Weine waren immer schon leicht, elegant und stilvoll und mehr in der Art eines Bordeaux als die meisten anderen Riojas. Früher waren sie in der Jugend häufig etwas hart; wenn man ihnen jedoch etwas Zeit in der Flasche gönnt, reifen sie herrlich heran und entwickeln ein intensives Bukett. Auch in Jahren wie 1971 und 1972, als Riscal etwa 40 Prozent der Ernte zurückwies, machte die *bodega* trotzdem noch gute Weine; für Jahrgänge wie 1938 und 1952 gibt es keine andere Bezeichnung als «perfekt». Der denkwürdige 1922er, tieffarben, von überströmender Blume und Fruchtigkeit und langem Abgang, läßt keinen anderen Vergleich zu, als den mit einem der besten alten *crus* aus Saint-Émilion.
Wie bei MARQUÉS DE MURIETA wird keiner der Weine vor seinem vierten Jahr verkauft. Die *bodega* hat über alle Jahrgänge seit ihrer Entstehung Buch geführt, und ihr Leiter, Don Francisco Salamero Arrazubi, nennt als die besten älteren Jahrgänge dieses Jahrhunderts die folgenden: 1910, 1920, 1922, 1925, 1938, 1942, 1943, 1947, 1950, 1964, 1965, 1968, 1970 und 1982. Riscal erzeugt ein wenig Rosé in der Rioja, während ihre Weißweine aus Rueda bei Valladolid (siehe ALTKASTILIEN UND LEÓN) kommen.

Martínez Lacuesta Hnos. Ltda. D.O. r. (rs.) w. tr. oder s. *→*** 58, 64, 70, 71, 73, 76, 78, 82
Haro (Rioja Alta). Diese alteingesessene *bodega* im Zentrum von Haro wurde 1895 gegründet und ist auch unter ihrem jetzigen Leiter, Don Luis Martínez Lacuesta, noch in den Händen der Familie. Die *bodega* verfügt über eine beachtliche Kapazität von etwa 40 000 hl mit 7000 eichenen BARRICAS für den Ausbau der Weine. Früher besaß die Firma eigene Weinberge und erzeugte eigenen Wein, der jedoch heute den lokalen Genossenschaften abgekauft wird. Ihre Rotweine, die Passagiere der Iberia Airlines sicher kennen, sind die beiden Typen «Rioja clarete» und der körperreichere «Campeador». Beide Weine enthalten einen relativ hohen Anteil von Garnacha (der «Rioja clarete» 1981 z.B. 80 Prozent) und sind häufig von orangeroter Farbe, ziemlich adstringierend (mit hohem Gerbsäuregehalt) und stark von Eiche geprägt. Nach Meinung von Don Luis sind die besten älteren Jahrgänge die «Reservas Especial» 1958 und 1964. Der 1928er war herausragend.

«Monte Real» D.O. r. ***
Einer der besten Rotweine der Bodegas RIOJANAS; für seine Herstellung wird ein hoher Anteil Tempranillo sowohl aus CENICERO in der Rioja Alta als auch aus der RIOJA ALAVESA verwendet.

Montecillo S.A., Bodegas D.O. r. (rs.) w. tr. [**] →*** 70, 73, 75, 76, 78, 80, 81, 82
Navarrete (Rioja Alta). Die 1874 gegründete Firma gehört heute zur Sherry-Firma Osborne (siehe SHERRY). Sie verfügt über 77 ha Rebgärten und eine neue Kellerei bei NAVARRETE sowie über *bodegas* für den Ausbau der Weine in CENICERO. Die roten und weißen «Montecillo» 3° año sind exzellente Weine und äußerst preisgünstig. Die Firma erzeugt außerdem gute rote *reservas* der Marke «Viña Monry», von denen einer der besten der 1970er war. Vor kurzem wurde mit der Herstellung eines neuen Weißwein-Typs durch gekühlte Gärung begonnen. Dieser frische und fruchtige Tropfen, der nicht in Eichenfässern gealtert wird, zählt zu den besten seiner Art.

Muga S.A. Bodegas D.O. r. w. tr. res. [**→***] 70, 73, 75, 76, 78, 81, 82
Haro (Rioja Alta). Dieser kleine Familienbetrieb wurde 1926 gegründet, zog jedoch 1971 in eine neue *bodega* in der Nähe des Bahnhofs um. Sie ist völlig anders als die anderen großen *bodegas,* die während des Rioja-Booms der 70er Jahre neu erbaut wurden, da sie anfänglich über nicht mehr als 500 BARRICAS verfügte – die Mindestmenge für die Exportlizenz. Seither ist die Zahl der Fässer wegen des anhaltenden Geschäftserfolgs auf 4800 angestiegen. Alle Kellereiarbeiten werden von einer kleinen und engagierten Truppe, welche die Gebrüder Muga selbst leiten, nach herkömmlichem Verfahren erledigt. Die Weine spiegeln die Sorgfalt wieder, die auf ihre Herstellung verwendet wird; sie zählen zur Zeit zu den besten der Rioja. Die als «Muga» etikettierten Weine, die aus eigenen Reben der Firma sowie aus Trauben von Winzern in Abalos hergestellt werden, sind außerordentlich leichte und bukettreiche *claretes,* während der «Prado Enea» ein tieffarbener, samtener und körperreicher Wein ist, der in Flaschen mit Wachskapseln verkauft wird. Der 1970er war ausgezeichnet. Die Firma erzeugt daneben kleine Mengen eines trockenen Weißweins und eines angenehmen und sehr leichten Schaumweins, der nach dem Champagnerverfahren hergestellt wird (siehe SCHAUMWEINE).

Murua S.A., Bodegas D.O. r. res. ** 70
Elciego (Rioja Alavesa). Die von Don José Murua Villaverde ins Leben gerufene Firma wurde 1974 von einer Gruppe aus Asturien übernommen und besitzt nun im Dorf Samaniego eine Kellerei, wo Weine aus den örtlichen Reben hergestellt werden, hauptsächlich aus der Tempranillo. Die typischen Tropfen wie etwa der 5° año und *gran*

reserva 1970 sind fruchtig und kräftig in der Farbe, zuweilen auch ein wenig adstringierend (gerbsäurereich). Im Glas riechen sie ein klein bißchen «korkig».

Nájera
Diese malerische Kleinstadt im hügeligen Süden der RIOJA ALTA westlich von Logroño birgt eine frühere Residenz der Könige von Navarra. In dem aus dem 11. Jahrhundert stammenden Kloster Santa María la Real befinden sich die Gräber vieler Könige und Königinnen von Navarra, Kastilien und León.

Navarrete
Auf einem Hügel gelegenes Weinbauzentrum im Südwesten von Logroño. Der Ort war 1367 Schauplatz einer Schlacht, bei der der Schwarze Prinz und Peter I. der Grausame die Truppen Heinrichs II. von Trastamara schlugen. Außerdem findet man in Navarrete eine wunderschöne Kirche aus dem 16. Jahrhundert und alte Herrschaftshäuser.

Oja (Fluß)
Nebenfluß des Ebro, der sich mit diesem bei Haro vereinigt und der Gegend ihren Namen gegeben hat.

Olarra S.A., Bodegas D.O. r. (rs). w. tr. oder s. res. **→*** 70, 73, 75, 76, 78, 80, 81, 82
Logroño (Rioja Alta). Die Firma wurde 1972 von einer Gruppe spanischer Industrieller gegründet, und ihre *bodegas* am Rande von Logroño, die in Form eines dreizackigen Sterns angelegt sind, der die drei Teilgebiete symbolisiert, zählen zu den größten der Region. Sie sind mit Gärtanks aus Edelstahl und hochentwickelten, rechnergesteuerten Systemen ausgerüstet, mit denen der Fluß des Mostes und andere Betriebsabläufe gesteuert werden. Der Ausbau erfolgt jedoch nach traditionellen Verfahren in den 25000 eichenen BARRICAS der Firma. Die Weine sind tadellos und von hohem Standard und umfassen einen trockenen, erfrischenden und harmonischen «Blanco Seco Olarra» und ausgezeichnete rote *reservas* «Cerro Añón», die typisch voll und fruchtig sind; herausragend war der 1970er.

Oyón
Industriestadt in der RIOJA ALAVESA, Logroño gegenüber auf der anderen Seite des Flusses gelegen. Oyón ist Sitz der Bodegas EL COTO und FAUSTINO MARTÍNEZ.

Ollauri
Kleines Dorf in der RIOJA ALTA südlich von Haro und Geburtsort der Bodegas PATERNINA und BERBERANA, die dort immer noch ihren ursprünglichen Keller für den Flaschenausbau ihrer Weine unterhalten.

Palacio S.A., Bodegas D.O. r. (rs.) w. tr. oder s. *→*** 70, 75, 76, 78, 81, 82
Laguardia (Rioja Alavesa). Die alten *bodegas* befanden sich an der Straße nach Elciego. Seit einigen Jahren hat die Firma ihren Sitz am Fuße des Hügels, auf dem sich die wohl schönste Ortschaft der Rioja, Laguardia, befindet. Die Bodegas Palacio verfügen über modernste Einrichtungen, sind aber den traditionellen Kelterungsmethoden treu geblieben. Sie erzeugen einen sehr erfreulichen roten «Glorioso», der rund, leicht und fruchtig ist, und einen weißen «Glorioso» mit denselben Eigenschaften. Es wird auch ein außergewöhnlich guter «Reserva» Glorioso 1970 verkauft. Der seltene 1923er «Bodas de Oro» Reserva especial ist exzellent; Sie werden ihn jedoch kaum auftreiben können.

Palacios, Bodegas José
Alfaro (Rioja Baja) und Logroño (Rioja Alta). Hersteller von ziemlich durchschnittlichen Rotweinen.

Paternina S.A., Federico r. (rs.) w. tr. res. *→*** 59, 67, 68, 73, 76, 80
Haro (Rioja Alta). Der 1896 von Don Federico Paternina Josué gegründete Betrieb war bereits eine der größten und erfolgreichsten Firmen der Rioja, bevor sie von der einstigen RUMASA-Gruppe übernommen worden war. Nach der Übernahme zog Paternina aus den ursprünglichen Kellern in Ollauri in eine größere *bodega* um, die von einer Genossenschaft in Haro gekauft wurde, und entwickelte sich zu einem modernen Großbetrieb mit 53 000 BARRICAS, in denen 120 000 hl Wein ausgebaut werden können. Der «BANDA AZUL» war – bis auf einen kleinen Popularitätseinbruch wegen der Umstellungsschwierigkeiten im neuen Betrieb – immer ein Begriff unter den jüngeren roten Riojas; der reifere «Viña Vial» ist ein körperreicher, fruchtiger, harmonischer Wein. Es gibt auch einen tadellosen «Gran Reserva», der in den letzten Jahren allerdings die ruhmreiche Vollmundigkeit des 1928ers nie mehr erreichte. Der traditionelle trockene weiße «Banda Dorada» war ein runder und ziemlich eichenbetonter Wein. Allerdings stellt Paternina wie auch andere große Betriebe den Wein heute (in Spanien unter dem Namen «Rinsol») durch temperaturgeregelte Gärung in Edelstahltanks her. Der Stil ist leicht und fruchtig und liegt mehr auf der Linie eines Loire oder trockenen Elsässerweins. Der Stolz von Paternina sind die seltenen alten Jahrgänge, die in den tiefen Kellern der alten *bodega* in Ollauri gelagert werden. Mit keinem System von Sternen könnte man so wunderschönen alten Jahrgängen wie 1902, 1910, 1920, 1935, 1947 und 1959 gerecht werden.

«Príncipe Pio» r. w. tr. **
Die Weine stellt die UNION VITIVINÍCOLA in ihren *bodegas* in Cenicero für Emilio Lustau S.A. (siehe SHERRY) her; der beste ist der frische junge Weißwein.

Ramón Bilbao, Bodegas D.O. r. (rs.) w. tr. res. *
Haro (Rioja Alta). Mich persönlich konnten diese Weine bei der Verkostung nicht überzeugen; sie haben indes in Spanien ihre Anhänger. Zu den Weinen der *bodega* gehören der junge rote «Monte Llano», die reiferen «Monte Seco» und «Monte Rojo» und die *reservas* «Turzaballa» und «Ramón Bilbao». Außerdem gibt es Rosés und einen weißen «Monte Llano».

Real Divisa, Bodegas D.O. r. (rs.) w. tr. **
Ábalos (Rioja Alta). *Bodegas* von einigem Ruf in einer kleinen Enklave der RIOJA ALTA im Norden des Ebro. Sie stellen lohnende Rotweine her, hauptsächlich aus Tempranillo.

Rioja Alavesa D.O. r. (w. tr.) **→***
Dieses kleinste der drei Teilgebiete der D.O. Rioja mit einer Rebfläche von 7000 ha liegt in der Provinz Álava und erstreckt sich nördlich des Ebro von den Conchas de Haro bis zu einer Linie östlich von Logroño. Aufgrund des gemäßigten Klimas, der Südhanglage der Rebberge und der Zusammensetzung des Bodens, der fast ausschließlich aus Kalklehm besteht, erzeugt die Rioja Alavesa einige der besten Weine des ganzen Gebiets – nach Meinung vieler Fachleute die besten überhaupt. Ein weiterer Faktor ist der sehr hohe Tempranillo-Anteil in den Rotweinen.
Es gibt einige Dutzend große *bodegas*, die ihre Weine exportieren; andere besitzen Weinberge in dem Gebiet und verschneiden die Moste mit denjenigen aus der RIOJA ALTA. Haupterzeugungszentren sind LABASTIDA im Westen, Elciego, LAGUARDIA und Oyón im Osten.

Im allgemeinen sind die roten Alavesa-Weine voll, fruchtig und geschmeidig (wenn es auch ein oder zwei Leichtgewichte gibt) mit einem ausgeprägten und charakteristischen Tempranillo-Duft, der etwas an Cabernet-Sauvignon erinnert. Sie reifen schneller als die der Rioja Alta und sind nicht so lange haltbar. In geringen Jahren erlaubt der Consejo Regulador, etwas Garnacha tinta aus der RIOJA BAJA hinzuzufügen, die den erforderlichen Körper und Alkoholgrad (nicht unter 11–11,5 Prozent) liefert.
Das Teilgebiet erzeugt außerdem kleinere Mengen Weißwein mit schöner Säurebalance, der hauptsächlich aus der Viura und Malvasía hergestellt wird.

Rioja Alta D.O. r. (rs.) w. tr. oder s. **→****
Neben der RIOJA ALAVESA erzeugt das Teilgebiet Rioja Alta die besten Rioja-Weine. Es liegt in der Provinz La Rioja und erstreckt sich (abgesehen von einer kleinen nördlichen Nische in der Gegend um Abalos) südlich des Ebro von den Conchas de Haro im Westen bis jenseits von Logroño im Osten. Die Böden sind gemischter als in der Rioja Alavesa und enthalten Kalklehm, eisenhaltigen Lehm und Schwemmland. Im Hinblick auf diese Böden und das Mikroklima haben die Önologen das Gebiet von Westen nach Osten in die Zonen Cuzcurrita, Haro, San Asensio und Cenicero-Fuenmayor unterteilt. Die Weine aus dem feuchteren und hügeligeren Gebiet des Westens sind meist etwas säurereicher und geringer im Alkohol als jene aus Cenicero, wo das Klima halbtrocken ist und die kalkhaltigen Böden überwiegen, die sich besonders gut für den Anbau von Tempranillo-Reben eignen.
Es gibt etwa dreißig große *bodegas* in der Rioja Alta; die Haupterzeugungszentren befinden sich in HARO im Westen, in CENICERO und FUENMAYOR in der Mitte und LOGROÑO und NAVARRETE im Osten.
Während die Tempranillo in der Rioja Alta wie in der Rioja Alavesa die Hauptrebe ist, enthalten die Weine hier einen höheren Anteil von Mazuelo, Graciano und Garnacha und sind in der Regel lebhafter und frischer im Bukett, zudem etwas säurebetonter. Wie in der Rioja Alavesa werden die Weißweine überwiegend aus der Viura und der Malvasía erzeugt unter Hinzufügung kleinerer Mengen Garnacha blanca. Genauere Angaben sind hier schwierig zu machen, da die großen *bodegas* manchmal einen Verschnitt von Weinen herstellen, bei dem die Trauben sowohl aus der Rioja Alta als auch der Rioja Alavesa stammen.

La Rioja Alta S.A., Bodegas D.O. r. (rs.) w. tr. res. **→****
64, 68, 70, 73, 76, 78, 81, 82
Haro (Rioja Alta). Mittlerer Familienbetrieb, der 1890 gegründet wurde und zu den ersten zählt, die in dem geheiligten Bereich in der Nähe des Bahnhofs eine *bodega* errichteten. Die Rioja Alta hat die Qualität und das Ansehen ihrer Weine immer aufrecht erhalten. Sie verfügt über etwa 250 ha Rebfläche in der RIOJA ALTA und der RIOJA BAJA und besitzt 23 000 BARRICAS für die Alterung der Weine, die streng traditionell hergestellt werden. Diese umfassen einen jungen erfreulichen «Viña Alberdi» (3° año); den fruchtigen, körperreichen und samtenen «Viña Ardanza» (der nach einer der fünf Familien benannt wurde, die die *bodega* gründeten); einen leichteren und sehr eleganten «Viña Arana» sowie den ausgezeichneten *reserva* «904». Die Firma erzeugt überdies einen traditionellen weißen Rioja, der im Faß altert, den «Metropol Extra» und den frischen jungen «Leonora», der nur kurz auf Holz liegt.

Rioja Baja D.O. r. (w. tr.) *→**
Dieses größte Teilgebiet der D.O. Rioja erstreckt sich von Logroño aus längs des Ebro bis Alfaro im Südosten. Der größte Teil des Gebiets liegt in der Provinz La Rioja südlich des Flusses, ein schmaler Streifen im nördlichen Navarra. Die Böden der Rioja Baja bestehen fast ausschließlich aus Schwemmland und eisenhaltigem Lehm; das

Klima ist halbtrocken und mediterran. Die vorherrschende Rebsorte ist die blaue Garnacha tinta, deren Moste viel Alkohol und Extrakt enthalten, jedoch rasch oxydieren. Die typischen Weine sind rauher als jene aus der kühleren und hügeligeren RIOJA ALAVESA und RIOJA ALTA, weshalb sie oft zur Regulierung des Alkoholgrads und des Extraktgehalts als Verschnittwein verwendet werden. Immerhin hat sich das kühne Wagnis der Bodegas BERBERANA, auf den kreidehaltigen Böden der höher gelegenen Teile des Gebiets – bei Monte Yerga in der Nähe von Aldeanueva del Ebro – die Tempranillo und Viura anzubauen, als sehr erfolgreich erwiesen.
In der Rioja Baja gibt es sechs größere *bodegas*. Die Haupterzeugungszentren sind San Adrián, Alfaro, Arnedo und Aldeanueva del Ebro, eine sonnendurchglühte Stadt, in der Spargel und Paprikaschoten besser gedeihen als der Wein. Der Name des Orts ist ein Kuriosum, da er, entgegen allen Vermutungen, weder ein neuer Weiler noch am Ebro gelegen ist.
Die typischen Weine sind körper- und alkoholreiche Rotweine, die mehr denen aus der Ribera Baja (siehe NAVARRA) ähneln, als den delikaten Gewächsen der Rioja Alta oder Rioja Alavesa.

Rioja Santiago S.A., Bodegas D.O. r. (rs.) w. res. *→*** 62, 64
Haro (Rioja Alta). Alteingesessene Firma mit *bodegas* in Haro, gleich über der Ebro-Brücke, und umfangreichen Rebgärten in der Nähe von Labastida in der RIOJA ALAVESA. Lange vor der Übernahme durch Pepsi-Cola hatte die Firma die kluge Idee, ihre Weine, die unter dem Namen «Yago» (nach dem heiligen Jakob, dem Schutzpatron Spaniens) verkauft werden, in viereckige Flaschen abzufüllen; dadurch erlangten sie ein unverwechselbares Aussehen, und bei der Verpackung spart man sehr viel Platz. Die jüngeren Rotweine haben unter der Pasteurisierung gelitten, einem Verfahren, das ihrer Entwicklung in der Flasche ein endgültiges Ende setzt, während die älteren Jahrgänge der *reservas* «Condal» sehr schön sind. Hauptsächlich füllt Santiago jedoch *Sangría* in Flaschen, der aus Rotwein durch Hinzufügen von Sodawasser, Orangen- und Zitronensaft entsteht und von Pepsi-Cola in den Vereinigten Staaten als «Monsieur Henri» verkauft wird.

Riojanas S.A., Bodegas D.O. r. (rs.) w. tr. oder s. res. **→***
64, 66, 68, 70, 73, 74, 76, 78, 81, 82
Cenicero (Rioja Alta). Diese große, alteingesessene *bodega*, die 1890 gegründet wurde, wurde mit zinnenbewehrtem Burgturm und Beratung aus Bordeaux errichtet; bis in die ersten Jahre des Zweiten Weltkriegs arbeiteten dort auch französische Techniker. Interessant ist, daß hier ein Teil des Weins noch nach dem alten Rioja-Verfahren hergestellt wird, bei dem die Trauben in offenen, steinernen *lagos* vergoren werden. Die Trauben kommen von der RIOJA ALTA und der RIOJA ALAVESA von etwa 200 ha Rebfläche, die der Firma oder ihren Teilhabern gehört, sowie von privaten Winzern. Außerdem werden kleinere Mengen ausgewählter Garnacha-Trauben aus der RIOJA BAJA verwendet.
An Weinen sind ein trockener weißer «Medieval», ein halbsüßer weißer «Albina» und ein preiswerter roter «Canchales» 2° año zu nennen. Ferner werden gute *reservas* der Marke «Viña Albina» hergestellt. Die interessantesten Weine dürften indes die roten *reservas* «Monte Real» sein, die zu einem erheblichen Teil aus der Tempranillo der Rioja Alavesa erzeugt werden.
Zu den besten älteren Jahrgängen zählen 1890, 1915, 1922, 1934, 1942, 1950 und 1956.

RUMASA
Vor der dramatischen Enteignung im Jahr 1983 war dieser spanische Großkonzern im Bank- und Hotelgewerbe, im Immobilienbereich sowie in Produktion und Handel mit Weinen aller Sorten engagiert. Zu diesem Zweck hatte er die bedeutenden Rioja-Firmen PATERNINA, FRANCO ESPAÑOLAS, LAN und BERBERANA übernommen. Langfristige

Angelegenheiten, die noch anstehen, werden gegenwärtig durch die Regierung geregelt. Siehe auch SHERRY.

Santa Daría S.A., Cooperativa Vinícola de D.O. r. (rs. w. tr.) ** 76, 80, 82
Cenicero (Rioja Alta). Die 1963 gegründete Genossenschaft ist eine der besten in der Rioja. Sie liefert Weine an die benachbarte *bodega* MARQUÉS DE CÁCERES, bringt aber auch eigene Marken in den Handel. Darunter befinden sich der rote «Santa Daría» 2° año und der «Valdemontan», die beide nicht in Eichenfässern gealtert werden, sowie der rote «Santa Daría» *reserva*, der sowohl im Faß wie auch in der Flasche reift.

Salceda S.A., Viña D.O. r. res. **→*** 70, 73, 75, 76, 78, 82
Elciego (Rioja Alavesa). Die heutige moderne *bodega*, die sich unmittelbar jenseits der Brücke über den Ebro an der Straße von Cenicero nach Elciego befindet, stammt aus dem Jahre 1974 und ist mit Gärtanks aus Edelstahl sowie mit den traditionellen BARRICAS aus Eiche für die Alterung der Weine ausgerüstet. Die mittelgroße *bodega* erzeugt ausschließlich Rotwein. Der erste Jahrgang war der ausgezeichnete 1970er; der 1973er war ein besonders gefälliger Wein, fruchtig und harmonisch.

San Mateo, Fiesta de
Die Fiesta de San Mateo, eines der vielen Feste in den Weinbaugebieten, beginnt in Logroño am 21. September, kurz vor der offiziellen Eröffnung der Weinlese am 10. Oktober, und dauert eine Woche lang. Dabei paradieren uniformierte Kapellen durch die Straßen; es werden Stierkämpfe veranstaltet und auf der Plaza del Espolón wird um Mitternacht ein Feuerwerk abgebrannt.

Savin S.A.
Savin ist eine der größten spanischen Weinfirmen, die auf preisgünstige Weinbrände von annehmbarer Qualität spezialisiert ist. Sie besitzt in ganz Spanien Keltereien (siehe auch KATALONIEN und VALENCIA UND MURCIA); in der Rioja betreibt sie eine *bodega* in Aldeanueva del Ebro in der RIOJA BAJA und hat auch die Kontrolle über CAMPO VIEJO in Logroño.

Santo Domingo de la Calzada
Das nicht mehr zum D.O.-Gebiet gehörende Santo Domingo im Süden von Haro ist an der alten Pilgerstraße von Frankreich nach Santiago de Compostela gelegen, und man könnte sich für einen Besuch in der Rioja kaum einen hübscheren Aufenthaltsort wählen. In der aus dem 12. Jahrhundert stammenden gotischen Kathedrale gibt es eine ungewöhnliche Attraktion, nämlich einen lebendigen Hahn und eine lebendige Henne, die zum Andenken an ein Wunder des heiligen Dominikus, des Schutzpatrons der Pilger, hoch an einer Wand in einem Käfig hausen. Der Parador, der der Kirche gegenüberliegt und im Mittelalter als Pilgerhospiz errichtet wurde, bietet bequeme Unterkunft sowie regionale Speisen und Weine.

S.M.S., Bodegas D.O. r. res. ** 71, 73
Villabuena (Rioja Alavesa). S.M.S. sind die Initialen der Familie, der die Firma gehört – Samaniego Milans del Bosch Solano. Die schon vor 1900 gegründete *bodega* hat heute eine Kapazität von etwa 3000 hl und 600 BARRICAS aus Eiche. Ihre Rotweine (und nur solche werden erzeugt) werden ausschließlich von Trauben aus den familieneigenen Weinbergen hergestellt. Sie werden in hölzernen *tinos* vergoren, bevor sie ein Jahr im Betontank verbringen und in Eichenfässern und Flaschen weiterreifen. Bis 1981 wurden die Trauben nicht abgebeert (entrappt), weshalb die Weine eine dunkle Farbe haben und langsamer als die meisten anderen aus der ALAVESA altern. Die erhältlichen Weine sind u. a. ein «Valserrano» 3° año; ein fruchtiger 5°

año mit einem Hauch Zedernholz im Bukett sowie ein ausgezeichneter Gran Reserva 1970, der bukett- und körperreich ist mit viel Fruchtigkeit und einem langen, etwas gerbstoffbetonten Abgang.

San Vicente de la Sonsierra
Malerisches Dorf bei LABASTIDA, das von einer Schloßruine beherrscht wird, von der aus sich ein großartiger Rundblick über den Ebro und die Rioja bietet.

Sociedad Vinícola Laserna
Siehe COMPAÑÍA VINÍCOLA DEL NORTE DE ESPAÑA (CVNE)

Sogeviñas
(SOCIEDAD GENERAL DE VINOS S.A.)
Siehe DOMECQ S.A.

Vega Delicia S.A. D.O. r. res. *→** 71, 73, 78, 82
Ollauri (Rioja Alta). Kleine Firma, von der recht interessante Weine kommen, der «Vega Andia» 3° año und die *reservas* «Vega Delicia».

Unión Vitivinícola S.A.
Siehe MARQUÉS DE CÁCERES, BODEGAS.

Velázquez S.A., Bodegas D.O. r. res. *→** 75, 78, 80
Cenicero (Rioja Alta). Eine der kleineren *bodegas,* die ihre Weine unter den Etiketten «Monte Velaz», «Campo Blanco», «Garoa» und «Savory» auf den Markt bringt.

«Viña Albina» D.O. r. [***]
Bekannter Rotwein von Bodegas RIOJANAS.

«Viña Ardanza» D.O. r. [***]
Ein roter Rioja von bemerkenswert gleichmäßiger Güte, geschmeidig, fruchtig und körperreich. Von Bodegas LA RIOJA ALTA.

«Viña Bosconia» D.O. r. [***]
Ein exzellenter roter Rioja von den traditionellen Bodegas LÓPEZ DE HEREDIA, der hauptsächlich von Trauben aus den Bosconia-Weinbergen am Südufer des Ebro erzeugt wird.

«Viña Pomal» D.O. r. [**→***]
Körperreicher roter Rioja von Bodegas BILBAINAS, der von den firmeneigenen Reben in Leza in der RIOJA ALAVESA stammt.

«Viña Real» D.O. r. [***]
Ausgezeichneter roter *reserva* aus der ALAVESA von der COMPAÑÍA VINÍCOLA DEL NORTE DE ESPAÑA (CVNE), hergestellt in einer *bodega* in Elciego.

«Viña Tondonia» D.O. r. w. tr. [***→****]
Erstklassige und lang haltbare rote und weiße Riojas der Bodegas LÓPEZ DE HEREDIA.

Ygay
Weiler in der Rioja Alta östlich von Logroño; am Rande des Orts liegen die *bodegas* des MARQUÉS DE MURRIETA.

Essen und Trinken

Es ist vielleicht etwas anmaßend, über die Küche der Rioja zu sprechen. Was die Gegend zu bieten hat, ist eine Reihe echt regionaler Gerichte auf der Grundlage von exzellentem Lamm, Schweinefleisch, Zicklein und würziger *chorizo*-Wurst sowie frisches Gemüse nach Jahreszeit. Als André Simon erstmals über die Rioja schrieb, war er in der Tat von den Gemüsen begeisterter als von den Weinen, und es ist auch heute noch ein Erlebnis, den großen Markt in Logroño zu besuchen.

Die Mahlzeiten, die den Gästen in den *bodegas* selbst häufig in einem großen Keller voller Fässer gereicht werden, sind einfach und gut geeignet, die Weine zur Geltung zu bringen. Meist werden sie mit frischem lokalem Spargel oder einer MENESTRA (Gemüsesuppe) eingeleitet. Es folgen Lammkoteletts, die über der Glut von Rebenreisern gegrillt wurden, und schließlich der unvermeidliche *flan* (Karamelpudding) oder saftige, in Sirup eingelegte Pfirsiche. Man sollte solch einfache Genüsse nicht geringschätzen. Als Paul Bocuse von der Compañia del Norte de España zur Zubereitung des Festmenüs für die Hundertjahrfeier engagiert wurde, soll er die *patatas riojanas* gekostet haben, die der gewöhnliche Koch der bodega zubereitete, worauf er fragte, weshalb man ihn eigentlich geholt habe.

Alubias con chorizo
Ein herzhafter Eintopf aus Gemüse- oder Butterbohnen, gehackten Zwiebeln, Knoblauch, Olivenöl und stark getrockneter chorizo (Paprikawurst), *zusätzlich gewürzt mit süßem Paprika und Petersilie.*
Hierzu trinke man einen körperreichen, zwei bis drei Jahre alten Rotwein oder eine *jarra* des lokalen Hausweins.

Bacalao a la riojana
Stockfisch, der mit Olivenöl, Zwiebeln, Knoblauch, roten Paprikastreifen aus dem Glas und süßem Paprikapulver zubereitet wird.
Trinken Sie einen der traditionellen «eichigen» weißen Riojas, der genügend Charakter besitzt, um der Aromafülle standhalten zu können, z.B. einen weißen «Tondonia» von López de Heredia oder den etwas weniger nach Eiche schmeckenden, aber komplexen «Monopole» vom CVNE.

Cabrito asado
Gebratenes Zicklein nach Art der Rioja.
Eine gute Gelegenheit, um die Qualitäten einer der vielen roten *reservas* zu ihrem Recht kommen zu lassen.

Callos a la riojana
Stark gewürzte Kutteln nach Art der Rioja.

Cardo
Kardenartischocke, die geschmort als Vorspeise serviert wird.
Wählen Sie unter den zahlreichen weißen Riojas, vielleicht einen mit einer Spur Eiche, z.B. Olarra oder den weißen «Samaniego» der Bodegas Alavesas.

Chuletas de cordero
Lammkoteletts, die über der Glut von Rebenholz gegrillt und in den bodegas *serviert werden, um die besseren Rotweine und* reservas *zur Geltung zu bringen.*

Cordero lechal asado
Milchlamm, das im Backofen gegart wird.
Nehmen Sie die beste rote *reserva,* die Sie besorgen können, z.B. einen 1970er von Riscal, La Rioja Alta, López de Heredia, Muga, Riojanas, CVNE usw.

Chorizo a la brasa
Chorizo, *die würzige, luftgetrocknete Paprikawurst, die häufig selbst hergestellt und in einem Stück gebraten wird.*
Da dieses Gericht sehr scharf ist, empfiehlt sich als erfrischender Begleiter einer der nach neuer Art ausgebauten weißen Riojas, z.B. der Marqués de Cáceres oder der Faustino VII.

Espárragos
In der Rioja Baja wächst einer der besten spanischen Spargel, der entweder mit Sauce Vinaigrette oder Mayonnaise als Vorgericht serviert wird.
Wählen Sie beliebig unter den trockenen Weißweinen.

Melocotones en almíbar
Besonders große und saftige Pfirsiche aus der Gegend, die in Sirup konserviert sind.
Probieren Sie einen süßen oder halbsüßen Wein, z. B. den «Diamante» von Franco Españolas.

Menestra de verduras a la riojana
Eine bunte Gemüsesuppe mit allem, was gerade Saison hat, z. B. Saubohnen, Erbsen mit gehackten Zwiebeln, Tomaten, Schinken oder Speck, Gewürzen und manchmal auch mit hartgekochten Eiern. Das ganze wird in Olivenöl und leichtem Rotwein gegart.
Hierzu paßt sehr gut ein *clarete* oder ein leichter, dreijähriger Rotwein.

Morcilla Dulce
Morcilla *ist eine Blutwurst, die normalerweise mit Zwiebeln und pikant gewürztem Reis zubereitet wird; für diese Zubereitungsart werden jedoch Zimt und andere süße Gewürze und ein wenig Zucker verwendet.*
Obschon dieses Gericht meist als Vorspeise gegessen wird, wäre alles andere als ein süßer oder halbsüßer Weißwein ein Mißgriff.

Patatas a la riojana
Kartoffeln in einer klaren Orangensauce mit chorizo.

Picadillo
Eine Variante der CHORIZO A LA BRASA. *Die Füllung der Wurst wird gemahlen, gebraten und heiß serviert.*
Dies verlangt eindeutig nach einem gekühlten und kühlenden trockenen Weißwein. Außer den bereits erwähnten Weinen können Sie einen «Rinsol» von Paternina oder den trockenen «Lambros» von Lan versuchen.

Pimientos rellenos a la riojana
Regionale Variante von gefüllten Paprikaschoten, die mit einer Mischung aus gemahlenem Schweinefleisch, geschlagenem Ei, Muskatnuß, Knoblauch, Petersilie und etwas Pfeffer und Salz gefüllt in heißem Olivenöl ausgebacken und mit einer pikanten Sauce gereicht werden.
Bestellen Sie einen körperreichen und robusten Rotwein.

Pochas riojanas
Kräftiger Eintopf aus einer lokalen Variante von Gemüsebohnen, die man in der Schale quellen, aber nicht trocken werden läßt und die ihre tiefrote Farbe von der chorizo *haben, die man mitkochen läßt.*
Am besten ist hierzu eine *jarra* des lokalen roten Hausweins oder eine robuste Flasche Rioja Baja.

Revuelto de ajos
Rühreier mit zarten jungen Knoblauchschößlingen.
Die traditionellen weißen Riojas mit mehr oder minder leichtem Eichenaroma bilden hierzu eine gute Balance.

Sopa de ajo con huevos
Traditionelle kastilische Knoblauchsuppe, die mit süßem Paprika gewürzt und mit Brot und geschlagenem Ei gebunden wird.
Heben Sie den Tischwein für später auf und bestellen Sie ein Glas Sherry *fino*.

Restaurants

Arnedo. *Sopitas* (in den Felsen gehauen, mit individuellen Eßnischen; probieren Sie die ausgezeichnete Spezialität *revuelto de ajos*)

Cenicero. *Bar-Restaurant Conchita* (winzig und typisch für die Region; Lolys *pochas* sind ein Gedicht)

Fuenmayor. *El Porrón* (vielbesucht von den *bodegueros*)

Haro. **Beethoven II* (gute regionale Küche); **Terete* (das klassische Restaurant von Haro, einfache Einrichtung, herrliches gebratenes Milchlamm und eine lange Liste von *reservas*)

Logroño. **Mesón de la Merced* (raffiniert und bequem in einem ehemaligen Weinkeller eingerichtet; ausgezeichnetes Milchlamm); *Machado* (regionale Küche und Rioja-Weine); *San Remo* (regionale Küche und Weine); *El Cachetero* (klein, beliebt, gute Auswahl an Weinen); *Robinson's English Pub* (zum Tanzen und für ein letztes Gläschen zu vorgerückter Stunde)

Oyón. *Mesón de la Cueva* (gute regionale Speisen in romantischer Umgebung)

Santo Domingo de la Calzada. *El Rincón* (preiswert und überaus populär; Spezialität sind die *callos a la riojana*)

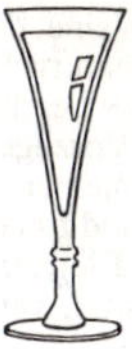

Schaumweine

Die Herstellung von Schaumweinen nach dem Champagnerverfahren begann in Spanien mit Don José Raventós, dessen Familienbetrieb Codorníu heute weltweit der größte Schaumweinkonzern ist. Zunächst wurden die Weine als *champaña* bezeichnet, jedoch beanspruchten die Erzeuger in Reims zu Recht, daß der Name nur für Wein verwendet werden dürfe, der im französischen Champagnergebiet erzeugt wird. Heute werden sie deshalb *cava* genannt, ein Wort, das auch (anstelle von *bodega)* für den Betrieb verwendet wird, in dem sie hergestellt werden.

90 Prozent dieser Weine werden nach wie vor im Penedès-Gebiet Kataloniens erzeugt, das auch für seine Stillweine (siehe KATALONIEN) sehr bekannt ist; der Rest kommt aus Ampurdán-Costa Brava und Lérida im Norden Kataloniens sowie aus der RIOJA.

Die Trauben, die für die Weine im Penedès verwendet werden, sind hauptsächlich die weiße Xarel-lo, die den Alkoholgrad und die Farbe festlegt; die Macabeo (oder Viura), die Finesse und Eleganz mitbringt, sowie die Parellada, die auf Hängen angebaut wird und Geschmeidigkeit und Aroma verleiht. Hellrosafarbene Schaumweine werden mit einem Anteil blauer Cariñena oder Garnacha tinta hergestellt.

In modernen Betrieben wird der Most in Horizontalpressen gekeltert und in temperaturgeregelten Edelstahltanks vergoren; der weitere Ausbau erfolgt nach dem klassischen Champagnerverfahren. Der junge Wein wird mit einer Zuckerlösung und Reinzuchthefe versetzt, in starkwandige Schaumweinflaschen gefüllt, mit einem vorläufigen Korken versehen und für Jahre in unterirdische Keller verbracht, bis sich der Zucker in Kohlendioxyd und Alkohol umgewandelt hat. Dann werden die Flaschen in einem Zeitraum von Monaten nach und nach auf den Kopf gedreht, so daß sich das feine Depot am Hals der Flasche ablagert, die schließlich eingefroren und entkorkt wird; dabei wird der Depotpfropf durch den Druck des Gases im Inneren herausgetrieben. Darauf wird der *licor de expedición,* der etwas Zucker enthält, hinzugefügt. Die Flaschen werden anschließend wieder verschlossen und vor dem Etikettieren und Versand noch eine Weile gelagert.

Die großen *cavas* haben das ganze Verfahren rationalisiert; sie verwenden *girasoles,* die das Absinken des Depots beschleunigen, Gabelstapler und Paletten zum Stapeln der Flaschen in den Kellern und ausgeklügelte elektronische Systeme zum Auffinden der Flaschenlose und für ihre Bereitstellung an der Abfüllstation und zur Etikettierung; keines dieser Verfahren beeinträchtigt den Ausbau oder die Qualität der Weine, auch wenn Nostalgiker dies immer wieder behaupten. Unterschiede, wie sie zwischen Champagner und *cava* bestehen, ergeben sich aus dem Charakter der Trauben und des Bodens, und nicht aus dem Herstellungsverfahren.

Nicht alle *espumosos* (Schaumweine) werden nach dem Champagnerverfahren hergestellt. Es gibt auch Schaumweine, bei denen die zweite Gärung nicht in einzelnen Flaschen, sondern in großen Drucktanks stattfindet, die in Frankreich als *cuves closes,* in Spanien als *gran-vas* bekannt sind. Bei diesem Verfahren entstehen akzeptable Weine, deren Bläschen vielleicht etwas größer und weniger haltbar sind. Immerhin sind sie noch erheblich besser als die *gaseosos,* bei denen einfach Stillwein mit Kohlendioxyd imprägniert wird. Die

vinos de aguja oder «grünen» Weine, die ein feineres Perlen (pétillance) zeigen, das aufgrund einer natürlich eintretenden zweiten Gärung entsteht, wurden unter GALICIEN beschrieben.
Es gab über die jeweiligen Vorzüge von *cava* und Champagner endlose Diskussionen. Nach meiner Erfahrung ist ein *cava* etwas weicher und voller im Aroma und fruchtiger im Geruch, während ein Champagner sich durch mehr Eleganz und Finesse auszeichnet. Jeder, der einige Erfahrung besitzt, vermag den Unterschied festzustellen.
Freilich kann der spanische Weinproduzent Miguel Torres auf eine systematische Reihe vergleichender Verkostungen hinweisen, bei der «die *cava*-Weine von San Sadurní de Noya häufig höher als ihre französischen Konkurrenten eingestuft wurden». Gewiß ist jedenfalls, daß sie nur die Hälfte kosten, und es ist daher am vernünftigsten, spanischen *cava* als einen Schaumwein eigener Art zu trinken und zu genießen, der Vergleiche indes keineswegs zu scheuen braucht.
1981 wurden nicht weniger als 12 Millionen Flaschen *cava* in alle fünf Erdteile exportiert, was beweist, daß ihre Erzeugung zu einem wichtigen Sektor der spanischen Weinindustrie geworden ist.

Schaumweintypen
In der Reihenfolge zunehmender Süße tragen spanische Schaumweine die folgenden Bezeichnungen:

Brut Natur oder Nature	Sehr trocken, ohne Dosage
Brut	Herb-trocken
Seco	Trocken
Semiseco	Halbtrocken
Semidulce	Halbsüß
Dulce	Süß

Rosado oder Rosé bezeichnet einen Roséschaumwein.

Alella, Marqués de
Santa María de Martorelles (Barcelona). Diese noch junge, kleine Firma stellt als erste im Gebiet von Alella *cava*-Weine her, für welche die üblicherweise im Penedès verwendeten weißen Rebsorten Macabeo, Xarel-lo und Parellada herangezogen werden. Es gibt zwei Typen: den «Parxet Brut Nature», einen leichten, eleganten und vollkommen trockenen Schaumwein ohne Dosage, und den etwas fruchtigeren und weniger trockenen «Parxet Grappa Brut».

Ampurdán S.A., Cavas del
Perelada (Gerona). Die Firma steht unter der gleichen Leitung wie Castillo de PERELADA, die für ihre *cava*-Weine sehr bekannt ist. Da sie jedoch Stillweine (siehe KATALONIEN) und Schaumweine nach dem Verfahren der *cuve close* (Tankgärung) herstellt, muß sie nach den spanischen Vorschriften in einem getrennten Gebäude jenseits einer öffentlichen Straße untergebracht werden. Der «Perelada» ist einer der meistverkauften spanischen *cuve close*-Weine.

Ampurdán-Costa Brava
Das Gebiet, dessen Herkunftsprädikat nur für Stillweine gilt, erzeugt dennoch die größte Menge Schaumwein außerhalb des PENEDÈS. Der Hauptteil wird von den Firmen Castillo de PERELADA und CAVAS DEL AMPURDÁN hergestellt.

Bilbainas, Bodegas
Haro (Logroño). Als einer der führenden RIOJA-Erzeuger stellt Bodegas Bilbainas nach dem Champagnerverfahren auch beschränkte Mengen von Schaumweinen her, nämlich «Lumen», «Royal Carlton Cuvée Especial» und «Royal Carlton Brut Nature», wofür Viura- und Malvasía-Trauben verwendet werden. Die Weine werden in tiefen Kellern unterhalb der *bodega* nach traditionellen Verfahren hergestellt; die Klärung nach der zweiten Gärung erfolgt in RÜTTELPULTEN,

und das *dégorgement* wird von Hand vorgenommen. Die Weine sind trocken und von guter Qualität, dabei eher voller im Geschmack als die aus dem PENEDÈS.

Caralt, Conde de 69, 71, 73, 76, 78, 80, 82
San Sadurní de Noya (Barcelona). Der Conde de Caralt begann mit der Herstellung von *cava*-Weinen und ging erst später zur Erzeugung von Stillweinen über (siehe KATALONIEN). Die Firma gehörte zur ehemaligen RUMASA-Gruppe und ist in einem Betrieb mit SEGURA VIUDAS untergebracht. Ihr trockener und nur leicht schäumender Wein wird unter dem Etikett «Conde de Caralt» abgefüllt.

Castellblanch S.A.
San Sadurní de Noya (Barcelona). Als Castellblanch 1908 von Don Jerónimo Parera Figueras gegründet wurde, war es ein Familienbetrieb mit nur drei Angestellten und einem jährlichen Umsatz von 100 000 Flaschen Schaumwein. Unter Don Jerónimos Sohn vergrößerte sich die Firma rasch, und als 1974 die inzwischen enteignete RUMASA die Firma übernahm, stieg der Ausstoß bis auf zehn Millionen Flaschen, die sowohl nach dem Champagnerverfahren als auch in der *cuve close* hergestellt werden. In der Reihenfolge der Qualität sind die auf den Markt gebrachten Weine «Extra Cristal», «Brut Zero», «Extra», «Gran Crema» und «Carta Blanca».

Cava
Das Wort, das eigentlich «Keller» bedeutet, wird sowohl zur Bezeichnung des Betriebs verwendet, in dem Schaumweine nach dem Champagnerverfahren (Flaschengärung) hergestellt werden, als auch für die Schaumweine selbst.

Codorníu S.A. 73, 75 (Jahrgang gewöhnlich nicht auf dem Etikett)
San Sadurní de Noya (Barcelona). Don José Raventós vom Familienbetrieb Codorníu, der seit 1551 Wein herstellt, begann 1872 erstmals in Spanien mit der Herstellung von Schaumweinen nach dem Champagnerverfahren, nachdem er die Technik in Reims studiert hatte. Heute ist Codorníu weltweit der größte Schaumweinkonzern mit einem Vorrat von 750 000 hl und 35 Millionen verkauften Flaschen pro Jahr, von denen vier Millionen in den Export gehen.
Die *cavas* und der Familiensitz liegen in einem schmucken Park, unter dem sich unterirdische Keller von 17 km Gesamtlänge befinden. Die ursprünglichen Gebäude, die im Fin de Siécle-Stil mit Anklängen an Gaudí errichtet wurden und zu denen auch ein altes Kelterhaus gehört, das in ein beeindruckendes Weinmuseum umgewandelt wurde, stehen unter Denkmalschutz; der ehemalige Etikettierraum dient heute dem Empfang der 160 000 Besucher, die jährlich in die Keller hinabsteigen.
Codorníu verfügt über keine eigenen Weinberge und bezieht die Trauben von etwa 350 regelmäßigen Lieferanten aus der Gegend. Gekeltert wird in Batterien moderner Horizontalpressen, und die Gärung erfolgt in gekühlten Edelstahltanks, von denen es 97 mit je 2000 hl Fassungsvermögen gibt. Der anschließende Ausbau des Weins erfolgt nach dem traditionellen Champagnerverfahren.
Die besten Weine sind der «Gran Codorníu Brut» und der «Non Plus Ultra». Weitere Marken sind «Rosé Brut», «Extra Dry», «Semi Dry», «Sweet», «Gran Cremant» trocken und halbtrocken und «Delapierre», der zu Ehren eines früher in den *cavas* tätigen französischen Önologen so genannt wurde.

Champaña
In Spanien lange üblich gewesene Bezeichnung für Weine, die nach dem Champagnerverfahren hergestellt werden. Aufgrund der französischen Proteste wurde sie schließlich von der spanischen Regierung verboten.

Espumoso
Spanischer Ausdruck für Schaumwein.

Freixedas, Bodegas J.
Vilafranca del Penedès (Barcelona). Neben seinen Stillweinen (siehe KATALONIEN) erzeugt dieser große Produzent und Exporteur auch den Schaumwein «Extra», und zwar nach dem Champagnerverfahren.

Freixenet S.A. 69, 71, 73, 75, 78, 82 (Jahrgang gewöhnlich nicht auf dem Etikett)
San Sadurní de Noya (Barcelona). Die 1915 gegründete Firma Freixenet wird an Größe nur von CODORNÍU übertroffen. Zusammen erzeugen beide Betriebe 70 Prozent aller *cava*-Weine aus dem PENEDÈS. Bis vor kurzem hat die Firma ausschließlich Schaumweine nach dem Champagnerverfahren hergestellt. Da sie zusammen mit SAVIN eine 50 prozentige Beteiligung bei L'Aixertell erworben hat, bringt sie nun auch große Mengen von *cuve close*-Weinen auf den Markt.
Die Anlage in San Sadurní ist eine der modernsten des Penedès; der Wein wird bei niedriger Temperatur in zehn riesigen Edelstahltanks von jeweils 6000 hl Fassungsvermögen vergoren. Freixenet war auch die erste der *cavas,* die die traditionellen pupitres (Rüttelpulte) durch GIRASOLES ersetzte, in denen 504 Flaschen Platz finden. Dank dieser Neuerungen und der hochmodernen Transport- und Abfüllanlagen konnte Freixenet den Preis ihrer *cava*-Weine ohne Abstriche an der Qualität niedrig halten. Freixenet ist der bedeutendste Exporteur spanischer Schaumweine in die Schweiz und in die Vereinigten Staaten, wohin 1981 250000 Kisten verkauft wurden.
Neben den ausgezeichneten Jahrgangsweinen, z. B. dem «Brut Barroco» und dem «Cuvée D.S. 1969», der zu Ehren von Dna. Dolores Sala, der Witwe des Firmengründers Don Pedro Ferrer Bosch, so genannt wurde, sind die besten Weine der «Brut Nature» und der beliebte «Cordon Negro». Außerdem kommen ein weniger teurer «Carta Nevada» sowie ein «Cremant Rosé» auf den Markt. Seit einiger Zeit gibt es auch den leichten, trockenen und frischen «La Sirena» ohne Jahrgang.
Siehe auch KATALONIEN.

Gaseoso
Der billigste (und unerfreulichste) Schaumweintyp, der durch Imprägnieren von Stillweinen mit Kohlendioxyd erzeugt wird.

Girasol
Ein großer, sechseckiger Metallrahmen auf einer facettierten Grundplatte, in dem 504 Flaschen Platz finden. Das *girasol* kommt immer mehr anstelle des traditionellen RÜTTELPULTS *(pupitre)* in Gebrauch, mit dem das Setzen des Depots nach der zweiten Gärung erreicht werden soll. Der Rahmen kann samt den Flaschen in wenigen Sekunden geschwenkt werden. Die Firma Freixenet, die als erste diese *girasoles* in großem Umfang einführte, behauptet, daß damit gleichmäßigere Resultate als mit dem Rüttelpult erzielt werden. Die meisten *cavas* im Penedès arbeiten bereits mit dieser Vorrichtung, mit der auch die französischen Champagnererzeuger in Reims experimentiert haben.

Gonzalez y Dubosc S.A. (Jahrgang gewöhnlich nicht auf dem Etikett)
San Sadurní de Noya (Barcelona). Diese sehr bekannte Firma gehört dem Sherry-Erzeuger Gonzalez Byass, der aber die Weine von SEGURA VIUDAS herstellen läßt. Die leichten, trockenen, frischen und sehr preiswerten Weine kommen in Großbritannien unter der Bezeichnung «Jean Perico» auf den Markt.

Gran-vas
Spanische Bezeichnung für *cuve close.* Bei diesem Schaumweintyp findet die zweite Gärung in Großraumtanks statt, die unter einem

«Bristol Milk»
Bristol ist seit Jahrhunderten einer der wichtigsten Importhäfen Englands für Wein. Über diesen Hafen wurden seit dem 17. Jahrhundert Dessert-Sherrys unter dem Namen «Bristol Milk» geführt. Die bekanntesten Marken stammen von HARVEY'S und Avery's of Bristol.

Bota (Faß)
Das Standardfaß für den Ausbau des Sherrys in der *solera* hat einen Inhalt von 500 l und ist aus amerikanischer Eiche angefertigt. Daneben gibt es größere Fässer von weniger schlanker Form, z. B. das *bocoy* mit 600 l. Fässer sind sehr teuer geworden und machen bereits einen erheblichen Teil der Kosten des Weins aus. Da in Sherry-Fässern auch schottischer Whisky gereift wird, haben einige Firmen feste Lieferverträge mit den Whiskybrennereien in Schottland abgeschlossen und geben die Fässer dorthin ab, sobald sie einige Jahre in der *bodega* verwendet wurden.

Brown Sherry
Englische Bezeichnung für einen dunklen Dessert-Sherry von meist sehr mäßiger Qualität.

Burdon, John William
John William Burdon, der zunächst für DUFF GORDON arbeitete, wurde einer der erfolgreichsten Sherry-Lieferanten des 19. Jahrhunderts. Die Firma wurde 1932 von Luis CABALLERO S.A. übernommen, die heute noch eine Reihe bekannter Sherrys unter dem Burdon-Etikett auf den Markt bringt. Dies sind u. a. «Burdon Fino», «Bristol Milk», «Golden Oloroso», «Pale Medium» und *amontillado*.

Caballero S.A., Luis
Puerto de Santa María. Die Familie Caballero erzeugte bereits 1795 in CHIPIONA Sherry und verschiffte ihn seit 1830. 1933 wurde die Firma aufgrund einer weiteren Übernahme Nachfolger von John William BURDON, dessen Firma im 19. Jahrhundert in Jerez eines der erfolgreichsten englischen Unternehmen war. Neben den Burdon-Sherrys und den eigenen sehr bekannten «Don Guiso Fino» und «Gran Señor Choice Old Cream» bringt die Firma einen *fino, amontillado,* Cream und Pale Cream «Benito» auf den Markt und erzeugt einen der beliebtesten *ponches* (siehe BRANNTWEINE, AROMATISIERTE WEINE UND LIKÖRE).

Cádiz
Hauptstadt der Provinz, zu der das Sherry-Gebiet gehört. Die im Süden von Jerez de la Frontera gelegene Stadt, über einen Straßendamm mit dem Festland verbunden, ist eine der schönsten Spaniens. Sie konnte als einzige Stadt von Napoleon während des Kriegs nicht erobert werden. Es gibt dort blendend weiße Häuser, enge Straßen, hübsche Parks und Plätze und eine breite Promenade mit Blick auf den Atlantik. Der große Hafen ist heute das Zentrum für den Sherry-Versand.
Cádiz kann außerdem für sich beanspruchen, die gastronomische Hauptstadt Andalusiens zu sein. Die Bucht und die angrenzende Küste liefern Fisch und Schalentiere in außerordentlicher Vielfalt, und die *freidurías,* wo man diese frisch gebacken zum Mitnehmen kaufen kann, waren die Vorläufer der britischen Fish & Chips-Buden. Das ruhigste und am angenehmsten gelegene Hotel ist das Atlántico in einem Garten an der äußersten Spitze der Halbinsel. Es gehört zur Paradorkette und hat daher angemessene Preise; der Nachteil ist lediglich, daß man zum Zentrum einen langen Weg durch die engen Straßen zurücklegen muß – hier den Wagen zu nehmen, grenzt schon an Tollkühnheit. Wenn Sie etwas näher wohnen möchten, versuchen Sie das Iscotel (3 Sterne) oder das Francia y Paris (2 Sterne).

Camera
Ein hölzerner Behälter mit einer Kerze zur Beurteilung der Klarheit des Weins.

Canoa
Ein keilförmiger Trichter, der traditionell für das Umfüllen von Wein von einem Faß in ein anderes benützt wird.

Capataz
Der Kellermeister in einer *bodega*, unentbehrlich für den Ausbau der Weine in der SOLERA.

Carrascal
Gebiet im Norden von Jerez, dessen ALBARIZA-Böden in der Rangfolge an zweiter Stelle stehen.

C.A.Y.D., S.A.
Sanlúcar de Barrameda. Die vor etwa 100 Jahren von der italienischstämmigen Familie Bozzano gegründete *bodega* wurde 1969 an die lokale Cooperativa de Campo Virgen de la Caridad verkauft, die bis dahin den größten Teil des Weins geliefert hatte. Die Genossenschaft hat etwa 1000 Mitglieder mit Weingärten in der näheren Umgebung; die Gesamtkapazität der Genossenschaft und der ursprünglichen *bodega* beträgt etwa 30 000 Fässer. Die Moste werden in *tinajas* aus Beton (siehe MONTILLA-MORILES) vergoren, deren erste tatsächlich von Handwerkern aus Montilla gebaut wurden. Die Moste entwickeln sich teilweise als typische *manzanillas* und teilweise als Jerez-Weine. Zu den *manzanillas* gehören die *finas* «Bajo de Guia» und «Sanluqueña». Bei den übrigen handelt es sich um einen *fino, amontillado,* Medium und Cream der Marke «Cayd».

Chiclana
Dorf an der Grenze des Sherry-Gebiets im Süden von Cádiz, das Weine in großen Mengen, aber nicht von bester Qualität erzeugt. Die *finos* sind manchmal mit weniger teuren Sherrys verschnitten.

Chipiona
Küstenstadt an der Straße von Sanlúcar de Barrameda nach Puerto de Santa María. Die ARENA-Rebgärten sind für ihren Moscatel bekannt, der für einige der süßen Dessertweine verwendet wird.

Copita
Das schlanke, nach oben sich verjüngende Glas, das zum Prüfen des Sherrys verwendet wird. Es darf nur zu einem Drittel oder höchstens bis zur Hälfte gefüllt werden, damit man das volle Bukett des Weins würdigen kann. Die kleinen, stiellosen Gläser, die in der Regel in Bars und Restaurants verwendet und randvoll gefüllt werden, sind für Sherry völlig ungeeignet, da der Wein Raum und Luft braucht, damit sich der Duft und das Aroma richtig entwickeln können. Wenn man im Sherry-Gebiet Urlaub macht, lohnt es sich durchaus, einen Satz *copitas* oder die größeren *catavinos* nach Hause mitzunehmen. Wenn man Ihnen Sherry in einem Schnapsglas serviert, bitten Sie darum, ihn in ein tulpenförmiges Weinbrand- oder Weinglas umzugießen.

Cream-Sherrys
Von diesen süßen Dessertweinen gibt es zwei Typen. Die dunklere, körperreiche, mahagonifarbene Sorte wird durch Süßen eines *oloroso* mit einem zuckerreichen Most hergestellt. Dieser wiederum wird aus Pedro Ximénez und anderen Trauben erzeugt, die man in der Sonne trocknen ließ. Der Grundwein für helle Creams ist ein *fino,* gesüßt mit einem *dulce apagado.* Bei letzterem werden die Endstufen der Gärung durch den Zusatz von Branntwein abgebrochen, so daß ein Teil des Zuckers erhalten bleibt.
Siehe auch AMOROSO, «BRISTOL CREAM» und «BRISTOL MILK».

Criadera
Die wörtliche Bedeutung des Wortes ist «Kindergarten». So bezeichnet man das Faßlager, aus dem der Wein zum Auffrischen oder Ergänzen einer SOLERA abgezogen wird.
Das Wort *criadera* kann aber auch für alle Stadien der *solera* gebraucht werden, mit Ausnahme der ersten und letzten.

Croft Jerez S.A.
Jerez de la Frontera. Croft ist einer der ältesten Namen im Portweinhandel und hat seit 1970 auch mit Sherry zu tun. Damals beschloß die Firma I.D.V. (International Distillers and Vintners), die über W.A. Gilbey Ltd. zum Erben der Firma geworden war, zur Deckung ihres großen Sherrybedarfs die Gründung der Croft Jerez S.A. Die Firma begann ganz von vorne und legte zunächst einmal 500 ha Rebgärten an. 1975 eröffnete sie am Rande von Jerez die Rancho Croft, in deren hübschen, im herkömmlichen Stil erbauten Gebäuden mit einer Ausbaukapazität von etwa 40 000 Fässern einer der modernsten Sherrybetriebe untergebracht ist. Dank einer neuen Kelteranlage und sorgfältig geplanten Verfahrensabläufen kommt die Firma mit nur 35 Beschäftigten aus und gehört zu den prosperierendsten in Jerez.
Der meistverkaufte Sherry ist der Pale Cream «Croft Original»; die übrigen Marken sind der «Croft Classic» (medium dry), der *fino* «Croft Delicado», der *amontillado* «Croft Particular» sowie ein erstklassiger *palo cortado.*

Cuvillo y Cía. S.A.
Puerto de Santa María. Die Familie Cuvillo erzeugt in Puerto de Santa María schon seit 1783 Sherry. Ihr Hauptabsatzmarkt war stets England, doch wurden die Weine häufig unter dem Etikett der Importfirma verkauft. Eine Zeitlang war die Firma Hauptweinlieferant für Harvey's «BRISTOL CREAM». Zu den besten ihrer Weine zählen der Cream; die trockenen *olorosos* «Sangre» und «Trabajadero»; der «Fino C» sowie ein ausgezeichneter und sehr aromatischer *palo cortado.*

Diestro S.A., Jaime F.
Jerez de la Frontera. Die vordem zur zusammengebrochenen RUMASA-Gruppe gehörende Firma ist vor allem für ihren *ponche* bekannt (siehe BRANNTWEINE, AROMATISIERTE WEINE UND LIKÖRE).

Díez-Merito S.A.
Jerez de la Frontera. Díez Hermanos, eine Firma französischen Ursprungs, wurde 1976 gegründet und war von Anfang an auf den Verkauf von Weinen spezialisiert, die als «eigene Marken» vertrieben wurden. Vor nicht allzulanger Zeit hat sie die alteingeführte Firma Marqués de Merito übernommen und zählt zu den am schnellsten wachsenden privaten Sherry-Firmen. Zu ihren Produkten gehören die *finos* «Lolita», «Palma» und «Imperial», der *amontillado* «Primo Paco»; der «Oloroso Solera Victoria Regina» sowie verschiedene Cream-Sherrys.

«Don Zoilo»
Exquisite Serie von Sherrys, die von ZOILO RUIZ MATEOS hergestellt wird. Der bekannteste ist der runde und aromatische *fino,* einer der besten in seiner Klasse.

«Double Century»
Der bekannteste Cream-Dessertsherry von PEDRO DOMECQ.

«Dry Don»
Beliebter *amontillado* von SANDEMAN.

«Dry Fly»
Markenname des englischen Handelshauses Findlater Mackie Todd & Co. Ltd. Er wurde erstmals vor dem zweiten Weltkrieg zur

Beschreibung des erlesenen «Findlater's Fino» verwendet, der nicht durch Warenzeichen geschützt werden konnte. In jüngerer Zeit hat Findlater einen sehr beliebten, aber etwas süßeren Aperitif-Sherry unter dem gleichen Namen auf den Markt gebracht.

«Dry Sack»
Ein medium *amontillado,* der beliebteste der Weine von WILLIAMS & HUMBERT, der in der Flasche mit dem charakteristischen Jutesack verkauft wird. Der Name ist jedoch nicht von diesem, sondern von der altenglischen Bezeichnung für Sherry abgeleitet (siehe SACK).

Duff Gordon y Cía. S.A.
Puerto de Santa María. Die Firma wurde 1768 von einem Schotten, Sir James Duff, gegründet, der damals britischer Konsul in Cádiz war. Die Firma entwickelte sich gut, und 1833 ging sein Sohn, Cosmo Duff Gordon, eine Partnerschaft mit Thomas Osborne von der gleichnamigen Sherryfirma ein. Osborne übernahm schließlich im Jahre 1872 den Anteil der Familie Duff Gordon und verkauft weiterhin neben seinen Sherrys den Duff Gordon unter diesem Namen, freilich nur im Ausland und nicht in Spanien selbst. Die in den ursprünglichen *bodegas* hergestellten Weine umfassen u. a. den «Fino Feria», den *amontillado* «Club Dry», den beliebten medium dry *amontillado* «El Cid» und den «Santa María Cream». Außerdem stellt die Firma einen Weinbrand und einen «Special Spanish Brandy» her.

«Duke of Wellington»
Ein guter *fino* von BODEGAS INTERNACIONALES, der in ihrer großen neuen *bodega* hergestellt wird.

«El Cid»
Vielverkaufter *amontillado* von DUFF GORDON.

Fiesta de la Vendimia
Das berühmte Winzerfest, das Mitte September in Jerez de la Frontera zu Beginn der Weinlese (Vendimia) gefeiert wird. Jedes Jahr steht dabei ein anderes Land oder eine andere Stadt im Mittelpunkt, in der Sherry beliebt ist. Es gibt Flamenco-Vorführungen, Stierkämpfe und Pferdeschauen. Höhepunkt ist das Pressen der ersten Trauben auf den Stufen der Stiftskirche. Geleitet wird die Feier von der Weinkönigin und ihrem Gefolge in traditioneller Tracht, das aus den hübschesten Mädchen von Jerez ausgewählt wird.

Fina
Ein leichter und trockener MANZANILLA aus Sanlúcar.

Fino
Der leichteste, trockenste und feinste Sherry von fahler Strohfarbe und mit 15–18 Prozent Alkohol. Er entwickelt sich unter dem FLOR bis zur endgültigen Verstärkung und duftet frisch abgefüllt am stärksten. Wenn er einmal geöffnet ist, sollte man ihn gekühlt servieren und innerhalb weniger Tage trinken.

Flor
Eine Schicht Hefe der Art Saccharomyces, die spontan auf der Oberfläche bestimmter Sherrytypen, vor allem der *finos,* während des Ausbaus in der SOLERA wächst. Sie entwickelt sich zu einer geschlossenen Kahmhaut, schützt den Wein vor zu starker Oxydation oder Umwandlung in Essig und wird bei jenen Weinen am dicksten, die in alten Fässern gereift werden.

Garvey S.A.
Jerez de la Frontera. Berühmtes, von William Garvey gegründetes Sherryhaus. Er wanderte 1780 von Irland nach Spanien aus und gründete um 1797 in Sanlúcar de Barrameda eine Firma. Seine *bodegas* zählten lange Zeit zu den größten von Jerez und sind auch

nach heutigen Standards beeindruckend. Die *oloroso-solera* erstreckt sich auf einer Länge von fast einem halben Kilometer um einen arkadengesäumten Innenhof. Die Firma wurde 1979 vom ehemaligen RUMASA-Konzern übernommen, die den alten Familienbesitz peinlich genau restaurieren ließ und zudem eine neue Kelteranlage und weitere große *bodegas* für den Ausbau des Weins am Rande von Jerez errichtete.
Der meiste Wein wird in *tinajas* aus Beton (siehe MONTILLA-MORILES) vergoren und nicht in Fässern oder Edelstahltanks. Der bekannteste der ausgezeichneten Sherrys ist der *fino* «San Patricio», den William Garvey nach dem Schutzpatron seines Geburtslandes Irland benannte. Zu den übrigen gehören der aromatische und intensiv duftende *amontillado* «Tio Guillermo», die *olorosos* «Ochavico» (trocken) und «Long Life» (medium dry) sowie der «Bicentenary Pale Cream».

Gipsen

Das leichte Überstauben der Trauben mit Gips oder Kalziumsulfat vor der Kelterung, ein Verfahren, das in Viktorianischer Zeit heftig bekämpft wurde, jedoch positive Wirkungen hat und Säuregrad, Farbe und Klarheit des fertigen Weins verbessert.

Gonzalez Byass & Co. Ltd.

Jerez de la Frontera. Eine der größten und bedeutendsten Sherry-Firmen, die sich heute noch in Familienbesitz befinden. Gegründet wurde Gonzalez Byass 1835 von Don Antonio Gonzalez y Rodriguez, der später den Londoner Repräsentanten der Firma, Robert Blake Byass, als Partner in die Firma aufnahm. Der Mann, der die Firma bis zu seinem Tode vor einigen Jahren leitete, Don Manuel Gonzalez Gordon, Marqués de Bonanza, war eine der hervorragendsten Persönlichkeiten von Jerez und schrieb eines der besten Bücher über die Weine der Stadt: «Sherry, The Noble Wine» (1972).
Die alten *bodegas* im Zentrum der Stadt, die neben denen von PEDRO DOMECQ liegen, haben enorme Ausmaße. Die berühmte «La Concha», die von Gustave Eiffel geplant wurde, birgt 12400 Fässer, und die modernere *bodega* «Tio Pepe» auf drei Stockwerken weitere 30000. Selbst diese nehmen sich indes gegenüber der modernen Weinbereitungsanlage «Las Copas» an der Straße nach Cádiz mit ihrer Kapazität von 60000 Fässern klein aus. Eigenartig und doch irgendwie rührend mutet der Umstand an, daß in einer der älteren *bodegas* die kleinen Mäuse sorgfältig gehegt und gefüttert werden – mit Sherry natürlich.
«Tio Pepe» ist der meistverkaufte *fino* der Welt, und dies mit Recht, denn er ist nach wie vor einer der trockensten und elegantesten. Weitere beliebte Weine sind der trockene *fino* «Elegante», der medium *amontillado* «La Concha», der trockene *oloroso* «Alfonso», der Pale Cream «San Domingo» und der Cream «Nectar». Gonzalez Byass stellt außerdem einige erlesene alte *olorosos* in begrenzter Menge her, z.B. den trockenen «Apóstoles Oloroso Muy Viejo» sowie zwei sehr alte Dessert-Sherrys, den «Matúsalem» und den

oloroso dulce «Solera 1847», beide von fast schwarzer Farbe mit intensivem, maderisiertem Bukett und trockenem, bittersüßem Abgang, da der Zucker im Laufe der Jahre fast vollständig abgebaut wurde.
Siehe auch BRANNTWEINE, AROMATISIERTE WEINE UND LIKÖRE.

Guadalete (Fluß)

Der Río Guadalete, der in die Bucht von Cádiz mündet, bildet ziemlich genau die östliche Grenze des fächerförmigen Sherry-Gebiets.

Guadalquivir (Fluß)

Der bei Sanlúcar de Barrameda in den Atlantik mündende Río Guadalquivir bildet die westliche Grenze des Sherry-Gebiets und trennt dieses von den Salzsümpfen des berühmten Parque Nacional de Doñana.

Harvey & Sons (España) Ltd., John

Jerez de la Frontera. Die alte Firma John Harvey & Sons aus Bristol hatte ihren Ursprung in einer älteren, 1796 gegründeten Firma, mit der sich die Familie Harvey zu Beginn des 19. Jahrhunderts verband. Die lange als Exporthaus und vor allem für ihre Sherrys «BRISTOL MILK» und «BRISTOL CREAM» berühmte Firma gehört heute zu Allied Brewers. Erst 1970 legte sie sich eigene Weinberge und *bodegas* in Jerez zu, indem sie die alteingesessene Firma Mackenzie & Co. kaufte. Später übernahm sie die angrenzenden großen *bodegas* des Marqués de Misa und erschloß 1973 zusammen mit GARVEY und BARBADILLO sehr viel größere Rebgärten. Die kontinuierliche Kelterungsanlage, die sie in den Weinbergen von Gibalbin mit Barbadillo betreibt, ist die modernste der Gegend.
Die alte *bodega* von Misa ist eine der beeindruckendsten in Jerez. Ständige Attraktion von Besuchern in den wunderschönen Gärten der alten Mackenzie-*bodegas* ist das Becken mit dem bald 70 Jahre alten Mississippi-Alligator.
Neben dem weltberühmten «Bristol Cream» erzeugt Harvey eine lange Reihe weiterer Sherrys, u. a. den preiswerten *fino* und *amontillado* «Luncheon Dry», den *fino* «Isabelita», ein halbes Dutzend *amontillados* sowie den «Bristol Milk» und den braunen «Copper Beech» für jene, die es süß mögen. Die neueste Kreation ist «Harvey's Eleven», der speziell für das Trinken mit Eis oder zum Mischen verschnitten wurde, um den Wermuts etwas entgegenzusetzen, die bei den jüngeren Leuten immer beliebter werden.

Internacionales S.A., Bodegas

Jerez de la Frontera. Bodegas Internacionales gehört zur neuen Generation der Sherry-Firmen. Der Betrieb, der zum eingegangenen RUMASA-Konzern gehörte, sitzt in dem größten Gebäude von Jerez, das in modernem Stil errichtet und 1977 fertiggestellt wurde und neben der neuen Kelteranlage von Gonzalez Byass an der Straße von Cádiz außerhalb von Jerez liegt. Die *bodega* erzeugt einen guten *fino* und eine Reihe anderer Sherrys, die unter dem Etikett «THE DUKE OF WELLINGTON» verkauft werden. In ihren 63 000 Fässern sind auch die Weine und *soleras* von Marqués de MISA, VARELA S.L. und BERTOLA S.A. untergebracht – drei Firmen, die von der RUMASA-Gruppe übernommen worden waren.

Jerez de la Frontera

Jerez (oder anders geschrieben Xeres) de la Frontera ist die Hauptstadt des Sherry-Gebiets, die dem Wein in leicht abgewandelter englischer Form seinen Namen gegeben hat. Die Stadt wurde vermutlich von den Phöniziern gegründet und war während der maurischen Besatzung ständig umkämpft; daher der Nachsatz *de la Frontera,* der 1380 von König Johann I. verliehen wurde (es gibt weiter nördlich noch ein Jerez de los Caballeros in der Nähe der portugiesischen Grenze). Die Weine waren schon zur Römerzeit bekannt, doch kam

der große Aufschwung erst mit der Niederlassung fremder Händler, vor allem von Engländern nach der Vertreibung der Juden im Jahre 1492. Im späten 18. und im 19. Jahrhundert spielten englische, schottische und irische Handelshäuser, von denen viele in der Gegend blieben, eine große Rolle. Mit dem alten Schloß und den Stadtmauern, den engen Straßen und den weißen andalusischen Häusern, dem großen überdachten Markt und den zahllosen *bodegas,* die oft von hübschen Gärten umgeben sind, bietet der Ort angenehmsten Aufenthalt, vor allem im späten Frühling oder im Herbst. Die beste Unterkunft bietet das Hotel Jerez (4 Sterne), zu dessen Annehmlichkeiten ein schattiger Garten, ein Swimmingpool und eine geräumige Halle gehören, in der sich die Gesellschaft von Jerez vor dem Essen trifft.
Viele der *bodegas* sind einzeln beschrieben; außerdem stehen auf der offiziellen Liste der Handelshäuser noch die folgenden:

Tomás Abad S.A.	Antonio Nuñez
Manuel de Argüeso S.A.	Luis Páez S.A.
B.M. Lagos S.A.	Antonio Parra Guerrero
José Bustamente S.L.	Cayetano del Pino y Cía. S.L.
Díez Export S.L.	J. Ruiz S.A.
Manuel Fernández S.A.	Félix Ruiz y Ruiz S.A.
Fernando García-Delgado S.A.	Bodegas Sánchez de Alva S.A.
M. Gil Galán S.A.	Sánchez Romate Hnos. S.A.
Luis G. Gordon Sucr.	Tabajete S.A.
Emilio M. Hidalgo S.A.	Bodegas Valderrama S.A.
José Ma. Guerrero Ortega	Juan Vicente Vergara S.A.
Lacave y Cía S.A.	Vergara Gordon S.A.
Maco S.A.	Viñas S.A.

«La Ina»
PEDRO DOMECQS vielverkaufter und ausgezeichneter *fino,* der etwas weniger trocken ist als andere.

La Riva S.A.
Jerez de la Frontera. Dieses sehr bekannte spanische Haus wurde in der zweiten Hälfte des 18. Jahrhunderts gegründet. Die Firma ist heute eine Tochter von PEDRO DOMECQ und erzeugt und verkauft weiterhin Weine unter ihrem eigenen Etikett. «Tres Palmas» war immer einer der besten *finos.*

Los Tercios D.O.
Renommiertes Rebengebiet mit ALBARIZA-Boden, im Südwesten von JEREZ und neben dem von BALBAINA gelegen.

Lustau S.A., Emilio
Jerez de la Frontera. Gehört zu den führenden, unabhängigen Familienbetrieben. Die *bodegas,* in denen Lustau arbeitet, schließen auch einen Teil der alten Stadtmauern ein. Die Firma hat vor einigen Jahren eine große neue *bodega* außerhalb von Jerez gebaut und gehört zu den Betrieben, die bei der Rezession durch den Verkauf tadelloser «Hausmarken»-Sherrys am besten zurechtgekommen sind. Ihre «Dry Lustau» in verschiedenen Sorten sind erstklassige Weine, vor allem der *oloroso* und der *palo cortado.* Lustau verkauft außerdem in kleinen Mengen auch bemerkenswerte «Almacenista»-Sherrys von kleinen, privaten Anteilseignern.

Macharnudo D.O.
Das in einem hochgelegenen Gebiet im Norden von Jerez gelegene Macharnudo gilt als bestes ALBARIZA-Gebiet. In der Mitte liegt Schloß Macharnudo, das DOMECQ-Freunde kennen, da es auf dem Etikett dieser Sherrys abgebildet ist. Die Firma benutzt das im 17. Jahrhundert errichtete Gebäude gelegentlich noch für Empfänge.

Manzanilla
Ein blasser, frischer und sehr trockener *fina*-Sherry mit Salzton von SANLÚCAR DE BARRAMEDA, der aus einer SOLERA kommt, die teilweise

bis zu 14 Faßreihen umfaßt. Das Wort wird im Spanischen auch für Kamillentee gebraucht, von welchem es sich vermutlich wegen einer gewissen Ähnlichkeit des Aromas ableitet. Die MANZANILLAS verdanken ihre besondere Eigenart den klimatischen Bedingungen und den speziellen Verfahren, die in Sanlúcar bezüglich der SOLERAS angewandt werden. Nicht alle Weine, die in Sanlúcar reifen, werden zu *manzanillas,* und Manzanillamoste, die in Jerez altern, entwickeln sich zu normalen *finos.*

Manzanilla pasada
Ein alter und reifer *manzanilla,* der einem leichten und sehr trockenen *amontillado* ähnelt.

Marqués de Misa
Die im späten 18. Jahrhundert gegründete Firma wurde während des 19. Jhs. zu einem der größten Handelshäuser. Misa wurde von der ehemaligen RUMASA-Gruppe aufgekauft, während die beeindruckende *bodega* von John HARVEY & Sons erworben wurde. Die Weine, die heute bei BODEGAS INTERNACIONALES hergestellt werden, kommen unter den Marken «Fino Chiquilla», «Amontillado Abolengo», «Oloroso La Novia» und «Brandy Royal» in den Handel.

Marqués del Real Tesoro S.A., Hnos.

Sanlúcar de Barrameda. Der erste Marquis erwarb den Titel («Königlicher Schatz») deshalb, weil er aus seinem eigenen Silber Kanonenkugeln schmieden ließ, als er das Kommando über eine königliche Schatzflotte innehatte. Die *bodega* wurde von einem Abkömmling im späten 19. Jahrhundert gegründet. Die Firma gehört zu den kleineren Familienbetrieben und ist vor allem für einen ausgezeichneten *manzanilla* und einen guten, natursüßen *amontillado* mit Nußgeschmack bekannt.

Medium Sherry
Ein zunehmend populärer Ausdruck zur Bezeichnung eines *amontillado,* der (meiner Meinung nach zu seinem Nachteil) für den Auslandsmarkt leicht mit Pedro Ximénez-Wein gesüßt wird.

Mitad y mitad
Eine Mischung aus gleichen Teilen Alkohol und reifem Sherry, die zum Spriten verwendet wird.

Oloroso
Der dunkelste, geschmeidigste, körperreichste und würzigste der Sherrytypen, der bis zu 24 Prozent Alkohol enthält. Er wird ohne FLOR gereift und ist im natürlichen Zustand vollkommen trocken. Zur Erzeugung süßer Dessert-Sherrys wird er häufig mit Pedro Ximénez-Wein und VINO DE COLOR verschnitten.

O'Neale S.A., Rafael
Jerez de la Frontera. Die älteste auf britische Einwanderer zurückgehende *bodega* und eine der ersten, die in Jerez Weinbrand herstellte. Sie wurde 1724 von dem Iren Timothy O'Neale gegründet. In den

bodegas ist noch ein Teil der maurischen Stadtmauer erhalten. O'Neale S.A. ist auch heute noch ein kleiner Familienbetrieb, der gute Weine in verschiedenen Typen mit den Etiketten «El Cuadrado», «Spanish Arch» und «Festin» herstellt.

Osborne y Cía. S.A.
Puerto de Santa María. Die 1772 gegründete Firma Osborne ist einer der größten in Puerto de Santa María. Schon 1872 übernahm sie das bedeutende Haus DUFF GORDON und hat seither in Portugal, Mexiko und der Rioja (siehe RIOJA/Montecillo) Schwesterfirmen gegründet. Die alte *bodega* in Puerto de Santa María aus dem Jahre 1837 ist eine der schönsten in der Region. Die moderne Kelteranlage, in der der Wein in horizontalen statt in vertikalen Tanks vergoren wird, um näher am traditionellen Faß zu bleiben, zählt zu den fortschrittlichsten.
Zu den Weinen gehören die *amontillados* «Fino Quinta», «Coquinero» und «Jauna»; der trockene *oloroso* «Bailen» und der «Osborne Cream». Die Firma ist außerdem einer der größten Hersteller von spanischem Branntwein (Weinbrand, Gin, Ponche).
Siehe auch BRANNTWEINE, AROMATISIERTE WEINE UND LIKÖRE.

Palo cortado
Ein Sherrytyp zwischen *amontillado* und *oloroso*. Je nach Körper und Alter wird der 17,5–23 Prozent Alkohol aufweisende Wein als *dos* (der schwächste), *tres* oder *cuatro cortados* eingestuft. Ein echter *palo cortado* ist ein wunderschöner Wein mit großer Tiefe und intensivem Duft, jedoch immer teuer.

Palomino & Vergara S.A.
Jerez de la Frontera. Dieser 1765 gegründete Familienbetrieb wurde 1963 von der inzwischen enteigneten RUMASA-Gruppe übernommen. Herzstück der im Zentrum von Jerez gelegenen *bodegas* sind die mit Glaskuppeln überdachten Büros mit goldbeschlagenem Mahagonimobiliar. Mit einer Kapazität von 40000 Fässern war Palomino & Vergara nach WILLIAMS & HUMBERT und BODEGAS INTERNACIONALES der drittgrößte der vielen Sherrybetriebe von RUMASA. Stärke der Firma war immer der Inlandsmarkt; im Ausland sind nur die Niederlande und die Bundesrepublik bedeutende Märkte.
Das Angebot an Weinen umfaßt den leichten, trockenen *fino* «Tio Mateo», den *amontillado* «John Peter»; den trockenen, aromatischen *oloroso* «Los Flamencos» und den runden, körperreichen Cream «Solera 1865», der etwas mehr als nur eine Spur Muskateller aufweist. Die Firma stellt außerdem eine Reihe von Branntweinen her, von denen der älteste der «Gran Canciller» ist, und einen wirklich erstklassigen *ponche* (siehe BRANNTWEINE, AROMATISIERTE WEINE UND LIKÖRE), der feine Anklänge von Zimt, Vanille und Orange aufweist und unter dem Etikett von «J. Ruiz y Cía» als «Ponche Español» verkauft wird.

Pajerete, paxerete
Ein süßer Pedro Ximénez-Wein, der zum Süßen bestimmter Sherry-Typen verwendet wird.

Pedro Domecq S.A.
Jerez de la Frontera. Pedro Domecq ist die älteste der großen *bodegas* und die größte unabhängige Firma der Region. Sie besitzt umfangreiche Rebflächen in MACHARNUDO und anderswo sowie 73 *bodegas* zwischen Jerez, Puerto de Santa María und Sanlúcar de Barrameda. In der ältesten, «El Molino», die 1730 erbaut wurde, gibt es Fässer, die schon Jahrhunderte hier liegen und historischen Gestalten wie Pitt, Nelson und Wellington gewidmet sind. Die Firma wurde 1730 von einem irischen Immigranten gegründet und von der Familie Domecq aus den Basses-Pyrenées zusammen mit ihrem englischen Repräsentanten, dem Vater des Schriftstellers John Ruskin, erheblich

erweitert. Der derzeitige Direktor, Don José Ignacio Domecq, ist eine der großen Sherry-Autoritäten seiner Generation.
Die Firma ist stark in Mexiko engagiert und hat die Produktion eines ausgezeichneten Rioja aufgenommen (siehe RIOJA/Sogeviñas). Sie ist außerdem einer der größten Hersteller von spanischem Branntwein und hat in Jerez eine riesige, der Moschee von Córdoba nachempfundene *bodega* errichtet, in der die *soleras* für deren Alterung untergebracht sind.
Neben dem berühmten *fino* «La Ina» werden noch der «Río Viejo», einer der besten trockenen *olorosos,* der beliebte «Double Century» und ein älterer und reicherer «Celebration Cream» hergestellt.
Siehe auch BRANNTWEINE, AROMATISIERTE WEINE UND LIKÖRE.

Pérez Marín, Hijos de Rainera
Sanlúcar de Barrameda. Diese 1850 gegründete kleine Firma ist seit langem als einer der besten *manzanilla*-Hersteller bekannt. Die Bodegas La Guita haben ihren Namen von der Angewohnheit eines früheren Familienmitglieds, Domingo Pérez Marín her, der seinen Wein nur gegen Bargeld verkaufte, das im lokalen Dialekt *guita* heißt. Ihr berühmtester Wein ist der köstliche *manzanilla pasada* «La Guita», ein alter und sehr bukettreicher *fina* an der Schwelle zum *amontillado.* Die übrigen Marken sind der jüngere *manzanilla fina* «Hermosilla» und der «Fino Bandera».

Pemartín y Cía. S.A. José
Jerez de la Frontera. Die Firma wurde 1819 von einem französischen Auswanderer gegründet, ging jedoch wegen des extravaganten Lebensstils von Julian Pemartín, der sich in Jerez ein der Pariser Oper nachempfundenes Haus bauen ließ, 1857 bankrott. Die Firma gehörte zeitweilig Sandeman und war später Teil des ehemaligen RUMASA-Konzerns. Sie stellt den «Fino Viña Pemartín» her und einen «Pemartín» der Typen dry, medium und cream.
Siehe auch BRANNTWEINE, AROMATISIERTE WEINE UND LIKÖRE.

Puerto de Santa María
Die nach JEREZ zweitwichtigste Sherrystadt El Puerto de Santa María ist vor allem für ihre *finos, amontillados* und Branntweine bekannt. Sie war der Hauptversandhafen für Sherry, bis sie in den zwanziger Jahren dieses Jahrhunderts von ihrem größeren Nachbarn Cádiz verdrängt wurde. Der freundliche, weitläufige Ort hat breite Straßen und Häuser mit schmiedeeisernen Fenstergittern und *miradores* (Erkern). Gleich in der Nähe gibt es schöne Strände, zu denen man u. a. von den Hotels Meliá Caballo Blanco und Fuentebravia (je 4 Sterne) Zugang hat; etwas außerhalb liegt das luxuriöse Casino Bahía de Cádiz.
Die offiziell in Puerto de Santa María eingetragenen Handelshäuser, die hier nicht gesondert aufgeführt sind, sind die folgenden:

Colosía Molleda, Ma. Loreto
Miguel M. Gómez S.A.
González y Cía.
José Luis González Obregón
F. Javier Jiménez S.A.
Jesús Ferris Marhanda
Portalto S.A.
Carlos y Javier de Terry S.A.
Ximénez y Cía.

P.X.
Abkürzung für die Pedro Ximénez-Traube, die in Jerez hauptsächlich für Süßweine, in Montilla (siehe MONTILLA-MORILLES) jedoch für trokkene Weine verwendet wird. Es geht die Sage, daß sie von den Kanarischen Inseln stammt, von dort an den Rhein gelangte und im 17. Jahrhundert von einem Pieter Siemens, einem Soldaten Kaiser Karls V., nach Jerez gebracht wurde. So schön die Geschichte ist – wahr ist sie kaum.

Raya
Ein Ausdruck für die Klassifizierung der Moste, der auch zur Beschreibung weniger feiner *olorosos* verwendet wird.

Rota
Küstenstadt im Westen von Jerez, die früher für ihren Rotwein bekannt war; heute befindet sich dort ein großer Marinestützpunkt der USA.

Ruiz Mateos S.A., Zoilo
Jerez de la Frontera. Als kleine Weinhandlung 1857 in Rota gegründet, war Ruiz Mateos die Keimzelle des inzwischen vom Staat enteigneten Großkonzerns RUMASA, der nach den Anfangsbuchstaben der Firma so genannt wurde. Die Firma zog 1930 nach Jerez um und unterzeichnete 1960 einen Vertrag mit John HARVEY & Sons, nach dem Ruiz Mateos deren gesamten Weinbedarf decken sollte. Der Vertrag wurde später gekündigt, doch hatte sich Ruiz Mateos dadurch eine stabile Grundlage geschaffen.
Der Firma gehören mehrere Weinberge in den besten ALBARIZA-Gebieten und eine Reihe von *bodegas* in Jerez. Die Verwaltungsbüros der Firma sowie die der einstigen RUMASA-Sherrygruppe, zu der 16 verschiedene Firmen gehörten, sind (bzw. waren) in dem ansehnlichen Sitz La Atalaya untergebracht, der von hübschen Gärten umgeben ist und früher der Familie Vergara von Palomino & Vergara gehörte.
Die Sherry-Serie «Don Zoilo», die einen *fino,* einen *amontillado* und einen Cream umfaßt, ist der Stolz der Firma – und zwar mit Recht, denn diese Sherrys gehören zu den besten, die in Jerez hergestellt werden, und sind entsprechend teuer. Zoilo Ruiz Mateos erzeugt überdies einen der bemerkenswertesten Weinbrände aus Jerez, den «Gran Duque de Alba».

RUMASA
Die Anfänge von RUMASA sind im obigen Abschnitt (RUIZ MATEOS S.A., ZOILO) beschrieben. Nach dem Bruch mit Harvey ging der jüngste Sohn von Don Zoilo Ruiz Mateos, José María nach Madrid und gründete dort die Firma, die bis zur Enteignung durch die spanische Regierung im Jahre 1983 zu den größten Gruppierungen in Spanien gehörte und in der Banken, Versicherungen, Transportbetriebe, Chemiefirmen, Hotels und Immobilienfirmen zusammengefaßt waren.
Die RUMASA besaß etwa 35 Prozent aller *bodegas* in Jerez: Zoilo RUIZ MATEOS S.A., Unión de Exportadores de Jerez, WILLIAMS & HUMBERT Ltd., PALOMINO & VERGARA S.A., MISA, PEMARTÍN, VARELA, BERTOLA, Otaolaurruchi, Diestro, Lacave, Díez Morales, Valderrama, Vergara und Gordon, BODEGAS INTERNACIONALES und GARVEY. In der RIOJA hatte sie Paternina, Bodegas Franco Españolas, Lan und Berberana übernommen, in Montilla Monte Cristo und Pérez Barquero, im Penedès (siehe SCHAUMWEINE) die Schaumweinfirmen Castellblanch, René Barbier, Conde de Coralt und Segura Viudas.
Das Emblem der RUMASA war eine fleißige Biene, aber nach den Worten einer spanischen Zeitung hat sie «ihren Stachel verloren». Der Rechtsstreit dauerte während des Jahres 1983 an, und wer in Zukunft die vom Konzern übernommenen Firmen, die gegenwärtig der Regierung unterstehen, kontrollieren wird, ist bisher noch ungewiß.

Sack
Alte englische Bezeichnung für Sherry (aber auch für Málaga- und Kanarienwein), vermutlich im 15. Jahrhundert entstanden und vom spanischen *sacar* (herausholen) abgeleitet.

«San Patricio»
Einer der bekanntesten *finos,* der von GARVEY S.A. hergestellt wird.

Sanlúcar de Barrameda
Für ihre trockenen *manzanillas* berühmte Sherrystadt im Westen von Jerez an der Mündung des Guadalquivir. In dem malerischen Ort mit dem breiten Strand gegenüber dem Parque Nacional de Doñana gibt

es gute Fischrestaurants (siehe ESSEN UND TRINKEN) sowie ein komfortables Hotel, das Guadalquivir (3 Sterne).
Neben den alphabetisch behandelten *bodegas* sind in Sanlúcar die folgenden Firmen vertreten:

Hros. de Argüeso S.A.
Manuel de Argüeso S.A.
Hros. De M. Barón S.A.
Delgado Zuleta S.A.
Ana Ma. Escobar Suárez
Gaspar Florido Cano
Manuel García Monge S.A.
Francisco García de Velasco
Infantes de Orleans Borbon S.A., Bodegas
José Medina y Cía. S.A.
Carlos de Otaolaurruchi S.A.
Hijos de A. Pérez Megía S.A.
Rafael Reig y Cía. S.A.
Pedro Romero S.A.
Miguel Sánchez Ayala S.A.
Vinícola Hidalgo y Cía. S.A.

Sandeman Hnos. y Cía.
Jerez de la Frontera. Die Firma wurde von dem Schotten George Sandeman gegründet, der um 1790 in London als Repräsentant von DUFF GORDON anfing. Später baute er in Porto und Jerez eigene Niederlassungen auf. Die Firma blieb bis zu ihrer kürzlichen Übernahme durch Seagram in den Händen der Familie. Sandeman, eine der größten Firmen in Jerez, erzeugt ihre Weine mit großer Sorgfalt und ganz traditionell, denn sie altert ihre Weine immer noch im Faß und nicht in Edelstahltanks, wie sie heute bei so vielen Sherryfirmen in Gebrauch sind.
Der meistverkaufte ihrer Weine ist der *amontillado* «Dry Don»; der «Apitiv» ist einer der besten *finos* und «Armada Cream» ein erstklassiger Dessertwein. In begrenzten Mengen stellt Sandeman auch ganz außerordentliche Weine her, z. B. den *oloroso* «Imperial Corregidor» und einen hervorragenden *palo cortado.*

Sobre tabla
Jungwein, der von der Hefe abgezogen wurde und seine Laufbahn in der CRIADERA antritt.

Solera
Das Wort, das vom lateinischen *solum* bzw. spanischen *suelo* (Boden) abgeleitet ist, bezeichnet im engeren Sinne die Fässer der untersten Reihe, aus denen der Sherry für die Abfüllung oder den Versand abgezogen wird. Im weiteren Sinne bezeichnet das Wort all die Fässer, in denen der Sherry gereift wird, einschließlich der CRIADERA, aus der die eigentliche *solera* aufgefüllt wird. Die Fässer sind in übereinanderliegenden Stapeln angeordnet, die jeweils den gleichen Wein, aber von zunehmend jüngerem Alter enthalten. Wenn von Zeit zu Zeit Wein in begrenzten Mengen aus der untersten Faßreihe, der eigentlichen *solera* entnommen wird, werden diese Fässer mit jüngerem Wein aus der oberen Faßreihe aufgefüllt. Diese obere Faßreihe wiederum wird mit noch jüngerem Wein aus der noch höher liegenden Faßreihe aufgefüllt – und so weiter. Dieses Stufen-Verfahren ist möglich, da der jüngere Wein rasch die Eigenschaften des älteren annimmt.
Soleras für die Herstellung des *fino* erfordern mehr Faßreihen (etwa sieben) als die für den körperreicheren *oloroso.* Die kompliziertesten sind jene, die in SANLÚCAR DE BARRAMEDA für die Herstellung des MANZANILLA verwendet werden und bis zu 14 Faßreihen umfassen.

Soto S.A., José de
Jerez de la Frontera. Neben ihren Sherrys, zu denen der «Fino Campero», der «Fino Soto», der «Amontillado la Uvita», der «Oloroso la Espuela» und ein Cream zählen, hat die Firma als erste einen *ponche* (siehe BRANNTWEINE, AROMATISIERTE WEINE UND LIKÖRE) hergestellt; ihre Marke zählt nach wie vor zu den besten.

Spriten
Das Verstärken eines Weins mit Alkohol oder Branntwein. Bei einem Mangel an Alkohol werden *finos* in einem frühen Stadium leicht

gespritet (*olorosos* etwas stärker), um den FLOR abzutöten. Für den Export bestimmte *finos* werden vor dem Versand oder der Abfüllung mit einer 50prozentigen Mischung aus Alkohol und reifem Sherry weiter aufgespritet, um das erneute Auftreten des Flors zu verhindern.

Terry S.A., Fernando A. de
Puerto de Santa María. Diese große Firma, die auch in großem Umfang Weinbrand herstellt, wurde 1883 von Abkömmlingen einer irischen Familie gegründet, die sich bereits um 1500 in Spanien niedergelassen hatte. 1981 verkaufte die Familie sowohl die *bodegas* als auch ihre berühmte Zucht weißer Cartujano-Pferde an ASEPEYO Catalana de Occidente, eines der größten spanischen Finanzierungshäuser. Unter der neuen Leitung wird der größte Teil des Weins in einem riesigen Komplex außerhalb von Puerto de Santa María hergestellt, der mit den neuesten Transporteinrichtungen und Pressen, einer modernen Kellereianlage und etwa 40 000 Fässern ausgestattet ist. Weitere große *soleras* gibt es in den heimeligen alten *bodegas* in Puerto de Santa María selbst.
In Spanien tragen die Sherrys die Etikette «Camborio» *fino,* medium, *oloroso* und cream. Etwa 90 Prozent der Exporte nach Großbritannien, die sich auf ansehnliche 200 000–300 000 Kisten pro Jahr belaufen, gehen zu Marks & Spencer und tragen das Etikett «St. Michael». Siehe auch BRANNTWEINE, AROMATISIERTE WEINE UND LIKÖRE.

«Tio Pepe»
Der meistverkaufte *fino* der Welt von GONZALEZ BYASS. Er gehört zu den trockensten überhaupt und ist von gleichmäßig hoher Qualität.

«Tres Palmas»
Ausgezeichneter *fino* von LA RIVA.

Trocknen
In der Vergangenheit war es üblich, die Trauben auf Espartomatten auszulegen und kurz an der Sonne zu trocknen. Da man heute über verbesserte Verfahren zur Beurteilung der optimalen Lesezeit verfügt, wird das Trocknen nur noch bei Trauben angewandt, aus denen Süßweine hergestellt werden sollen. Das Trocknen hat die Wirkung, daß der Zuckergehalt im Most steigt.

Valdespino S.A., A.R.
Jerez de la Frontera. Altes spanisches Sherry-Haus, dessen *bodegas,* Gärten und Patios zu den schönsten in Jerez gehören. Die älteren *bodegas* waren einst Teil eines alten Klosters. Die weniger teuren Weine werden unter dem Etikett «Matador» verkauft; außerdem erzeugt Valdespino einen guten *fino* und den köstlichen trockenen *amontillado* «Tio Diego».

Varela S.L., Bodegas
Puerto de Santa María. Eine Firma, die zur enteigneten RUMASA-Gruppe gehörte und vor allem für ihren «Varela Medium» und «Varela Cream» bekannt ist.

Venencia
Heber, mit dem Sherryproben aus dem Faß entnommen werden können. In JEREZ besteht es aus einem kleinen Silbergefäß an einem langen Fischbeingriff; in SANLÚCAR DE BARRAMEDA, wo es noch mehr darauf ankommt, den FLOR nicht zu stören, ist das Gefäß kleiner und die *venencia* aus einem Stück Bambus gefertigt.

Vino de color
Ein tieffarbener Wein, der zum Verschneiden mit bestimmten braunen und Dessertsherrys verwendet wird. Hergestellt wird er aus einem süßen, eingekochten Most (siehe ARROPE), der mit einem Anteil neuen Mosts vergoren wird.

Wiederauffüllung (Auffrischung)
Zum Abfüllen in Flaschen oder zum Versand wird der Sherry verwendet, den die untersten, auf dem Boden stehenden Fässer der SOLERA enthalten (bis zu etwa einem Drittel des Faßinhalts). Diese untersten Fässer werden durch Wein aus den nächstoberen Fässern wiederaufgefüllt; diese werden ihrerseits durch den noch jüngeren Wein aus den darüberliegenden Fässern aufgefrischt usw.

Williams & Humbert Ltd.
Jerez de la Frontera. Die Firma wurde 1877 von Alexander Williams gegründet, der bis dahin bei Wisdom & Warter als Angestellter gearbeitet hatte. Die Firma entwickelte sich später zu einer der größten von Jerez und gehörte zum RUMASA-Konzern.
Die *bodegas* gehören zu den malerischsten von Jerez; besonderer Anziehungspunkt für die Besucher sind die großartigen Kutschen und Pferdegeschirre und das sorgfältig konservierte Büro des britischen Vizekonsuls, das sich in der *bodega* befand, bis der Konsulatsbetrieb 1979 eingestellt wurde.
Der beliebteste Wein der Firma ist der medium *amontillado* «Dry Sack». Außerdem wird der sehr bekannte «Canasta Cream» und der «Walnut Brown» erzeugt, während der «Pando» ein guter *fino* ist.

Wisdom & Warter Ltd.

Jerez de la Frontera. Die Firma wurde 1854 von den zwei Engländern Wisdom und Warter gegründet, über die die satirische Zeitschrift *Punch* einmal schrieb: «Wisdom sells the wine, Warter makes it.» Die Firma bringt eine ganze Reihe von Sherrys auf den Markt, u.a. «Fino Oliva», «Manzanilla la Guapa», «Amontillado Royal Palace», «Oloroso Merecedos», «Wisdom's Choice Cream» und «Pedro Ximénez Wisdom».

Zapatos de pisar
Die mit flachen Nägeln beschlagenen Rindslederstiefel von einst, mit denen früher die Trauben zerstampft wurden. Der Traubensaft wird heute in horizontalen, entweder mechanisch oder pneumatisch angetriebenen Pressen oder in noch moderneren kontinuierlichen Kelteranlagen gewonnen, in denen die erste leichte Pressung den Most für die *finos* und die zweite, stärkere Pressung den für die körperreicheren *olorosos* liefert.

Essen und Trinken

Auf gastronomischen Karten von Spanien wird Andalusien häufig *Zona de Fritos* genannt; ganz oben auf der Liste dieser Gerichte muß der gebratene gemischte Fisch stehen, der in Cádiz nach dem Gericht, das sich die Fischer auf See in ihren Kuttern zubereiten, manchmal auch *parejas* genannt wird.
Die Küche des Sherrygebiets ist sehr stark von Fisch und Meeresfrüchten geprägt, die aus der Bucht von Cádiz und von der nahegelegenen Atlantikküste in großer Vielfalt kommen. In Orten wie Sanlúcar de Barrameda sind die Schalentiere herrlich frisch und die Hum-

mer z. B. so groß, daß ohne weiteres sechs Personen davon essen können. Eine weitere große Spezialität sind die *gazpachos* oder Kaltschalen.
Sherry wird, was kaum überrascht, häufig in der Küche verwendet; darüber hinaus ist es sogar üblich, während der ganzen Mahlzeit statt eines Tischweins einen gekühlten *fino* zu trinken. Neben dem köstlichen Halbgefrorenen und den Obsttorten aus der Süßigkeitenbude ist die weitaus beliebteste Süßigkeit der *tocino de cielo* (siehe MONTILLA-MORILES).

Acedías fritas
Gebratene junge Seezunge.

Barbujitos
Kleine frische Sardellen, in Öl ausgebacken.

Bistec salteado al Jerez
In Sherry gedünstetes Steak.

Boquerones de la Isla
Gebratene fangfrische Sardellen.

Cañaíllas de la Isla
Eine für diese Küste typische Meeresschnecke. Sie wird kurz gekocht und kalt gegessen, wobei man das spitze Ende einer Schnecke dazu benutzt, das Fleisch der übrigen herauszuholen.

Cazón
In Paprika und Essig marinierter Hausen (Fisch).

Coquinas al ajillo
Herzmuscheln in Knoblauchsauce.

Consomé al Jerez
Kraftbrühe mit Sherry, die üblicherweise mit einem weiteren Schuß Sherry bei Tisch «verstärkt» wird.

Dorada a la sal
Goldbrasse, die in einer dicken Seesalzkruste gebacken wird; diese wird vom Kellner am Tisch entfernt.

Fritura gaditana
Ein gemischter Grillteller mit kleinen Fischen.

Gazpacho andaluz
Kalte, nicht gekochte Suppe mit feingehackten Tomaten, Gurken und grünen Paprikaschoten sowie Olivenöl, Essig und Knoblauch. Brotkrumen kann man entweder bereits bei der Zubereitung verwenden oder extra dazu reichen.

Jamón de Jabugo
Der beste und wohlschmeckendste Typ des lange luftgetrockneten jamón serrano *aus einem Dorf bei Huelva. Wie Bayonne- oder Parmaschinken wird er entweder allein oder mit Melonen gegessen.*

Macedonia de frutas naturales
Fruchtsalat mit Sherry.

Naranjas acaramelizadas
Frische, aufgeschnittene und in einem Karamelsirup servierte Orange.

Paire
Gegrillte Schwertfischsteaks.

Pijotas
Eine winzige Fischart, die wie Sprotten gebacken wird.

Pipirrana con gambas
Mit Tomaten und Paprikaschoten gegarte Garnelen.

Puntillitas
In einer Teighülle in Olivenöl ausgebackener kleiner Tintenfisch.

Riñones al Jerez
In Scheiben geschnittene und in Olivenöl geschwenkte Kalbs- oder Schweinsnieren, die an einer Tomatensauce mit Sherry serviert werden.

Salchichas al Jerez
Gebratene Würstchen, die mit Sherry aromatisiert und mit gebackenen Brotstückchen serviert werden.

Sopa de pescado gaditana
Eine üppige Fischsuppe in der Art der bouillabaisse.

Tortilla suflé
Ein süßes Eiersoufflé.

Urta a la roteña
Urta *ist ein Fisch, für den es keine Übersetzung gibt. Er ernährt sich von Schalentieren, wodurch er großen Wohlgeschmack gewinnt, und ist eine Spezialität des Küstenorts Rota im Westen von Jerez. Er wird dort mit einer schweren Sauce aus Tomaten und roten Paprikaschoten zubereitet.*

Restaurants

Arcos de la Frontera. *Mesón del Brigadier* (in der Nähe des Arcos-Sees mit Terrasse und schönem Blick; bekannt für die Fleisch- und Wurstgerichte)

Cádiz. **El Faro* (bestes Lokal in Cádiz, ausgezeichnete Auswahl an fangfrischem Fisch und raffinierte Küche); *Ventorrillo del Chato* (stilvoller Charme und gut zubereitete andalusische Gerichte)

Jerez de la Frontera. ***Gaitán* (kleines Restaurant mit erstklassiger andalusischer und baskischer Küche, zivile Preise); **El Bosque* (bezauberndes Ambiente, internationale Küche und einige gut zubereitete andalusische Gerichte; gute Weinliste); **Venta los Naranjos* (an der Straße nach Sanlúcar, ausgezeichnete Meeresfrüchte und eine große Auswahl an Sherrys); *Tendido* (gegenüber der Stierkampfarena, lokale Fischgerichte und gute Weinliste)

Puerto de Santa María. **Don Peppone* (winziges Lokal, spezialisiert auf Grillgerichte mit Fleisch und Fisch, gut bestückter Keller); *La Terraza* (luxuriöses Restaurant des Casino Bahía de Cádiz, internationale Küche)

Sanlúcar de Barrameda. *Casa Juan* (Strandrestaurant, in dem die exzellenten lokalen Meeresfrüchte angeboten werden); *Bigote* (die Fischer, die die ausgezeichneten frischen Meeresfrüchte liefern, werden gerecht entlohnt, wenn sie hier essen)